공동자원론,
오늘의 한국사회를 묻다

진인진

공동자원론, 오늘의 한국사회를 묻다

초판 1쇄 발행 | 2017년 6월 16일

지은이 | 최현, 정영신, 윤여일 편저
편   집 | 배원일
발행인 | 김영진
발행처 | 진인진
등   록 | 제25100-2005-000003호
주   소 | 경기도 과천시 별양상가 1로 18 614호(별양동 과천오피스텔)
전   화 | 02-507-3077~8
팩   스 | 02-507-3079
홈페이지 | http://www.zininzin.co.kr
이메일 | pub@zininzin.co.kr

ⓒ 진인진 2017

ISBN 978-89-6347-335-2 93300

이 책은 2014년도 정부(교육부)의 재원으로 한국연구재단의 지원을 받아 수행된 연구임(NRF-2014-S1A3A2044381).

목차

미래를 되찾기 위해, 공동자원론을 발신하며

윤여일

1.

인문사회과학의 어떤 개념은 현실 대상을 지시하는 데서 머물지 않는다. 정의定意에 의해 의미의 외연이 정해지면서도 개념의 살아있는 부분 내지 잉여성은 유동하며 사람들에게 여러 상상을 자극한다. 그 개념이 사회현실의 다양한 측면을 조명해 입체적 담론공간을 빚어낼 때 그 개념은 하나의 화두가 된다. 이 책은 커먼즈commons를 사회적 화두로서 형상화하려는 시도다.

이 책을 펼쳐보면 독자들은 얼마간 혼란스러울지도 모른다. 이 책에는 커먼즈 말고도 공동자원, 공용자원, 공유지, 공유재 같은 용어들이 등장한다. 커먼즈는 아직 한국사회와 한국학계에 온전히 정착하지 못한 외래어다. 공동자원, 공용자원, 공유지, 공유재는 각 문맥에 따른 커먼즈의 번역어다. 우리는 독자들이 그 번역어들을 접하며 문면 아래서 커먼즈라는 개념이 움직이고 있음을 간취해주기를 바라고 있다. 문맥마다 선택된 번역어가 다른 까닭은 커먼즈가 다양한 용법을 간직하고 있기 때문이다.

그런데 잘 살펴보면 그 번역어들은 모두 합성어인데 공동, 공용, 공유라는 관계형식과 자원, 지地, 재財와 같은 대상형식의 조합으로 이뤄져 있다. '무엇을'과 '어떻게'라는 두 차원을 하나의 합성어 안에 담고 있는 것이다. 우리는 이 책에서 문맥에 따라 가려 사용하되 공동자원을 주요 번역어로 채택했다. 커먼즈 개념의 사회적 유통과 확산을 위해 번역에 도전한 것이다. 하지만 여기에도 고민은 있다. 애초 커먼즈라는 말도 합성어다. 그 어원을 거슬러 올라가면 함께com와 '의무를 진다'는 뜻의 무니스munis 혹은 무너스munus에서 파생된 무니아minia가 합쳐진 말로서 '함께 의무를 진다'고 뜻풀이를 할 수 있다. 커먼즈는 자원, 지地, 재財와 같은 소재만을 가리키는 게 아니라 이를 둘러싼 사회적 관계, 규칙을 머금고 있는 개념인 것이다. 그런데 공동자원이라는 번역어는 자칫 공동의 자원으로 읽히고, '의'는 소유격으로 간주되어 '함께 사용하는 자원' 정도로 풀이될 여지가 있다. 그래서 자세한 내용은 본문에서 나올 테지만, 여기서 최소한의 설명을 해둘 필요가 있다. 우선 '공동자원'에서 '자원'은 엘리너 오스트롬이 CPRscommon pool resources를 '비배제적이고 경합적인 자원'이라고 정의한 내용을 차용하고 있다. 즉 누구나 사용할 수 있지만 그러다보면 고갈되는 자원인 것이다. 그렇다면 '공동자원'에서 '공동' 역시 '불특정 다수'일 수 없으며 그 자원을 지속시키는 범위의 집단 내지 지속시키기 위한 관계망이라는 의미를 담게 된다.

하지만 이렇게 공동자원을 주요 번역어로 채택했지만, 이 책에서는 여전히 커먼즈라는 말이 산견될 것이다. 그것은 '자원'이라는 말은 사용가치와 교환가치를 갖는 대상, 소재라는 어감을 풍긴다는 이유와 커먼즈라는 말을 사용해야 커머닝communing 내지 커뮤니티community 등과의 관련성이 보다 명료해진다는 이유 등에 따른 것이다.

2.

이렇듯 커먼즈는 아직 번역중인 개념이다. 현재 커먼즈라는 개념은 학술적 정합성과 운동적 문제의식 사이의 어느 즈음에 있다. 그 양극을 물음으로 옮겨보자면 '커먼즈는 무엇인가'와 '왜 커먼즈인가왜 커먼즈라는 개념을 필요로 하는가'가 될 것이다. 학술적 정합성을 끌어올리려면 커먼즈라는 개념이 무얼 지시하는지를 명료하게 규정해야 할 것이다. 하지만 운동적 문제의식에서는 커먼즈라는 개념은 유동하며 다양한 사회현실을 새로운 각도에서 비추기에 요긴하다. 그리하여 그 양극에서 학술적 정합성만을 강조하다 보면 가령 '비배제적이고 경합적인 자원'이라는 정의에 부합하는 속성의 자원에만 천착하는 식으로 커먼즈론의 시야가 비좁아질 수 있으며, 한편으로 운동적 문제의식에만 치중하다 보면 자칫 '공共the common'의 영역과 관련된 모든 문제적 사안과 쉽사리 접합하며 커먼즈라는 개념은 결국 레토릭에 그치고 말 수 있다.

우리는 이 책에서 되도록 학술적 정합성도 고려하면서 운동적 문제의식도 아우르고자 했으나 그 시도는 아직 충분하다고 말할 수 없다. 그리고 이 책은 '커먼즈란 무엇인가'보다는 '커먼즈로 무엇을 사고할 수 있는가'에 무게중심이 놓여 있음을 밝히지 않을 수 없다. 이제 이 책을 펼쳐볼 독자들은 커먼즈라는 개념이 여러 사회현실을 다양한 각도에서 조명하고 있음을 경험할 것이다. 필자들마다 커먼즈라는 개념을 조금씩 다른 문제의식에서 불러들이며, 글마다 커먼즈라는 개념은 얼마간 다른 가치와 결부되고 있다. 이 책에서 커먼즈라는 말은 유동하며 그 상상에는 균열이 가있다. 하지만 우리는 이것이 커먼즈라는 개념의 무용함을 뜻한다고 생각하지 않는다. 오히려 응고되지 않고 균열들로 말미암아 풍부한 환기능력을 갖는다면, 그것이 현재로서는 커먼즈라는 개념이 갖는 생산성이라고 받아들이고자 한다.

이처럼 커먼즈는 아직 번역중인 개념이며, 내부의 번역을 촉발하는 개념이다. 우리는 커먼즈라는 개념을 번역하되, 즉 커먼즈론을 한국사회에 소개하고 커먼즈론의 시각에서 한국사회의 문제를 탐구하되, '공동자원론, 왜 묻는가', '공동자원론, 무엇을 묻는가', '공동자원, 어떻게 존재해왔는가', '공동자원, 무엇을 할 것인가'라는 물음들에 각기 답하며 내부의 번역 과정에 나서기로 마음을 모아 이 책을 만들었다. 이제 커먼즈론과 우리의 고민들은 독자와 번역 관계에 들어설 차례다.

3.

여기서 잠시 이 책의 문제의식을 독자들과 공유하기 위해 커먼즈라는 개념의 고전적 의미를 확인해두고 싶다. 인류가 살아온 생존과 생활의 단위로부터 생각해보자. 오늘날에야 마을은 지도를 펼쳐놓고 내려다 보면 구획되어 있는 평면적 공간이며 행정의 관점에서는 말단 단위지만, 삶의 지평에서 바라보면 여러 층 시간이 켜켜이 쌓이고 다양한 요소들로 구성되는 입체적 장이다. 특히 농촌, 산촌, 어촌은 각자의 환경에서 땅, 산, 숲, 하천, 바다 등의 자연자원을 보존하며 공동생활을 영위해온 장구한 역사적 내력이 있다. 실상 마을의 어원은 물을 뜻하는 믈에서 비롯된 말이라고 하며, 마을과 더불어 쓰이는 동네는 동내洞內가 변한 말인데 동洞은 같은 물을 마시는 곳을 뜻한다. 이처럼 마을이란 사람들이 모여 살며 공동의 것the common을 형성하고 유지하고 공유하는 실천을 통해 짜이는 관계의 망이다. 그런 의미에서 마을, 즉 공동체community란 공동재commons를 이용하는 한 가지 방식이라고 말할 수 있다. 공동재 없이 공동체는 형성되기 어렵고, 공동재의 유지·관리를 통해 공동체, 즉 마을은 존속된다. 여기서 커먼즈라는 개념의 고전적 의미가 드러난다. 즉 커먼즈란 인간 집단이 생존과 생활을 위해 의지하고 이용해야 했던 땅, 산, 숲, 하천, 바다 등 지역의 자연자원이자 그것들을 함께 이용·관리하기 위해 형성된 협력적인 제도들을 지칭하는 역사적 개념이다.

하지만 그러한 자연자원과 협력적 제도가 커먼즈라는 개념으로 포착되어 학술적 의제가 되고 커먼즈론이 부상한 까닭은 현재 그 자연자원이 파괴되고 협력적 제도가 무너지고 있기 때문이다. 즉 상실하고 있기에 의식화된 것이다. 한국사회는 비약적인 속도로 산업화를 진전시켰지만 권위주의적 압축성장과 급속한 시장화는 자연환경을 훼손하고 공동체의 삶터를 헤집어 놓았다. 저돌적 근대화 과정에서 지역의 자연자원은 파괴되거나 변모했고 지역의 자연자원을 관리·보존해오던 규약들도 힘을 잃어갔다. 공권력과 시장권력의 양축으로 짜인 현재 사회체계는 경제위기·환경위기·에너지위기 등 복합적 위기를 양산하고 있다. 이러한 파괴와 위기가 삶의 파국으로 치닫는 과정임을 의식하는 사람들 가운데 일군이 커먼즈론을 들고 나왔다면, 그때의 커먼즈는 고전적 의미 내지 경제학적 정의에 국한된 것일 수 없다. 과거의 커먼즈를 돌아보는 것은 '오래된 미래'로서 커먼즈를 소환해내기 위한 시도이며, 미래를 되찾기 위한 문제의식의 발로인 것이다.

4.

따라서 우리가 발신하는 커먼즈론은 당면한 현실의 문제를 해결해가기 위한 방향과 원리이며, 대안적 삶의 형식을 모색하려는 패러다임이며, 국가와 시장이라는 이분법을 넘어 '공共의 재구성'을 기도하기 위한 물음이다.

커먼즈론의 시각에서 사고할 수 있고 사고해야 하는 것은 얼마나 많은가. 생태환경, 자연자원, 먹거리, 에너지, 주택, 교육, 보건의료, 보육, 증여선물경제, 문화, 지식 정보, 미디어, 지역자치, 환경운동, 도시코뮌 등 우리 삶의 제반 영역에서, 사회의 여러 차원에서 커먼즈론은 대안적 상상력을 자극하고 있다.

가령 앞서 마을과 커먼즈를 짚어보았으니 마을의 위기와 커먼즈론을 생각해보자. 마을을 위기로 내모는 요인으로는 자본의 개발사업, 국가의 국책사업, 자연자원의 사유화와 상품화, 공동체 파괴와 인구 유출 등을 거론할 수 있을 것이다. 커먼즈론에 서면 이렇듯 다양한 요인들을 하나의 시야 안으로 거둬들일 수 있다. 아울러 문제 해결의 방향도 드러난다. 그 중 하나는 마을 자치의 회복이다. 국가公와 자본私 사이의 틈바구니에서 분권적인 자치결사체共를 조직화해야 하는데 커먼즈는 바로 자치공공성을 실현하는 물질적 토대일 수 있는 것이다. 이는 농촌, 산촌, 어촌만의 이야기가 아니다. 도시라면 젠트리피케이션에 맞서 공동체토지신탁 등의 시민자산화를 꾀하는 활동도 커먼즈론의 관점에서 그 의의를 밝힐 수 있다.

5.

"가령 제주에서는". 독자들은 이 책에서 이 표현을 종종 만날 것이다. 이 책은 한국사회를 향한, 한국사회를 위한 제주발 커먼즈론이다.

　한국의 다른 지역에 비해 제주에는 여전히 자연자원으로서의 커먼즈가 많이 남아 있다. 제주의 마을들은 대체로 용천수라는 커먼즈를 중심으로 형성된 역사적 연원을 갖고 있다. 화산퇴토의 제주에서는 물을 구하는 일이 생존의 관건이었다. 용천수란 빗물이 지하로 스며든 후 대수층帶水層을 따라 흐르다가 암석이나 지층의 틈새를 통해 지표로 솟아나는 물이다. 상수도가 보급되기 이전, 지표수가 거의 없는 제주도에서 용천수는 유일한 식수원으로 마을들은 용천수를 중심으로 형성되고 용천수의 수나 수량이 마을의 크기를 결정했다. 용천수는 제주의 마을을 가능케 한 커먼즈다. 그밖에도 제주에서는 마을산, 마을숲, 공동목장, 공동어장 등이 마을을 이루는 뼈대가 되어 왔으며, 그 커먼즈들이 얼마간 남아 있기에 공동체를 결속시키는 협력적 전통의 문화가 지속될 수 있었다.

그러나 우리가 제주에서 커먼즈론을 발신하는 것은 제주가 풍요로운 커먼즈를 잘 보존하고 있어서가 아니다. 오히려 커먼즈의 파괴로 인한 문제의 심각성을 실감할 수 있는 현장이기 때문이다. 그렇기에 제주발 커먼즈론은 한국사회를 향한 보편적 발신일 수 있는 것이다. 한국사회의 다른 지역이 그러했듯이 제주에서는 자본의 개발사업과 국가의 국책사업으로 커먼즈가 사유화·상품화되고 마을공동체가 파괴되고 있다. 더구나 1980년대 이후로 진행된 '관광의 섬, 제주'로의 재편은 커먼즈의 관광자원화 과정이었으며, 거기에 더해 2002년 국제자유도시로 지정된 이후 커먼즈는 빠르게 자본에 잠식당하고 있다. 한편 제주에서는 이 문제들을 문제화하려는 소중한 시도 역시 등장하고 있다. 이 책은 그 작은 일부인 것이다.

6.

이 책은 네 가지 물음에 따라 네 부로 구성된다. 1부 '공동자원론, 왜 묻는가', 2부 '공동자원론, 무엇을 묻는가', 3부 '공동자원, 어떻게 존재해왔는가', 4부 '공동자원, 무엇을 할 것인가'이다.

앞서 밝혔듯이 이 책은 커먼즈가 무엇인지를 설명하려는 책이라기보다 커먼즈의 문제의식이 왜 필요한지, 그 문제의식을 독자와 공유하려는 책이다. 그래서 이 책은 1부 '공동자원론, 왜 묻는가'로 시작해 2부 '공동자원론, 무엇을 묻는가'로 이어진다. 이후 3부는 존재하는 공동자원을 되돌아보고, 4부는 공동자원을 새로 만들어내기 위한 모색에 나선다.

1부 '공동자원론, 왜 묻는가'를 여는 첫 번째 글은 정영신의 「커

먼즈의 변동과 한국사회의 이해」이다. 이 글은 제목을 재활용한다면
한국사회의 변동을 커먼즈론의 시각에서 이해하려는 시도라고 말할
수 있다. 자급적이며 협력적인 연결망을 유지하며 마을 단위로 자연
에서 생계수단을 얻던 시대는 먼 과거가 되어 한국사회는 기본적으
로 시장을 통해 상품들이 교환되고 국가가 일부 공적 서비스를 제공
하는 시대로 이행했다. 커먼즈론의 시각에서는 이러한 변동을 어떻
게 읽어낼 수 있는가. 근대적 소유제도가 도입되고 자본주의적 시장
관계가 확산되면서 공동재는 사유재 내지 국유재로 전환되고 커먼
즈(공동재)와 커뮤니티(공동체)의 관계도 변질되어 마을 주민이 커
먼즈를 기반으로 순환적인 지역살림을 유지할 유인은 줄어들었다.
여기까지는 익히 알고 있는 내용이다. 하지만 그것이 끝은 아니다.
정영신은 제주도의 선흘리 마을에서 주민이 마을숲과의 관계를 새
롭게 가꿔나가는 사례를 주목해 재再커먼즈화를 사고하고 있다.

　이어서 최현은 「한국 공동자원 연구의 현황과 과제」에서 먼저
공동자원론이 한국 학계에서 어떻게 전개되어 왔는지를 소개해준
다. 그는 2009년에 노벨경제학상을 받은 엘리너 오스트롬의 저서
『Governing the Commons』가 『공유의 비극을 넘어』라는 번역서로
출간된 2010년을 기점으로 한국 학계의 공동자원 연구가 개념과 이
론의 개별적·수용적 연구 경향에서 개념적 재구성과 이론적 종합의
단계로 진화하고 있다고 평가한다. 그런데 최현은 오스트롬이 '비
배제성과 경합성'을 특징으로 한다고 정의한 공동관리자원common-
pool Resources: CPRs이 실은 자원의 물리적 속성에서 결정되는 것이
아니라 사회적 공정성에 관한 인식과 실천에 좌우된다고 지적하며
공동자원론의 지평을 신자유주의 비판으로까지 확장하고 있다. 즉

상품화·사유화된 우리 삶의 구성요소들을 되찾고 자연자원에서 창출되는 편익을 공동으로 향유하려는 운동의 이론적 근거로서 공동자원론을 재구성하고 있다.

　김자경의 「커먼즈의 실천, 사회적 경제와 협동조합」은 그 실천의 단서를 '사회적 경제'에서 찾는다. 국책사업으로 마을공동체가 해체되고 개발압력에 커먼즈가 소멸된 지금, 남아 있는 커먼즈를 지킬 뿐 아니라 커먼즈를 새롭게 가꿔나가기 위한 연구와 실천이 필요한데, 김자경은 커먼즈를 이용·관리해온 고유의 원리를 '오래된 미래'로 삼아 현대적으로 재구성할 것을 제안한다. 가령 제주에서는 마을에서 커먼즈를 이용·관리하는 조직을 구성하고 그로써 얻어지는 수익을 호혜적으로 분배하는 규약이 존재했는데 이러한 상호부조의 문화를 '수눌음'이라고 불렀다. 그리고 김자경은 오늘날 사회적 경제가 수눌음의 현대판이 될 수 있다고 주장한다. 사회적 경제는 이윤창출이 아닌 필요의 충족을 목적으로 하며, 지역사회의 문제를 해결하는 과정에서 연대와 협동을 토대로 하는 민주적 의사소통을 중시하기 때문이다. 그리고 과거의 수눌음이 마을 단위로 존재했다면 이제는 커머닝으로서의 사회적 경제를 실천할 주체로서 협동조합의 가능성을 주목해야 한다고 강조한다.

7.

2부의 물음은 이것이다. '공동자원론, 무엇을 묻는가.' 2부에서 세 편의 글은 자연과의 관계, 인간간의 관계, 그리고 공간과의 관계에서 각각 이 물음에 답하고자 했다. 각 글은 물, 돌봄, 그리고 도시를 주제어로 삼는다.

먼저 김선필의 「인간의 생존과 공동자원－제주의 물은 어떻게 관리해야 하는가」는 물조차 사서 마시게 된 현실에서 출발한다. 현재 한국은 물 부족 국가다. 그리고 제주도는 한국에서도 식수 마련이 어려운 지역이지만, 아이러니하게 생수의 상품화 현상이 두드러진 지역이 되었다. 제주특별자치도 개발공사가 생산하는 '제주 삼다수'는 한때 국내 생수시장의 반을 점했을 정도다. 여기서 김선필은 땅, 공기와 더불어 인간의 생존에서 가장 근원적인 자연적 커먼즈인 물의 상품화와 관련해 근본적 물음을 던진다. 행정에 의한 지하수의 상품화는 과연 정당한가. 제주특별자치도는 여기서 얻는 수익을 제주 지역사회로 환원해 지하수 상품화를 정당화하고 있는데, 그렇다면 제주도 지하수는 제주도민들만의 것인가. 이 물음들은 당연히도 물이라는 특정 자원과 제주도라는 특정 지역에만 국한되는 것이 아니다.

이어서 백영경의 「복지와 커먼즈: 사회 재생산 위기에 대한 공동체적 대응의 모색」은 사람 사이의 돌봄의 위기로부터 문제의식을 전개한다. 한국 사회는 아이를 낳아 기르고 서로를 보살피거나 심지어는 자기 한 몸과 마음을 돌볼 여유도 갖지 못하는 돌봄의 위기로 내몰리고 있다. 그리고 돌봄의 위기는 미래 구성원은 물론 경제구조·정치구조·사회문화 일체를 재생산하지 못하는 '사회 재생산의 위기'로 번져가고 있다. 돌봄의 위기는 인간의 복지와 긴밀히 관련된 양육, 의료, 교육, 주거 등이 급속히 시장 영역으로 편입된 결과다. 하지만 이제 와서 돌봄의 책임을 가족과 친족에게 전가할 수도 없으며, 기초 서비스의 공급을 국가에 모두 맡길 수도 없다. 여기서도 커먼즈론은 인식의 전환을 위해 요청된다. 돌봄의 위기를 타개하려면 삶을 대하는 태도, 자연을 대하는 방식을 바꿔야 하며 시민 수준에서 커먼즈의 영역을 확장해나가야 하는 것이다.

　서영표의 「도시와 공동자원 : 몸의 리듬과 집합적 기억」 역시 주거, 교육, 의료 같은 기초 서비스가 시장의 논리에 잠식된 도시적 조건으로부터 시작된다. 특히 한국사회는 1997년 외환위기를 기점으로 서구사회보다 더 빠르고 근본적으로 시장만능주의가 관철되었는데, 사회적 유대를 허물어 우리를 낱낱의 원자로 파편화하는 신자유주의의 질서를 어떻게 넘어설 수 있는가. 서영표는 여기서 도시를 살아가는 사람들이 함께 공간을 전유하자고, 도시를 커먼즈로서 가꾸자고 제안한다. 그런데 지역의 마을들과 달리 도시의 커먼즈화에서 중요한 것은 차이의 공유화commoning다. 도시는 차이를 생산하는 장소로서 차이의 구획화와 위계화는 고립화와 계층화를 심화시키지만, 그 차이에 근거해 비시장적 내지 탈시장적 관계를 구성할 잠재성도 지니고 있다. 이를 위해서는 일상 속 차이들의 공명을 가능케 하는 매개와 계기가 필요한데, 서영표는 그것을 몸에서 찾는다. 차이들과 부대끼며 마찰, 닮힘, 떨림의 순간들이 각인되는 몸. 몸은 바로 도시적 커머닝의 존재론적 근거라는 것이다.

8.

이처럼 1부와 2부는 커먼즈론이 무엇을 왜 묻는지에 치중했다. 여기서 커먼즈는 구성적 개념이며, 커먼즈론은 선언적 성격을 지닌다. 이제 3부 '공동자원, 어떻게 존재해 왔는가'는 커먼즈라는 관념과 실

천이 어떻게 존재해 왔는지를 파고들 것이다. 인간 사회는 저마다
의 환경에서 땅, 산, 숲, 물 등의 자연자원을 보존하며 공동생활을 영
위해온 장구한 역사적 내력이 있다. 예로부터 생존을 도모하고 공동
체를 유지하려면 지역의 자연자원을 발굴하고 이용, 배분, 관리하는
일이 필수였으며, 이를 위해 커먼즈적 실천을 떠받치는 관념의 지층
이 형성되어 왔다. 3부는 커먼즈의 역사적 내력에 집중한다.

먼저 윤순진의 「한국의 공동자원 관리와 전통사회의 자연관」은
자연을 훼손하지 않고 공동자원을 건강히 유지해왔던 한국 전통사
회의 경험을 되돌아본다. 윤순진은 그 사례를 대체로 제주에서 찾는
데 마을공유산, 마을공동어장, 마을공동목장 등을 한국의 전통적인
공동자원 이용방식으로서 읽어내고 있다. 그 해석의 초점은 어떤 원
칙을 바탕으로 전통적인 공동자원을 활용하여 공동자원의 생태적
건강성과 공동체의 사회적 건강성을 함께 추구할 수 있었는지에 맞
춰져 있다. 자연과의 관계가 절연되면 사람 간의 관계가 훼손된다.
커먼즈가 파괴되면 커뮤니티가 힘을 잃는다. 한국사회의 근대화와
산업화 경험은 이 사실을 증명하고 있다. 따라서 전통적인 공동자원
이용방식을 지금 되돌아볼 때 얻는 시사점은 자연과의 상생이 사회
내에서 타인과의 공존과 얼마나 긴밀하게 연관되어 있는지를 상기
하는 일이며, 따라서 자연과 사회라는 이분법이 얼마나 비좁은 시각
인지를 깨닫는 일이다.

김치완의 「공동자원론과 동아시아적 개념의 지층」은 보다 과거
로 거슬러 올라가고 보다 지역적 시야로 넓혀나간다. 동아시아 사
회에서 커먼즈라는 개념은 생경하지만, 커먼즈적 사유라면 동아시
아 사상사 안에서 오랫동안 축적되어 왔다. 고대 동아시아 사유에서

인간관은 분해불가능한 실체=개체에 입각하는 근대서양철학의 그 것과 달랐다. 인간은 관계적 존재로서 관계양상에 따라 변화하기에, 공사公私는 그 핵심 주제였다. 가령 유학은 사적私的/個別的 감정의 밑바닥 아래 인간이라면 누구나 공유하는 보편성의 영역이 있음을 주창했다. 대동사상大同思想을 포함한 여러 고대 사유도 인간은 공적公的/共的 존재라는 전제 위에서 피어났다. 비록 커먼즈는 외래어이나 커먼즈적 사유의 기반은 동아시아 사상사의 전통에 내재되어 있다는 것이다. 김치완은 특히 정치, 제도, 윤리 측면에서 커먼즈와 관련되는 관념의 지층을 주목하고 있다.

정창원의 「동아시아 고대사의 전개와 커먼즈」는 중국의 전통사상에 천착하여 공公이 품는 다층적 함의를 포착해낸다. 먼저 공公은 천명을 받은 통치자가 세상의 질서를 수립한다는 뜻을 지닌다. 이는 자칫 일반 구성원의 권리는 가치절하하고 공동체 수장의 독점적 권한만을 보장하는 통치 관념이 될 수 있다. 하지만 공公에는 공평, 공정이라는 도의성과 함께 보편적 원리성도 담겨 있다. 실제로 공公 관념은 대동사상과 공론公論을 중시하는 정치이념의 토양이 되기도 했다. 여기서 공公은 공共에 가까운 관념이 된다. 이 대목에서 정창원은 공公이 공共의 방향으로 작동하도록 이끄는 것이 신信, 즉 사회적 약속임을 강조한다. 공동자원론의 관점에서 읽어낸다면 신信 관념은 공동자원 사용을 둘러싼 사회적 약속과 합리적 구속력을 유지하는 기제다. 그리하여 전통적 공公 관념은 공共의 해체와 사私로의 파편화, 그리고 공公의 독점이라는 공공사公共私의 현 상황을 비평하는 현대적 의의를 지니게 된다.

9.

끝으로 4부는 '공동자원, 무엇을 해야 하는가'다. 3부에서 확인할 수 있듯 커먼즈는 발명한 개념이 아니라 발굴한 개념이다. 커먼즈의 자원, 관계, 관념은 인류사와 함께해 왔다. 그러나 다시 언급하지만 커먼즈는 희소해졌기에 소중해졌다. 그리고 현대사회의 조건에서 과거의 커먼즈를 그대로 복원해내는 것은 가능하지도 바람직하지도 않다. 오늘날의 생활양식에 부합하도록, 그러면서도 공공성을 키우고 자치와 협치를 심화하는 방향으로 커먼즈를 재구성해야 한다. 특히 3부는 정태적이며 소규모인 단위에서 커먼즈를 보존하는 문제를 넘어서 한국사회를 개혁하기 위해 커먼즈론을 사회적 의제로서 발신하고 있다.

먼저 홍성태의 「생태복지국가를 향하여」는 그 방향에 관한 글이다. 우리가 상상할 수 있는 자연 파괴의 가장 파국적 결말은 무엇일까. 그것은 생태계 파멸이다. 지구에서 생물이 살 수 없게 되는 일이다. 그것은 공상이 아니라 예감이고 예견이다. 지금 이 순간에도 오존층 파괴, 지구온난화, 산림 축소, 생물종 감소가 시시각각 진행중이다. 지구는 살 수 없는 곳이 되어가고 있다. 인류가 자연과 더불어 공존하는 것은, 따라서 사회이론의 궁극적 방향이자 과제다. 홍성태는 이 방향과 중장기적 과제를 '생태복지국가'라는 말로 간명하게 포착하고 있다. 기존의 복지는 물질적 복지에 치중한 나머지 심각한 생태 위기를 초래했다. 생태복지로 나아가려면 자연을 배제한 채 정치, 경제, 문화의 세 영역론으로 대표되던 기존의 사회관을 바로잡아야 한다. 이 글은 이러한 이론적 시사점을 제공하면서도 생태복지로 향하기 위한 산업구조, 고용구조, 재정구조, 정부조직의 개혁 방안도 밝히고 있다.

이병천의「공공성, 자치 사회화, 커먼즈 : 공공협치의 투트랙 전략을 향해」는 바람직한 사회 개혁을 추동할 모델을 '공공협치公共協治'라는 말로 압축하고 있다. 현재 한국의 발전모델은 국가, 재벌의 지배연합에 기초한 담합모델이다. 거기서 빚어지는 불평등과 불균형, 참여와 견제의 취약함을 극복하기 위해 사회공공성론이 제기되었다. 사회공공성론은 평등과 연대를 기본 가치로 삼아 복지, 보건의료, 교육 등의 공공서비스를 안정적으로 제공해 심화되는 불평등과 양극화를 해소하고 사회 구성원의 기초 생활을 보장하기 위한 입론이다. 다만 사회공공성론은 소유-관리 형태와 정치경제적 조정의 복잡한 문제를 단순화할 소지가 있으며, 자칫 국가의 권한을 지나치게 강조해 권력집중을 초래할 위험성이 있다. 여기서 이병천은 국가 안의 공적公的 노선, 즉 사회민주적 공생 대안과 국가 밖의 공적共的 노선, 즉 자치적 사회화를 투트랙으로 삼아야 민주적 공공성을 키워내는 상생의 시너지가 발생할 수 있다고 주장한다.

끝으로 박태현의「공동자원의 공공적 관리와 법합적 커먼즈론의 가능성」은 그 방향으로 나아가기 위한 법합적 시론이다. 이 글의 전제는 자연자원은 해당 자연자원을 생활기반으로 삼는 사람들이 그 생활양식을 이어가려는 집단적이고 내발적인 동기가 있어야 보존될 수 있다는 것이다. 그리하여 박태현은 자연자원의 장기지속적인 보전에 기여할 수 있는 이론적·실천적 조건을 확인하고 이를 마련하기 위한 법적 제도 방안을 탐구한다. 그 방향은 무엇인가. 마을이 공동체-공동재의 실질적인 소유-관리-이용의 주체로 거듭나는 것이다. 이를 위해 박태현은 법과 판례를 살펴보며 개별 커먼즈에 적용되는 법리를 파악할 뿐 아니라 커먼즈 전체를 관통하는 법적 원리체계의 정립을 꾀하고 있다.

10.

이렇게 4부에 걸쳐 세 편씩 열두 편의 글을 이 책에 담았다. 우리 연구단 전원이 협심해 고민을 모았다. 그렇다. 우리는 이 책이 답하는 책이라기보다 묻는 책이 되기를 바라고 있으며, 알려주는 책이 아니라 함께 생각하기를 권하는 책이 되기를 바라고 있다.

다시 말하지만 이 책에서 커먼즈, 공동자원이라는 개념은 등장하는 장면마다 그 함의가 조금씩 달라지며 다른 문제의식을 환기하고 있다. 이 흔들리는 걸음이 우리의 작은 일보一步다. 그리고 우리는 이 걸음이 책 바깥으로 내딛어 독자들과 만나고 한국사회로 나아가기를 희망하고 있다.

우리의 미래를 커머닝하기 위하여, 우리의 미래를 되찾기 위하여.

why

제1부
공동자원론, 왜 묻는가?

커먼즈의 변동과 한국사회의 이해

정영신

1. 커먼즈론과 사회변동

지역 수준에서 존재했던 하나의 인간공동체로서 마을이 어떻게 존재해 왔는지를 살펴다보면, 근대 이전의 사회에서 커먼즈의 이용과 관리는 생계와 생존을 위해 필수적인 활동이었음을 알게 된다. 사람들은 땔감이나 나물, 약초 등을 구하기 위해서 마을숲을 이용해야 했고, 식수를 구하고 빨래를 하기 위해서 마을공동우물을 이용해야 했을 뿐 아니라 그것을 깨끗하게 관리해야 했다. 누군가 마을어장을 독점하는 사태를 막아야 했으며, 소나 말과 같은 가축을 키우기 위해서 집단적으로 방목을 해야 했고 목초지를 보호해야 했다. 공동우물에 물을 길으러 갈 수 있는 거리가 마을의 크기를 결정했으며, 마을어장의 공동 관리에 참여하는 사람들 사이의 협력네트워크가 마을의 밀도를 규정했으며, 마을산에서 땔감을 구하러 오는 사람들 사이에 형성된 규칙이 마을의 규약과 금기를 제공했다. 한마디로 말해서 마을은 다양한 커먼즈를 이용하고 관리하는 사람들 사이에 만들어진 중층적인 협력의 네트워크였으며, 이것이 근대 이전 사회의 기본적인 단위였을 것이라고 추측해 볼 수 있다.

오늘날 대다수의 사람들은 자연으로부터 직접 생계수단을 얻기보다는 다른 사람들의 노동으로 생산된 상품을 시장에서 구입하여 생계를 유지한다. 또한 물이나 전기 등 생존에 필수적인 다양한 자원들을 국가의 통제시스템 하에서 제공받기도 한다. 자급적이며 협력적인 연결망 속에서 자연으로부터 직접 생계수단을 얻고 그것을 지속가능하게 이용하던 시대로부터, 국가가 제공하는 다양한 공적 서비스와 자본이 지배하는 시장에서 다양한 상품들이 교환되는 시대로의 이행은 근대의 본질적인 성격 가운데 하나라고 할 수 있다. 이러한 이행에 대한 이해는 오늘날 우리가 살아가고 있는 근대사회의 성격과 메커니즘을 규명하고 탈근대적 사회로 이행하는 문제에도 풍부한 통찰을 제공할 수 있을 것이다.

이러한 이해를 기반으로, 이 글에서는 우선 커먼즈에 관한 이론에서 사회변동이 차지하는 역할을 살펴보고, 제주의 마을을 사례로 삼아 커먼즈론를 통한 사회변동의 이해가 어떻게 가능한지 탐색해볼 것이다.

2. 엘리너 오스트롬과 변동의 문제

커먼즈가 학술 영역에서 다루어져 온 방식을 이야기하기 위해서는 가렛 하딘과 엘리너 오스트롬의 논지과 작업을 돌아보지 않을 수 없다.

　엘리너 오스트롬Elinor Ostrom은 커먼즈에 대한 연구를 학술적 영역 속으로 제도화시켜 커먼즈 연구를 위한 개념과 방법론을 정립한 사람이다. 그녀는 2009년에 노벨경제학상을 수상했는데, 1990년에 발간한 『공유의 비극을 넘어Governing the Commons』라는 저서와 그 이후의 연구를 통해, '커먼즈의 비극The Tragedy of the Commons' 테제를 효과적으로 반박한 공로를 인정받았던 것이다.[1] '커먼즈의 비극' 테제는 1968년에 가렛 하딘Garrett Hardin이 같은 제목의 논문을 통해 제시한 것으로, '죄수의 딜레마'와 '집합행동의 논리'와 함께, 개인의 합리적인 선택이 사회의 집합적 이익과 상충하는 '사회적 딜레마' 가운데 하나로 거론되곤 한다. 즉 관리되지 않는 목초지(=커먼즈)가 있고 거기에 방목하는 다수의 가축주들이 있을 때, 각각의 가축주들이 합리적으로 행동한다면 경쟁적으로 방목하려는 가축주들의 합리적 선택으로 인해 목초지가 파괴되고 만다는 것이다.[2] 하딘은 커먼즈 이용자들의 자발적인 협력의 가능성을 부정했기 때문에 '커먼즈의 비극'에 대한 대안으로 국가의 강제를 제시했고, 사유화 역시 유력한 방안으로 검토했다. 그러나 오스트롬은 짧게는 수십 년 길게는

1　Ostrom, E. 1990. *Governing the Commons; The Evolution of Institutions for Collective Action*. Cambridge University Press.

2　Hardin, G. 1968. "The Tragedy of the Commons." *Science* 162(3859).

수백 년에 걸쳐서 이용자들에 의해 관리되어 온 전 세계의 커먼즈 사례들을 검토하고 연구함으로써 하딘의 테제를 부정했다. 특히 오스트롬은 커먼즈 이용자들이 스스로 규칙을 만들고 상호강제를 통해 규범을 준수함으로써 자연을 지속적으로 이용할 수 있는 능력이 있음을 보여주었다. 더 나아가 이를 이론적으로 종합함으로써 국가와 시장이라는 이분법을 넘어서 '자원 이용자들에 의한 자치적 자원관리'라는 제3의 길을 제시했다.

오스트롬은 커먼즈를 연구하면서 경제학적 재화 분류의 논쟁에 참여했고, 그 과정에서 커먼즈를 비배제성nonexcludability과 감소성subtractability을 지닌 공동자원CPRs: Common-Pool Resources으로 규정했다. 즉, 공동자원의 관리에서는 다른 사용자를 배제하기 어렵기 때문에 발생하는 무임승차의 문제뿐만 아니라, 재화의 감소성(한 사용자의 사용량이 늘어나면 다른 사용자들이 이용할 수 있는 량이 줄어드는 성질)때문에 발생하는 혼잡이나 남용의 문제와 더불어 자원체계resource system(사람들이 자원을 조금씩 추출하는 자원의 저수지) 파괴의 문제까지 해결해야 한다. 이를 위해서는 감시나 재제, 집합적 선택과 갈등해결의 장치 등이 존재해야 한다.[3] 오스트롬은 이러한 경험적 사례 연구를, 실험실 상황에서의 연구나 게임이론 등에서 이루어진 이론적 발전들과 종합했다.[4]

---

[3] Ostrom, E. 1990. *Governing the Commons; The Evolution of Institutions for Collective Action.* Cambridge University Press; Ostrom. E. 1994. *Rules, Games, and Common-Pool Resources.* University of Michigan Press.

[4] Ostrom, E. 2005. *Understanding Institutional Diversity.* Princeton University Press; Poteete, A. R., M. A. Janssen, and E. Ostrom. 2010. *Working*

그런데 오스트롬이 연구한 사례들은 비교적 소규모의 공동자원 상황Common pool resources situation, 즉 하나의 공동자원CPRs으로부터 영향을 받는 사람이 50여 명에서 1만 5천여 명에 이르는 규모에 초점을 맞추고 있다(Ostrom, 1990: 26). 또한 사용자들이 그 공동자원에 경제적으로 크게 의존하면서도, 사용자들 사이의 갈등이 그다지 적대적이지 않은 상황에 초점을 맞추고 있다. 이러한 상황 하에서, 사용자들이 성공적으로 커먼즈를 관리할 수 있었던 제도 디자인 원리institutional design principles를 밝히는 것이 오스트롬의 연구 테마였다고 할 수 있다.

주목할 부분은, 오스트롬이 관심을 가졌던 공동자원 상황은 이용자 공동체와 커먼즈가 비교적 안정적으로 존재하는 소규모의 정적인 사회구성에 가깝다는 점이다. 이때 변동하는 것은 이용자들의 관리제도이며, 이용자공동체와 커먼즈를 둘러싼 다양한 사회변동의 요소들은 관리제도의 변동에 영향을 미치는 범위 내에서만 의미를 지니게 된다. 공동체나 커먼즈는 이미 주어진 것으로 간주되며 양자가 어떻게 사회적으로 구성되는지의 질문은 제기되지 않는다.

하지만 커먼즈 관리의 어려움은 재화의 속성인 비배제성이나 감소성으로부터만 나오는 것이 아니다. 동아시아처럼 사회변동의 속도나 폭이 큰 사회에서는 커먼즈의 변동이 이용자들 사이의 '협력의 부재/존재'보다는 자원체계나 공동체 자체의 파괴, 권력자들에 의한 자원의 강탈, 국가 주도의 강력한 개발주의 정책(사실상의 커먼즈

Together: Collective Action, the Commons, and Multiple Methods in Practice. Princeton University Press.

파괴정책)에 의해 초래된다. 따라서 커먼즈를 둘러싼 동아시아의 역사와 현실은 공동체나 커먼즈의 사회적 구성/해체에 관한 질문 없이는 이해될 수 없다. 즉 오스트롬의 개념과 방법론은 이용자들 사이에서 협력적 제도가 창출되거나 유지되는 원리를 설명할 때는 매우 유용하지만, 한국과 같은 동아시아 나라들에서 이루어진 급격하고 파괴적인 사회변동을 설명하기에는 유용하지 못하다.

결론적으로, 우리는 오스트롬의 자원관리론 혹은 관리제도론을 넘어서야 할 필요성을 느낀다. 오스트롬이 관심을 집중했던 자원관리 제도에 관한 분석으로부터 커먼즈 자체의 변동이나 성격의 변화, 커먼즈와 커뮤니티 관계의 변동에 대한 분석으로 관심의 초점을 이동시킬 필요가 있는 것이다.[5] 오스트롬이 정교화한 연구방법론은 커먼즈를 이해하기 위한 개념으로서 공동자원CPRs, 공동자원의 속성으로부터 발생하는 문제들(무임승차, 혼잡, 남용, 파괴 등), 이 문제들에 대한 해결책으로서 협력규칙과 관리제도, 그리고 이러한 제도들의 작동을 가능케 하는 거버넌스에 이르기까지, 문제의 지점과 해결책을 하나의 연구 과정으로서 제시하고 있다. 그런 의미에서 오스트롬의 연구방법론은 하나의 패러다임을 구성한다고 볼 수 있다. 즉, 오스트롬이 정교화한 연구방법론은 'CPRs 패러다임' 혹은 '자원관리 패러다임'이라고 규정할 수 있다. 그리고 이에 대한 대안적인 접근법을 '정치생태학적 접근법'이라고 규정할 수 있는데, 양자 사이의 차이점은 아래의 표와 같이 정리할 수 있다.

---

5   정영신, 「엘리너 오스트롬의 자원관리론을 넘어서」, 『환경사회학연구 ECO』 20권 1호, 2016.

표 1 **커먼즈 연구의 두 가지 접근법**

접근법	CPRs 패러다임	정치생태학적 접근법
이론적 기반	(신)제도주의	역사적 구성주의
커먼즈의 정의	공동자원: 비배제성과 감소성을 지닌 자원과 재화	공동의 것으로 인정되고 사용되는 자원과 공간
문제 상황	무임승차, 혼잡과 남용	주로 인클로저, 사유화
문제의 소재	주로 사용자 공동체 내부	주로 사용자 공동체 외부
인간과 자연의 관계	분리, 독립적	분리 불가, 커먼즈는 사회생태체계의 일부
해결책	자치적 자원관리	커먼즈에 대한 권리
연구의 대상	공동자원 상황에 놓인 자원 이용자들의 협력/비협력 행위와 관리제도	커먼즈와 커뮤니티 관계의 변동, 생태적 생활양식, 공동의 것을 생산하는 과정과 실천commoning

CPRs 패러다임에서는 커먼즈를 제도의 형성과 유지를 설명하기 위한 전제 조건으로 파악하면서, 이용자의 이용을 기다리는 객체화된 자원이나 재화로 이해한다. 반면 대안적 접근법에서는 커먼즈를 이용자들의 실천과 인식에 의해서 재구성되는 존재로 파악하면서, 그것을 보다 큰 규모의 사회생태체계의 일부로 이해한다. CPRs 패러다임에서는 변동의 문제가 자원 이용자들 사이의 협력적 혹은 비협력적 행위를 통해 자원관리제도가 변동하는데 국한된다. 따라서 거시적인 체계의 변화는 미시적인 제도의 변화에 일방적으로 영향을 줄 뿐이다. 지속가능한 미시적 제도가 어떻게 거시적인 체계의 지속가능성과 연결될 수 있는지는 이론 내에서 해명되지 않는다.

따라서 커먼즈와 커뮤니티 관계에 영향을 주는 미시적이며 거시적인 요인들을 동시에 다루는 대안적인 접근법을 모색할 필요가 있다. 이를 위해서는 우선, 근대화 과정에서 커먼즈가 축소 · 해체 · 파괴되면서 국가의 통제나 시장질서가 지배적인 원리로 형성되는 과정이 해명되어야 한다. 이 과정을 지연시키거나 촉진시키는 요인으로서 커먼즈 이용자commoner 공동체의 저항이나 근대적인 사적소유제도 등의 설립과정, 자본주의적인 생산양식과 생활양식의 점진적인 형성과정이 설명되어야 할 것이다. 다른 한편으로는, 근대에서 탈근대로의 이행을 전망하면서 커먼즈를 둘러싼 정치와 운동이 체제이행에 미치는 영향을 해명해 갈 필요가 있다. 이를 위해서는 "왜 대중들이 커먼즈의 회복을 요구하는가?", "대중들의 대안적인 욕구나 필요를 충족시키기 위해서는 어떤 커먼즈가 필요한가?", "현재의 지배적인 국가-시장의 이항대립 속에서 '커먼즈에 대한 권리'가 제도화 되기 위해서는 어떤 형식의 '공유의 정치', '커머닝commoning의 실천'이 필요한가?"와 같은 질문들이 제기되어야 한다. 이런 측면에서, 커먼즈론은 개념이나 이론 등으로 체계화된 종합적인 연구패러다임이라기 보다는, 현재의 질서에서는 충족되지 않는 대중들의 요구나 필요를 '정치화'하고 '제도화'하기 위한 '문제설정' 혹은 '접근법'에 가깝다고 할 수 있다.

이 글에서는 위와 같은 접근법에 따라서, 마을 커먼즈의 역사적 변동을 살펴본다. 제주도의 한 마을을 현장으로 삼아서, 커먼즈와 커뮤니티 관계의 변동을 살펴보고 거기에서 얻을 수 있는 일반적인 함의들, 커먼즈론을 통해 한국사회의 (미래의) 변동에 대해 논의할 수 있는 부분을 짚어보도록 하자.

3. 제주의 선흘리 마을과 동백동산의 사례

선흘리는 인구 700명의 작은 마을이다. 행정구역상으로는 제주특별자치도 제주시 조천읍에 속한다. 이 마을에는 동백동산이라는 마을 숲이 존재한다. 오랫동안 동백동산과 마을 공동체는 분리될 수 없는 관계를 맺어왔다. 자연과 인간, 인간과 인간은 통합적 관계 속에서 존재해왔다. 하지만 선흘리 마을과 동백동산의 관계는 주로 외부의 정치경제적 변동에 따라서 큰 부침을 겪어왔고, 이 속에서 인간의 삶은 점차 커먼즈로부터 분리되었다. 흥미로운 점은 최근 선흘리 마을은 마을공동체의 결정에 따라 동백동산과 새로운 관계맺기에 나서서, 어느 정도 성공적으로 이 과정을 경험하고 있다는 것이다. 이 전체 과정은 대략 다섯 시기로 구분해서 살펴볼 수 있다.[6]

첫 번째 시기는 근대 이전의 전통적인 목축과 농경의 시기로, 이 시기에 선흘리 주민들은 주변의 목초지와 곶자왈 숲(선흘곶과 동백동산)을 삶의 터전으로 삼아 왔다. 이 시기의 선흘리에 대한 직접적인 기록은 거의 찾을 수 없는데, 그 몇 가지 흔적을 2012~2013년에 국립산림과학원의 주도로 진행된 선흘곶자왈 내 역사유적에 대한 조사를 통해 살펴볼 수 있다. 이때 보고된 선흘곶의 역사문화유적은 원형돌숯가마 2기, 원형 흙숯가마 78기, 노루텅(돌로 만든 노루함정) 7기, 농경유적 20곳, 음용수 생활유적 10곳, 신앙유적 2곳, 동굴유적 1곳 등이다. 그런데 선흘곶 내의 유적들 상당수는 약 7,500㎡ 크기의 산전山田 경계돌담 안에 위치하고 있고, 이 유적들의 연대가 조선 말기부터 1960년대 중반 정도로 추정되어 상당히 오랜 기간 동안 선흘 주민들이 선흘곶, 동백동산 안에서 집단적으로 생활해

6　선흘리 마을과 동백동산 사이의 역사적 관계에 대한 보다 자세한 설명은 정영신, 「커먼즈와 커뮤니티 관계의 역사적 변동-제주도 선흘리 마을과 선흘곶-동백동산 관계를 사례로」, 『로컬리티 인문학』 17호, 2017을 참조.

왔음을 알 수 있다. 이런 생활이 가능했던 것은 동백동산이 제주의 독특한 식생을 보여주는 '곶자왈' 가운데서도 특이하게 풍부한 물과 습지를 지니고 있었기 때문이다. 이 덕분에 주민들은 대대로 생계에 필요한 땔감, 숯, 약초와 식수를 동백동산에서 구해왔다. 동백동산은 마을 공동체의 유지에 없어서는 안 될 가장 중요한 생계자급 커먼즈 subsistence commons였다.

두 번째 시기(1910~1945)는 일제의 식민통치가 이루어진 시기로, 일제시기에 이루어진 산림령(1911), 토지조사령(1912), 임야조사령(1918), 목야지정리계획(1933)은 제주의 목초지에 근대적인 소유관계를 정립시켰고, 일제의 농촌진흥운동(1932-1940)과 축산정책에 따라 목초지 이용자들은 마을목장조합으로 조직되었다. 이 과정에서 동백동산을 비롯한 다양한 커먼즈는 '법적으로는' 70-80명 정도의 마을주민들이 참여하는 목장조합의 공동소유지로 전환되었다. 제주도 전 지역을 사례로 살펴보면, 소유권이 정립되는 과정에서 세금을 낼 여력이 있는 사람들이나 마을의 유력자나 지식인 등이 공동명의자로 등록되기도 했다. 또한 일제의 축산정책에 따라 제주도 전역에서 마을 단위의 목축이 양적으로 크게 팽창했다는 것도 이 시기의 특징이다.

세 번째 시기(1945~1971)는 국가 수준에서의 정치변동에 의해 공동체 자체가 파괴되고 다시 복구되는 시기다. 해방 이후에 4.3사건이 진행되는 과정에서 많은 주민들이 동백동산으로 피신했다가 군경에 의해 살해당하는 비극이 일어났다. 군경 토벌대는 주민들을 학살한 뒤에 주검 위에 기름을 부어 불태우기도 했다. 4.3사건 이후부터 동백동산은 일부 주민들에게는 친숙한 숲에서 '들어갈 수 없는

     공동자원론, 오늘의 한국사회를 묻다

숲', '악몽의 숲'이 되었다. 그럼에도 불구하고 주민들은 생계를 위해서 주변에서 거의 유일한 숲이었던 동백동산을 이용할 수밖에 없었고, 그것을 '마을 주민들의 것'으로서 인식하고 이용하고 관리해 왔다. 한국전쟁 직후에 조직되는 '산림계'의 사례를 통해 알 수 있는 것처럼, 숲 이용을 위한 계契조직의 복원은 공동체의 복원에도 도움이 되었다.

네 번째 시기(1971~2010)는 자연에 대한 국가의 통제와 자본주의적 근대화의 압력이 침투하여 동백동산과 마을공동체 사이의 관계가 해체되는 시기다. 1971년에 동백동산과 선흘리에 매우 중요한 두 가지 변화가 찾아왔다. 첫째, 동백동산이 제주도 지정 기념물 제10호가 되어 동백동산에 들어가서 물을 긷거나 나무와 나물을 채취하는 것이 불가능해졌다는 것이다. 둘째, 1971년에 선흘리에 상수도가 설치되면서 더 이상 물을 얻기 위해서 동백동산을 찾을 필요가 없어졌다는 것이다. 마을 주민들은 동백동산에 자유롭게 출입할 수 있었지만, 그것을 경제적으로 이용하는 것은 금지당했다. 이때부터 동백동산과 선흘리의 마을공동체 사이의 관계는 분리되었다. 마을 숲은 커먼즈가 아니라 소외된 대상에 불과했다. 특히 중앙정부는 목축산업을 재편하는 과정에서 과도한 양적 팽창을 추구하여, 목축에 종사하는 농민들의 파산을 초래했다. 1980년대 중반, 두 차례에 걸친 '소값파동'은 개별 농가와 마을 위주의 목축문화를 단번에 기업 위주의 목축으로 전환시켰고, 이 과정에서 동백동산 주변의 마을공동목장을 비롯한 제주 전역의 목장들이 팔려 나간다. 그런데 그 수익은 마을공동체가 아니라 명목적인 소유주들에게 돌아가는 경우가 많았다. 근대적인 소유권 제도의 도입은 커먼즈가 마을공동체 모두의 것이라는 관습이나 문화와 충돌할 여지를 안고 있었는데, 잠재되어 있던 이러한 불씨가 제주도에 대한 본격적인 개발정책 추진과 더불어 표면화된 것이다. 선흘 마을을 비롯한 제주도 곳곳에서 마을공동체와 명목적인 소유주들 사이의 분쟁과 소송이 잇따랐다. 선흘리에서는 마을공동목장의 매각뿐만 아니라 동백동산의 보호구역화 문제도 중첩되어, 숲과 목장은 마을공동체에 지속적인 갈등을 형성하는 원천이 되었다. 많은 주민들에게 동백동산은 '소외된 숲'이었으며, "불질러 버리고 싶은" 대상이었다. 그리고 이러한 관계는 40년 동안 지속되었다.

마지막으로, 큰 변화는 2010년대에 찾아왔다. 2010년에 동백동산은 습지보호지역으로 지정되었고, 2011년에는 람사르습지로 지정되었다. 마침 제주에서 활동하던 환경운동가들은 이것을 기회로 삼아 마을에 습지와 동백동산의 보호와 이를 통한 생태관광 프로그램을 제안했다. 마을주민들과 활동가들은 제주도와 환경부와 협력을 진행했고, 전문가들과 지역NGO가 여기에 결합하여 함께 생태관광협의체를 구성했다. 협의체와 활동가들은 주민들이 생태관광프로그램과 마을만들기에 자발적으로 참여할 수 있는 공론장을 구성했다. 공론장으로서의 마을회의는 5회에 걸쳐 진행되었는데 개최될 때마다 100여 명 이상의 주민들이 참여했다. 이 자리에서 동백동산의 보호와 관련한 중요한 사항들이 결정되었다. 선흘리에 생태관광 프로그램을 도입하고 마을 주민들이 마을숲의 관리에 참여하면서 마을은 질적으로 변화하고 있다. 2015년 동백동산을 찾은 탐방객 수는 26,000명에 이르며, 마을이 운영하는 생태관광 프로그램에 참여하는 사람들 숫자도 2013년에 100명에 미치지 못하던 것이 2014년에는 1,700명에 이르렀고 2015년에는 2,800명에 이르고 있다. 생태 관광 프로그램의 실시는 일자리의 창출, 30-40대 이주민의 증가, 마을에 대한 긍정적인 이미지의 확대로 이어졌다. 2012년에 18명이던 선흘분교의 학생 수는 2015년에 29명으로 늘어났다.

무엇보다 중요한 것은 숲을 대하는 마을사람들의 인식, 태도, 실천양식이 달라졌다는 점이다. 선흘리 생태관광프로그램의 특징은 숲을 보호하고 생태적으로 관광하는 방식을 개발하는 것뿐만 아니라, 이러한 프로그램을 통해 마을사람들의 역량강화, 어르신을 비롯한 마을 취약계층에 대한 돌봄활동, 숲의 '재커먼즈화'를 도모했다는 점에 있다. 먼저, 마을 주민들은 카메라를 들고 숲에 들어가 그곳에 사는 동물과 식물, 곤충들을 관찰하고 기록했다. 이용하고 개발할 수 있는 대상으로서의 숲이 아니라 있는 그대로의 숲을 인식하기 시작했다. 예컨대, 주민들은 해충害蟲과 익충益蟲이라는 익숙한 인식을 버리고 곤충들 하나하나의 이름을 알게 되었다. 또한 마을의 노인들은 동백동산과 마을에 얽힌 자신의 경험과 추억을 말하고, 기록하고, 그림을 그리고, 시를 쓰는 활동에 참여했다. 이 과정을 통해서 주민들은 자신들의 삶이 훨씬 더 숲과 연결되어 왔음을 재인식하게 되었다. 또한 숲해설사 양성과정에 참여한 주민들은 '꼬마해설사', '어르신해설사'가 되어 숲에 얽힌 사람들의 이야기를 들려줌으로써 동백동산을 찾는 관광객들에게 숲을 다르게 인식할 수 있는 기회를 제공하고 있다. 이 같은 일련의 활동들은 커먼즈를 구성하고 유지하는 커머닝commoning의 과정이면서, 동시에 숲을 마을의 커먼즈로 되찾는 '재커먼즈화'의 실천이라고 할 수 있을 것이다.

4. 커먼즈의 현대적 재구성으로부터 발생하는 문제들

하지만 위와 같은 재커먼즈화의 과정이 반드시 장밋빛 미래만을 약속하고 있는 것은 아니다. 거기에는 이전과는 다른 방식으로 실천되어야 할 다양한 과제들, 실험을 통해 한걸음씩 해결해 가야할 문제들이 놓여 있다.

우선, 생계자급의 자원이 생태관광의 자원으로 전환되었다는 점에서 발생하는 문제가 있다. 이것은 현대적 커먼즈들의 일반적 문제라고도 할 수 있을 것이다. 과거의 생계자급 체계에서는 생계와 생존의 필요성 때문에 마을사람들 스스로 숲 관리에 나서지 않을 수 없었다. 하지만 생계와 생존의 필요성과 분리된 상태에서 마을사람들이 숲 관리의 주체로 나서기 위해서는 끊임없는 교육과 인식의 전환, 실천활동이 보장되어야 한다. 그리고 이러한 실천활동은 현재 마을의 생산·생활방식을 보다 생태적인 것으로 전환하는 과정과 결부되지 않을 수 없다. 또한 이러한 인식과 실천의 형성·재형성 과정에는 마을의 핵심 활동가들의 역할이 결정적으로 중요한데, 이들의 재생산을 어떻게 담보할지도 커다란 과제라 아니할 수 없다.

둘째, 과거의 숲이 일정한 경계 안의 사람들이 이용하는 어느 정도 폐쇄적인closed 커먼즈였다면, 현재의 숲은 누구나 이용가능한 개방적인open 커먼즈다. 생계자급을 위한 커먼즈가 아닐 경우에 이러한 개방적 성격은 피하기 힘든 요소가 된다. 동백동산의 경우에 생태관광 프로그램이 지속되고 안정적으로 운용되기 위해서는 프로그램으로부터 일정한 수익이 발생해야 하지만, 숲 이용객이 너무 많아지게 되면 숲 자체가 훼손될 것이다. 따라서 지속가능한 숲 이용의 균형점을 찾고 그것의 변동 상황에 대처하는 적응적 능력이 갈수록 중요해질 것으로 예상된다. 동시에 동백동산을 찾는 도시의 시민들을 동백동산의 관리와 보호에 어떻게 결합시킬 것인지도 중요한 문제다. 현재 생태관광 프로그램에서 도시 시민들은 동백동산을 향유하는 주체로, 지역의 주민은 관리의 주체로 이분화되어 있다. 이와 같은 이분화가 야기할 수 있는 문제들도 예측하고 해결할 필요가 있을 것이다. 말하자면, 마을은 외부의 이용객들과 숲 사이를 매개하고 조정하는 새로운 과제를 떠맡아야 하는 것이다.

셋째, 숲과 목초지를 둘러싼 소유관계로 인해 발생했던 마을 내부의 갈등에 대해 생태관광을 통한 협력적 관계를 확대하면서 치유하고 해결해 가는 과정이 중요하다. 갈등의 원천이었던 숲을 협력과 화합의 상징으로 바꿔내는 작업은 어렵지만 중요한 과제이다.

마지막으로, 선흘리 마을공동체와 선흘곶-동백동산의 관계는 국가의 정치변동과 규제정책, 그리고 자본주의적 시장경제의 변동에 의해 직접적인 영향을 받아 왔다. 현재 동백동산의 경우에 환경부로부터 위탁받은 형태로 마을주민들이 숲 관리에 참여하고 있지만, 과거의 경험으로 볼 때 국가의 정책변화에 의해 숲 관리권이 몰수당할 여지도 존재한다. 또한 보호구역으로 지정되지 않은 주변의 숲이 부동산 시장의 변동에 의해 파괴당할 가능성도 크다. 실제로 제주도청과 기업은 동백동산 주변의 곶자왈 지역에 동물원을 짓겠다는 계획을 내놓고 있다. 그렇다면 현재의 선흘리 마을공동체와 선흘곶-동백동산이 맺고 있는 관계가 지속가능하기 위해서는 국가정책과 시장경제의 생태적 전환이 이루어져야 한다는 결론에 도달하게 된다. 이러한 거시적인 구조개혁의 과제는 마을 수준에서 감당하기 힘든 문제이지만, 커먼즈-커뮤티니 관계를 변동시켰던 과거의 경험에 대한 역사적 인식을 갖추고 국가와 사회의 생태적 전환을 위한 움직임에 연대하는 것을 중요한 과제로 파악하는 것이 필요하다.

선흘리 마을과 선흘곶-동백동산의 관계에 대한 역사적 분석은 다음과 같은 사실을 말해준다. 즉, 과거의 커먼즈는 전통적 규범과 생계자급의 생활과 문화 속에서 유지되었지만, 현대의 커먼즈는 주민과 시민들 스스로의 인식의 전환과 실천commoning 없이는 존재할 수 없다는 것이다. 그리고 이러한 지역과 마을 단위의 실천이 지속가능하기 위해서는 보다 큰 규모의 정치경제체제를 개혁하는 공유의 정치와 운동이 필요하며, 이를 통해 커먼즈에 대한 권리가 보장되어야 한다는 것이다.

5. 커먼즈론은 한국사회를 이해하고 변화시키는데 유용한가?

제주의 한 마을에서 일어났던 커먼즈-커뮤니티 관계의 역사적 변동에 대한 이해를 어떻게 하면 보다 일반화 할 수 있는가? 다시 말해서 커먼즈론은 한국사회의 변동을 이해하고 앞으로의 변화를 일으키는데 유용한 참조점을 제공해 주는가?

우선, 커먼즈에 대한 이해는 전통사회, 근대 이전의 사회가 어떻게 구성되어 있었는지에 대한 하나의 실마리를 제공한다. 근대 이전의 시대에 마을은 마을숲, 공동우물, 공동어장, 공동목장 등의 다양한 커먼즈를 함께 이용하는 사람들의 연결망으로 구성되었고, 커먼즈를 공동으로 이용하기 위해 만들어진 계契와 같은 협력적 제도들은 공동체를 유지하는 구심력을 형성해 왔다.

     공동자원론, 오늘의 한국사회를 묻다

둘째, 커먼즈론은 전근대 사회로부터 근대사회로의 이행을 이해하는데 하나의 실마리를 제공해 준다. 물론 위와 같은 전근대의 사회구성으로부터 현재의 사회로 어떻게 이행했으며 현재와는 다른 사회로의 이행이 어떻게 가능한가에 관한 일반이론을 구성하는 것은 매우 어려운 일일 것이다. 그럼에도 불구하고 커먼즈론은 근대사회의 형성을 위해서 파괴되었던 것 혹은 파괴될 수밖에 없었던 것이 무엇이었는지에 대한 이해를 도와준다. 그리고 이러한 파괴의 과정은 그것을 대체하는 새로운 것의 등장과 연결되어 있었다. 이런 맥락에서 보면, 커먼즈와 커뮤니티의 관계를 변동시켰던 핵심적인 요인은 국가와 시장 혹은 국가의 행정·사법 권력과 자본주의적 시장 관계의 확산이었다고 할 수 있다. 그리고 그 핵심적인 매개고리는 커먼즈를 국유재나 사유재로 전환하기 위한 근대적 소유제도의 도입이었다. 식민권력에 의해 추진된 축산정책은 제주의 기존 농경·목축 시스템을 근대화함으로써 때로는 양적 팽창을 가져오기도 했으나 자치의 가치보다는 수탈을 목적으로 한 통제를 통한 것이었다. 뒤이어 군사정권에 의해 추진된 근대화 사업들은 지역적인 순환경제의 토대를 파괴하였고, 이 과정에서 국가는 행정체계 개편과 소유제도의 합리화를 명목으로 마을공동체의 재산과 관행적 이용권을 점차 박탈했다. 다른 한편으로 근대적인 자본주의 경제의 침투로 인해 마을 주민들이 순환적인 지역경제를 유지할 유인은 줄어들었다.

셋째, 커먼즈론을 통한 사례 분석은 커먼즈와 연결된 사회적 변화가 어떻게 시작되어야 하며, 무엇에 의해 보충되어야 할지를 보여준다.

제주 선흘리의 경우 국가는 4·3사건을 통해서 마을공동체를 폭력적으로 해체하고 지속적으로 억압했으며, 환경보호를 명목으로 숲에 대한 이용권을 일방적으로 박탈하여 마을-숲의 관계를 단절시켰다. 이 때문에 20세기의 거의 대부분의 시간 동안에 마을공동체는 공公적 권력의 전횡과 사私적 경제의 침투에 효과적으로 대응할 수 없었다. 커먼즈와 커뮤니티 관계의 변동에서 마을 커뮤니티는 주도권을 확보하지 못한 채 외부의 충격에 적응하는데 급급했다. 한국의 여러 지역들 가운데 커먼즈 혹은 공동자원이 가장 많이 남아있는 제주의 경우에도 커먼즈를 공동으로 이용하고 관리하던 협력의 전통과 문화가 점차 단절됨으로써, 커먼즈는 점차 처분가능한 공유재산으로서의 의미로만 남게 되었고 이를 둘러싼 마을 내부의 갈등이 곳곳에서 발견되고 있다.

선흘리의 사례는 주민과 시민의 공동체들이 커먼즈에 대한 권리를 확보하기 위해서는 마을 수준에서의 자치와 민주주의가 보장되어야 한다는 점을 보여준다. 현재의 지방분권에 관한 논의는 도시 단위가 아니라 마을 수준으로 내려와야 하며, 마을공동체의 직접민주주의에 의해 재구성되어야 한다. 그리고 자치의 핵심적인 내용은 마을의 권력구조를 민주화하는 것뿐만 아니라, 마을의 다양한 주민들이 자유롭게 커먼즈를 구성하고 유지하고 이용할 수 있는 권리를 보장하는 것이다. 특히 선흘리의 사례는 자연-인간의 관계와 인간-인간의 관계가 분리·독립적으로 전개되는 것이 아니라 상호 연결되어 있음을 보여주었다. 그렇다면 마을공동체 수준에서 자치와 민주주의의 확대는 공동체와 커먼즈 사이의 새로운 관계맺기와 연결되지 않을 수 없다. 이때 커먼즈는 전통적인 자연의 다양한 영역들을 의미할 수도 있고, 도시에서 인간의 생산공간과 생활공간을 둘러싸고 있는 공간을 의미할 수도 있을 것이다.

넷째, 커먼즈론은 국가와 시장 이외의 사회적 영역을 확장하고, 이를 통해 국가와 시장을 재조직하는데 유용한 지렛대 혹은 효율적인 전략이 될 수 있다. 커먼즈론의 가장 핵심적인 함의는 다양한 인간 집단들이 자신들의 필요와 욕구에 따라서, 국가와 시장에 의존하지 않으며, 이전에는 없던 혹은 이전에는 분리되어 있던 공동의 것 the common을 창출하고 유지할 수 있다는 점을 보여준다는 것이다. 이것을 동양적 언어로 말하자면, 公적 지배의 논리나 私적인 소유와 시장교환의 논리로 환원되지 않는 共적 영역의 존재와 구체적인 실체를 보여준다고 이해할 수도 있다. 공간과 시간의 측면에서도 마찬가지다. 예컨대, 국가의 법률과 통제에 의해서 구성된 공간을 새롭게 전유하거나 사적 소유권을 근거로 타인의 이용을 거부했던 배타적 공간을, 함께 이용하고 향유함으로써 현대사회의 공간이 새롭게 재구성 될 수 있다. 시간의 측면에서도, 각 개인이 향유하는 생애시간이나 하루시간 가운데서 개인적으로 보내는 시간이나 직장에서의 생산활동에 투여되는 시간, 국가에 의해 통제되는 시간 이외에 이웃, 동료, 동호인, 소모임 등 생활세계의 영역과 결부된 시간을 확장하는 삶을 상상해 볼 수 있다.[7] 그리고 이렇게 확장된 영역들은 국가, 시장, 가족 등 기존의 범주들에 의해 구성되는 사회적 영역을 변화시킬 것이다.[8] 이처럼, 커먼즈론은 지금까지의 사회변동을 이해하

---

[7] 물론 이와 같은 일반적 영역 모두를 커먼즈론이 해명한다고 볼 수는 없다. 커먼즈는 공동의 사회적 관계가 표현되는 물리적 실체이기 때문에 그 층위가 구분된다고 할 수 있다. 그럼에도 불구하고 양자는 결합되어 있다.

[8] 이러한 전략만으로는 불충분하다는 논의에 대해서는 이 책에 실린 이병천의 글을 참조.

고 앞으로의 변동과 이행을 전망하는 하나의 '문제설정' 혹은 '접근법'으로서, 새로운 사회적 영역을 창출하고 확장하는 상상력과 실천의 도구가 될 수 있을 것이다.

02

한국 공동자원 연구의 현황과 과제

최현

1. 머리말

한국에서 공동자원commons과 공동관리자원Common Pool Resources 이하, CPRs에 관한 연구는 아직까지 시작 단계에 머물러 있다. 일반인들은 대부분 공동자원이나 공동관리자원이라는 말조차 들어본 적이 없을 정도다. 주제의 중요성에 비해 연구자가 턱없이 적기 때문에 일반인들뿐만 아니라 지식인들조차 공동자원에 대해 알지 못하고 있는 것이다. 여기서는 좀 더 많은 사람들이 공동자원에 관해 관심을 가지고 연구해주기를 기대하면서 우리나라 공동자원 연구의 현황을 살펴보고 앞으로의 연구 방향을 전망해 보고자 한다. 공동자원은 근대적 소유권 개념 없이 다수의 사람들이 함께 이용했던 자연적 또는 인공적 자원이다. 조선시대에는 공리지公利地라고 불리기도 했다. 공동관리자원이나 공공자원(또는 공개재public goods)은 공동자원을 학술적으로 정의하는 과정에서 생겨난 개념이다. 공동자원은 배제가능하지 않은 자원으로 학술적으로 정의되는데, 경합성rivalry을 가지는 공동관리자원과 경합성을 갖지 않는 공공자원으로 구분된다. 특히 공동자원의 대부분은 경합성을 갖기 때문에 공동자원론은 대개 공동관리자원을 다루는 공동관리자원론이라고 할 수 있다. 경합성을 갖지 않는다는 것은 쉽게 말해 내가 이용해도 다른 사람들이 이용할 수 있는 몫이 줄어들지 않는다는 것이고 그렇기 때문에 공공자원은 관리가 거의 필요하지 않다. 반대로 공동관리자원은 경합성을 갖기 때문에 적절하게 관리되지 않으면 다툼이 생기고 심지어 고갈될 수도 있어 지속적인 관리가 필요하다. 따라서 공동자원을 다루는 공동자원론은 주로 공동관리자원을 다루는 공동관리자원론이다. 또 한 가지 기억해야 할 것은 일상적으로 사용하는 공공자원이라는 말과 이 글에서 사용되는 공공자원이 다르다는 것이다. 공공도서관, 공원, 도로 등은 누구나 이용할 수 있는 공공시설로 그 말로만 보면 공공자원일 것이라고 생각하기 쉽지만 경합성이 있는 공동관리자원이다. 다만 일반적인 공동관리자원의 경우 해당 자원을 이용하는 집단과 관리하는 집단이 같은데, 도로나 공공 도서관은 모든 이용자를 대표해서 국가가 관리를 맡았기 때문에 관리자와 이용자가 다른 것처럼 보인다는 차이가 있다.

   공동자원론, 오늘의 한국사회를 묻다

2. 한국의 공동자원 연구의 현황

한국 학계에서 공동자원에 대한 연구가 본격적으로 시작된 것은
2010년대 이후로 아직까지 그 연구 성과가 매우 일천하다. 이러한
상황을 가장 잘 보여주는 사실은 commons와 CPRs라는 용어에 대
한 적절한 번역어도 아직까지 연구자들 사이에서 정해지지 않았다
는 것이다. 2010년 이전에도 물론 마을숲, 송계, 마을목장, 어장 등
공동자원에 대한 연구는 있었지만, 공동관리자원이라는 하나의 틀
속에서 연구되었다기보다 서로 연관 없는 개별 주제로 연구되었다.
2010년 이후에야 비로소 공동관리자원이라는 개념이 소개되고 마
을숲, 송계, 어장 등 각각의 사례가 공동관리자원이라는 하나의 개
념적 틀 안에서 사고되고 연구되기 시작했다. 하지만 공동관리자원
의 개념을 적용하는데 급급하지 않고 한국의 다양한 공동자원에 대
한 경험적 연구를 통해 그것을 발전적으로 다시 정의하는 성과를 낳
았다. 또한 신자유주의를 비판하고 지속가능한 삶의 조건을 만드는
데 공동자원론을 활용하고자하는 시도가 나타났다.

오스트롬 이전의 공동자원 연구

2000년대 이전에도 산림계에 관한 연구, 어업공동체의 공동자원 관
리 연구 등 한국에서도 공동자원과 관련된 연구들이 있었다. 하지만
이러한 연구들은 통합적인 이론을 형성하지 못하고 개별적인 사례
연구에 그쳤다.

오스트롬의 공동관리자원론의 소개와 공동자원론의 발전

한국에 공동관리자원론이 소개되고 공동관리자원론과의 관계 속에

서 본격적으로 공동자원에 대한 연구가 시작된 것은 2000년대 초반이었다. 배득종과 이명석 등이 공유재라는 이름으로 공동자원이라는 개념을 소개하기 시작했으며, 2010년 오스트롬의 저서 『공유의 비극을 넘어』와 『지식의 공유』가 번역되면서 공동관리자원에 대한 연구가 본격적으로 수행되기 시작했다. 배득종은 공동관리자원을 공공자원(또는 공공재)와 구분하고 경합성이 없는 공공자원에 관한 이론과는 달리 경합성이 있는 자원을 다루는 공동관리자원론은 적용할 수 있는 대상이 대단히 많다는 점을 지적한다. 그런데 그는 행정학자로서 자연의 지속가능한 관리보다는 정부예산 등 사회적 자원, 도시의 쾌적성 등 비가시적 자원 등에 공동관리자원론을 적용할 필요성을 제기하고 있다. 이명석은 공동관리자원 개념과 제도분석 모델을 소개하고 그것이 협치를 발전시키는 데에 갖는 의미를 정리했다. 강은숙과 김종석 역시 행정학자로서 사회-생태계 모델 등 오스트롬의 주요 이론을 소개하고 인간과 제도 간의 상호 작용, 규제 방법 등 이론적 쟁점을 제기하는 한편 한국적 상황에서 적용가능성을 확인하는 경험적 사례연구의 필요도 주장했다. 한국에서는 공동관리자원론과 관련된 연구가 행정학 분야에서 처음 소개되었고 관련 연구도 비교적 활발하게 이뤄지고 있다. 비슷한 맥락에서 농경제학 분야에서도 농업용수와 관개시설 관리에 대한 연구가 있었다. 하지만 행정학자들과 농경제학자들의 연구는 공동자원에 대한 효율적 관리와 정책에 치우쳐 있고, 자신들의 학문분과 밖에서 일어나고 있는 공동관리자원 연구는 거의 참고하지 않는다는 문제점이 있다. 이 때문에 사회-생태계 모델를 활용하고 한국의 현실 속에서 검토·수정하는 성과에 이르지 못하고 있다.

　　공동자원론, 오늘의 한국사회를 묻다

행정학과 농경제학 분야의 연구들은 자연과학과 사회과학의 협력을 이뤄내지 못했을 뿐만 아니라 공동관리자원론의 폭을 지나치게 협소하게 만들 가능성이 있다는 문제점을 가지고 있다. 공동관리자원론 연구가 효율적 관리에 한정되게 되면 기술적인technical 문제에 매몰돼 자연의 불공정한 이용의 문제와 국가와 시장에 의한 자연의 파괴, 지속가능한 삶의 방식의 훼손이라는 거시적 문제를 도외시하여 공동자원론의 비판적이고 변혁적인 잠재력을 잃어버릴 수도 있다.[1] 이런 잠재력을 인식하고 한국에서 공동자원론을 자연의 공정한 관리와 이용, 불평등의 해소, 자연의 보호와 지속가능한 삶의 방식의 확대라는 비판적 관점에서 활용하기 시작한 연구는 윤순진의 「제주도 마을 공동목장의 해체과정과 사회생태적 함의」(『농촌사회』 16호)라는 논문으로부터 시작되었다. 그는 일찍부터 공동자원론이 가지는 생태적 함의를 이해하고 이후에도 지속적으로 마을숲, 송림과 공동목장 등 다양한 사례연구를 진행해 왔다. 이러한 문제의식을 공유하면서 최현과 그 동료들은『공동자원의 섬 제주1: 땅, 물, 바람』과『공동자원의 섬 제주2: 지역 공공성의 새로운 지평』등의 책을 출판하면서 한국의 공동목장, 지하수, 바람 등 공동자원에 대한 경험적 연구를 수행하는 한편 공동자원론을 지속가능한 삶의 방식을 모색하는데 활용하기 위한 이론적 탐구를 지속하고 있다. 이러한 연구는 누구의 것도 아닌 자연의 혜택을 불평등하게 향유하기 때문

1　김형용의 논문 「복지국가의 생태학적 전환과 사회서비스의 가능성」(『한국사회복지조사연구』 43호)은 공동자원론과 생태복지국가의 전망을 결합시키려는 참신한 시도를 하고 있지만, 공동자원론을 복지국가의 위기관리의 방안으로 한정함으로써 앞서 언급한 행정학자들의 한계로 돌아가고 있다.

에 자연의 파괴가 더욱 심해지고 있다는 문제의식에서 출발한다. 부
유한 사람들은 더 많은 부를 쌓기 위해 열심히 자연을 파괴하고 있
을 뿐만 아니라, 자본주의 속에서 돈이 환경오염으로부터 자신을 지
켜줄 수 있다고 믿기 때문에 자연을 파괴하는 데 거리낌이 없다. 이
런 문제를 해결하기 위해 최현은 「재산권 재론」(『국제원광문화학술
논집』 2권 2호), 「공동자원 개념과 제주의 공동목장」(『경제와 사회』
98호), 「제주의 토지와 지하수: 공동자원으로서의 공통점과 차이점」
(『환경사회학연구: ECO』 17호)을 통해 공동자원을 사회학적·윤리
학적으로 정의하고 그것을 기초로 자연자원을 사적으로 소유하는
것을 비판하면서 공동자원의 호혜적 활용에 관심을 가진다. 마을어
장을 지역 주민들을 위한 사회안전망으로 활용할 수 있다는 김준의
연구도 공동자원의 호혜적 활용과 지속가능할 삶의 방식의 결합 가
능성을 보여준다. 이러한 측면에서 공동자원론이 담론적·운동적 실
천과 결합되어 발전한 일본 등 동아시아지역의 공동자원론을 소개
하고 한국의 결합하려는 시도들도 나타나고 있다.

　공동자원론과 관련된 또 하나의 중요한 연구 주제는 우자와 히로
후미宇澤弘文의 저서 『사회적 공통자본』과 관련되어 있다. 우자와는
한 나라 또는 특정 지역에 사는 모든 사람이 풍요로운 경제생활을
영위하고, 우수한 문화를 발전시키며, 인간적으로 매력 있는 사회를
지속·안정적으로 유지하는데 반드시 필요하기 때문에 사적 소유나
사적 관리를 인정하지 않고 어떤 사회적 기준에 따라 그 사용이 결
정되어야 할 희소자원의 저량stock을 '사회적 공통자본'으로 정의한
다. 그리고 이러한 사회적 공통자본을 자연자본(토지, 물, 공기, 삼
림, 하천 등), 사회자본(사회간접자본과 경찰, 학교, 병원 등), 제도

자본(교육, 의료, 시장, 금융, 사법 등)이라는 3개의 범주로 분류한다. 이 중 자연자본은 물, 하천, 숲, 흙, 바다 등 자연환경 전반을 포함하고 있으며 자연자원의 지속적 이용·관리라는 측면에서 공동자원의 논의와 접점을 가진다.

흥미로운 것은 우자와의 사회적 공통자본이란 개념 역시 오스트롬 부부Vincent Ostrom와 Elinor Ostrom의 공동관리자원이란 개념과 마찬가지로 새뮤얼슨Paul Samuelson의 공공재의 한계를 비판하면서 생겨났다는 것이다. 대해 비판적으로 평가경합성도 없고 배제가능성도 없는 자원인 공공재를 현실에서 거의 찾아볼 수 없다는 비판적 문제의식으로부터 생겨났다는 것이다. 따라서 우자와의 사회적 공통자본론은 오스트롬의 공동자원론과 공유하는 바가 많다. 두 이론 모두 소비, 생산, 효용 등의 경제학의 토대 위에서 만들어진 졌고 '사람들의 생활·생존'을 직접 문제시하면서 희소자원의 구체적인 관리를 꾀하고 현실에 적용할 수 있는 가능성도 크다. 다른 점은 우자와의 사회적 공통자본론이 처음부터 거시적 구조와 제도에 관심을 갖고 대안적 경제 체제에 초점을 맞췄다면, 오스트롬은 앞서 자세히 설명했듯이 지역의 미시적 제도들에서 시작해서 그것을 둘러싼 다양한 수준의 제도, 관련된 시스템과 그것들 사이의 관계 및 시스템의 점진적 변화로 관심을 넓혀왔다. 주류경제학에 대해 우자와의 공통자본론은 직접적으로, 오스트롬의 공동자원론은 간접적으로 비판적으로 접근하고 있다. 우자와의 공통자본론과 오스트롬의 공동자원론은 같은 부모를 가진 형제자매와 같다. 그런데 이 두 이론은 서로 같은 문제의식에서 출발했지만 강점을 보이는 영역이 다르기 때문에 서로 보완적인 측면을 가지고 있다. 이 때문에 일본 공동자원

론 연구의 중심연구자인 이노우에 마코토井上眞는 우자와의 공통자
본론을 공동자원론의 두 가지 주요한 흐름 중의 하나로 다루고 있다.

이러한 맥락에서 볼 때, 거시적 측면에서 공동자원론의 발전을
모색하고 있는 한국의 대표적 연구자는 우자와의 저작을 번역하기
도 한 이병천이다. 그는 「소유, 통제, 축적: 자본주의와 민주주의의
화해와 불화」(『사회경제 민주주의의 경제학-이론과 경협』, 돌베개)
라는 글을 쓰는 등 공동자원론을 활용해서 지속가능한 대안적 경제
학을 체계화하기 위해 노력하고 있다. 그에 따르면 대안적 경제학은
"살림살이"의 경제학이다. 사회와 유리된 시장 효율의 논리와 약육
강식의 논리에 따라 조직된 현재의 주류경제학과 달리, 사회에 뿌리
내린 채 사람과 자연을 살리는 살림살이의 논리를 따르는 공생의 경
제학이 필요하다고 그는 주장한다. 물론 이병천 이외에도 대안적 경
제학과 경제체제를 모색하고 있는 한국의 경제학자들은 제도경제학
계를 중심으로 많이 있지만, 이병천은 공동자원론과 사회적 공통자
본론에서 이러한 실마리를 찾고 있다는 점에서 특징을 가진다고 할
수 있다. 이러한 시도는 경세제민經世濟民이라는 경제의 본뜻에 걸맞
은 경제학을 구축하려고 하는 의미 있는 시도로 보인다. 이러한 시
도는 또한 폴라니의 『거대한 전환』(길)나 네그리·하트의 『공통체』
(사월의책)와 맥을 같이하고 있다.

3. 한국 공동자원 연구의 과제

나를 비롯한 한국의 진보적 연구자들은 앞서 언급했던 폴라니, 우자
와, 이병천, 네그리·하트 등의 문제의식을 공유하고 있다. 곧 경제

를 경세제민으로 되돌려 사회의 불평등을 완화하고 공동체적 연대를 복원할 뿐만 아니라 시민들의 역량을 강화하여 협치governance를 수립함으로써 자연을 지속가능하게 이용하도록 삶의 방식을 변화시키는 학문의 전환과 사회의 전환, 의식과 삶의 방식의 전환이 필요하다. 그런데 나는 공동자원이 이러한 전환에 핵심적 요소linchpin가 될 수 있다고 생각한다.

공동자원의 재정의: 자본주의 경제학의 개념을 활용한 자본주의의 비판

마르크스는 「루이 보나파르트의 브뤼메르 18일」에서 "살아 있는 세대들이 자기 자신과 사물을 변혁하고 지금껏 존재한 적이 없는 무언가를 만들어 내는 데 몰두하고 있는 것처럼 보이는 바로 그때, 바로 그러한 혁명적 위기의 시기에, 그들은 노심초사하며 과거의 명령들을 주문으로 불러내어 자신에게 봉사케 하고, 그들에게서 이름과 전투 구호와 의상을 빌린다."고 이야기했다. 오스트롬은 배제불가능성과 경합성이라는 경제학적 용어로 자연을 비롯한 공동자원을 어떻게 보다 효율적으로, 다시 말해 자본주의적 방식으로 관리할 것인가에 답했다. 하지만 나는 공동관리자원의 배제불가능성을 인간과 자원의 관계 속에서 사회적·윤리적으로 재해석한다면 자본주의에 대한 아주 날카롭고 강력한 비판의 무기가 될 수 있다고 생각했다. 공동자원의 배제불가능성은 어느 인간 공동체에나 요구되는 인간 생명에 대한 존중과 공정성이라는 황금률golden rule로부터 나온다. 인간 생존에 필요한 자원 또는 어떤 개인이나 집단이 오로지 자신의 힘과 노력만으로 생산하고 관리할 수 없는 자원(예를 들면, 자연이나 수리시설 등)은 배제가능성을 갖지 않는다. 다시 말해, 독점적으로 이용할 수 없는 것이다.

공동자원을 재정의하는 것은 지공주의와도 통한다. 지공주의는 토지라는 자연적 산물로부터 지대(또는 초과이윤)를 수취하는 것은 부당한 것이라고 보고 이 문제를 해결하기 위해 토지 공개념을 확대하고 초과이윤을 시민들에게 공정하게 돌려주기 위해 세제 등을 마련하고 있다. 공동자원을 독점해서 지대를 얻는 문제는 토지만의 문제는 아니다 지식재산권 역시 공동자원인 지식이나 발명품 등에 대한 독점적 권리를 인정하는 데 어느 정도까지는 새로운 지식과 발명품을 낳는 데 이바지하지만, 한도를 벗어나면 오히려 지식과 발명을 질식시킨다. 현재는 대기업들이 지적재산을 거의 독점하고 있어 대기업들이 지적재산권 소송을 걸어올 것을 두려워해서 개인들이나 후발 발명가들이 새로운 발명과 발견을 포기하는 그리드 락grid lock 의 문제가 지구적 차원에서 나타나고 있다. 새로운 발명과 발견을 장려하기 위해 만들어진 지적재산권제도가 이제 오히려 기술혁신과 발명을 질식시키고 있는 것이다.

나는 이러한 문제들을 고려할 때 공동자원에 대한 재정의가 자본주의를 비판하는 데서 강력하다고도 날카로운 비판의 무기가 될 수 있다고도 했는데, 강력할 수 있는 것은 자본주의의 본질적 특성인 인간과 자연의 상품화, 그리고 인류가 함께 만들어 온 지식, 문화, 금융 등의 독점에 대한 근본적인 비판이기 때문이며, 날카로운 것은 자본주의를 뒷받침하는 가장 중요한 학문인 경제학이 스스로 공동자원의 배제불가능성을 인정했기 때문이다. 우리는 여기서 더 나아가 공동자원을 사회적·윤리적으로 재정의하고 그것을 통해 자연과 지식, 문화, 금융제도, 법과 국가 등 인류의 공동생산물을 불공정하게 이용하는 문제를 지적하며, 현재의 사회적·경제적·법적 제도의 문제점을 드러내야 한다. 동아시아에서 공동자원을 공정하게 관리했던 사례를 찾아내고 그러한 관리의 원리를 드러내는 것은 이러한 담론적 실천에서 매우 중요한 작업이다.

공동자원의 공정한 관리 사례 발굴과 확산, 그리고 새로운 공동자원의 형성

"비판의 무기는 무기의 비판을 대신할 수 없다." 마르크스는 이 말을 사회주의가 노동계급에 의해 뒷받침되어야 한다고 주장하기 위해 사용했다. 나는 담론적 실천보다 새로운 관행과 제도를 만들어내는 것이 중요하다는 의미로 사용한다. 공동자원에 대한 담론을 발전시키고 그것을 확산시키는 활동도 필요하지만, 그보다 자연을 비롯한 공동자원을 보다 공정하게 이용·관리하는 사례를 만들고, 그런 사례를 확산함으로써 새로운 삶의 방식을 더 많은 사람들이 체험하도록 하는 것이 중요하다. 마르크스는 「포이에르바하에 관한 테제」에서 "환경의 변화와 교육에 관한 (기계적) 물질론의 교의는 환경이 인간에 의해 변화되며 교육자 자신도 교육되어야 한다는 것을 잊고 있다⋯⋯. 환경의 변화와 인간 활동의 변화 혹은 자기 변화와의 일치는 오직 혁명적 실천으로서만 파악될 수 있고 합리적으로 이해될 수 있다"고 썼다. 담론적 실천, 곧 교육으로 몇몇 사람의 생각과 삶의 방식을 바꿀 수는 있을지 몰라도 많은 사람들의 생각과 삶의 방식을 바꿀 수는 없다. 진정한 변화와 교육은 대안적 제도를 사람들의 인식과 그 변화를 고려하며 만들어 가는 정교한 실천(이것이 바로 혁명적 실천이다)과 그러한 제도와 실천을 체험하는 가운데 생겨난다.

공동자원 관리사례의 발견과 확산

공동자원이 자본주의의 발전 과정에서 사유화되지 않고 공공자원이
나 공동관리자원, 또는 공동소유자원common property resources으로
남아있는 사례를 수집해서 현대사회에서 공동자원을 유지하거나 복
원하기 위해 필요한 전략을 마련하는 것은 마을이나 지역 수준에서
자본주의의 대안적 체제를 형성하기 위한 전제다. 예를 들어 제주에
서 마을 공동목장이 급속히 사라져 가고 있지만 가시리는 공동소유
의 마을목장을 파는 대신 풍력발전부지와 생태관광자원으로 활용하
고, 선흘1리는 국유화된 곶자왈을 생태관광자원으로 관리하고 그 혜
택을 마을 사람들의 복지와 문화생활, 주민역량 강화, 환경교육 등
에 사용함으로써 지속가능한 삶의 방식을 몸으로 보여주고 있다. 마
을 공동체가 공동자원을 소유하고 있는 형태는 다양하지만, 마을 주
민과 공동자원을 생태관광이나 풍력 발전 등을 통해 현대적 방식으
로 결합해서 마을 공동체가 자연과 함께 활기를 되찾고 있는 것이다.
마을 단위에서 생활에 필요한 것이 제공되고, 복지 및 돌봄 체계가
마련되어 안정적으로 운영된다면 마을주민은 자연을 수탈하거나 파
괴할 필요가 없고 자연과 공생관계가 이어져 자연의 지속가능성은
커진다. 성장에 기대지 않는 지속가능한 삶의 방식이 뿌리내릴 가능
성이 커진다.

　공동자원의 사유화 과정에는 모든 것을 상품으로 변화시킬 수 있
도록 제도적으로 뒷받침하는 자본주의적 법이 그 역할을 톡톡히 하
고 있다. 따라서 공동자원과 관련된 법과 제도에 대한 연구가 매우

중요하다. 예를 들어 공동자원이 공동소유자원의 형태로 남아 있는 경우에도 우리나라 민법에 따르면 구체적으로는 ①공유共有, ②합유合有, ③총유總有의 세 가지 다른 형태의 소유가 가능하다. 공유는 자본주의적 공동소유를 법적으로 표현한 것으로 소유자는 언제든 자유롭게 자기 지분을 팔 수 있다. 합유는 조합소유와 동일한 것으로 각 공동소유자가 소유물에 대해 권리를 갖지만 다른 조합원들의 동의 없이 자유롭게 자기지분을 처분할 수 없다. 총유는 공동체적 성격이 가장 강한 공동소유로 공동체가 처분·관리권을 가지고 공동소유자는 이용·수익권만을 가진다. 일본이나 대만과는 달리 한국은 1960년부터 시행한 신민법을 통해 총유제도를 만들었다. 공유는 공동자원이 해체되는 것을 전혀 막을 수 없으며, 합유는 다수가 동의하는 한, 그리고 총유는 만장일치에 이르지 않는 한 공동자원을 처분할 수 없다. 따라서 공동자원으로 유지하는데 상당한 역할을 할 수 있다. 특히 총유제도는 마을 재산인 공동자원을 보호할 수 있는 가장 강력한 법 제도인데 사람들이 잘 몰라 지금까지 제대로 활용되지 않았다. 그 때문에 최근에는 총유제를 전근대적인 것으로 간주해서 자본주의 사회에 맞지 않는다며 폐지를 주장하는 학자들도 많아졌다. 하지만 총유제도는 마을이 공동체의 물질적 기반인 공동자원을 큰 비용을 들이지 않고 유지하고 주민 모두가 이용할 수 있도록 함으로써 주민들의 생계유지를 도와주며 마을이 지속될 가능성을 높인다. 이에 따라 마을의 자연도 지속가능성이 커진다. 따라서 관련된 법과 제도를 현대적으로 계승·발전시킬 필요가 있다.[2] 또한 한

---

2   총유와 공동자원의 관계에 대해서는 최현의 「공동자원 개념과 제주의 공동

국에서 공동자원이나 농경지를 국가가 수용한 후 기업에 팔아서 파
괴하는데 이용되고 있는 토지수용법의 문제점에 대한 연구도 반드
시 공동자원을 지키고 확대해나가기 위해 필요한 연구다.[3]

공동자원을 활용한 기본소득

엄청난 과학기술 발전은 인류 공동체의 구성권 누구나 조금만 일하
고도 부족하지 않은 생활을 할 수 있는 기술적 조건을 마련했다. 하
지만 자본주의적 분배방식으로 인해 현실에서는 기술 발전이 오히
려 실업률을 높이고 시민들의 생활을 불안정하게 만드는 결과를 가
져오고 있다. 생산성이 높아져 고용이 줄면서 가처분소득이 줄고 소
비가 위축되면서 기업들마저 불황의 늪에서 헤어나지 못하는 사태
가 계속 발생하고 있다. 이 때문에 지각 있는 경제학자나 자본가들
사이에서도 기본소득이 필요하다는 인식이 확대되고 있다. 그런데
공동자원은 기본소득의 논리적·현실적 원천이 될 수 있다. 대한민
국이 가진 공동자원은 크게 두 가지다. 첫째는 자연이라는 공동자원

목장」(『경제와 사회』 98호)를, 총유의 법률적 의미와 그것을 둘러싼 논쟁은 최문
기의 「總有에 관한 規定의 立法論」(『사회과학연구』 28권 4호), 총유자원의 이용
과 비슷한 특수지역권에 대한 자세한 검토는 이덕승의 「특수지역권의 재고」(『재
산법연구』 27권 2호), 일본에서의 총유론과 공동자원 연구는 이노우에의 『공동자
원론의 도전』, 최현·정영신·김자경 역, 서울: 경인문화사.), 대만의 공동자원과
총유론은 따이싱성·최현의 「대만 공동자원 연구의 현황과 과제」, 『ECO』 19권 2
호)를 참조하시오.

3 　허호준의 「대법 "공공성 없는 토지 강제수용은 무효"서귀포 예래휴양주거단
지 중단되나」(한겨레신문. 2015년 3월 24일. http://m.hani.co.kr/arti/society/
area/683853.html)는 토지수용법의 문제를 보여준다.

이다. 영토, 영해, 영공을 비롯한 대한민국의 모든 자연(땅, 물, 공기 등)과 천연자원(수력, 풍력, 태양력, 광물 등)은 인간이 만들 것이 아닌 공동자원으로서 그 혜택을 대한민국 국민이라면 누구나 공정하게 향유할 필요가 있다. 둘째는 공공시설과 제도적·문화적 공동자원이다. 공공시설과 제도적 공동자원은 어떤 개인이나 집단이 만들어낸 것이 아니라 이 땅에 살아온 조상과 우리 모두가 함께 만들어온 것으로 그 혜택을 누군가 독점하거나 불평등하게 나눌 수 없다. 가장 대표적인 공동자원은 대한민국 그 자체다. 대한민국은 헌법에 나와 있듯이 3·1운동, 4·19혁명뿐만 아니라 4·3항쟁, 5·18민주항쟁, 6월 항쟁, 촛불혁명 등을 통해 만들어졌다. 수많은 선조들, 독립투사들과 민중이 피와 땀으로 대한민국을 일궜다. 스미스Adam Smith는 "한 사람이 작은 핀을 혼자서 만들면 하루에 20개 만들기도 힘들지만 열 명의 사람이 분업을 하면 한 사람이 하루에 240배인 4,8000개 이상을 만들 수 있다"고 했다. 사회적으로 보면 200개에서 48,000개로 늘어 생산량이 47,800개 늘었다. 이것은 분업의 결과로 어떤 개인이 독점할 수 없는 부분이다. 하지만 현재 우리나라에서는 기업가를 비롯한 이 사회의 지배자들이 이렇게 분업을 통해 증가한 생산량의 대부분을 독점하고 있다. 공정성을 고려한다면 민주주의와 분업의 혜택이 모든 이들에게 골고루 미치도록 해야 할 것이다. 저수지, 도로와 항만 등의 시설은 유형의 공동자원이며, 국가 제도, 한국어, 경제체제, 신뢰, 법의식, 지식 등은 무형의 공동자원이다. 기본소득은 이러한 자연과 시설, 제도·문화적 공동자원의 혜택을 함께 나누는 것이다. 기본소득은 대한민국의 저소득자에 대한 시혜가 아니라 대한민국이라는 공동자원으로부터 나오는 혜택을 국민들이 모두 공정하게 나누는 것이라고 할 수 있다. 공동자원을 잘 관리해서 그 혜택을 늘리고 그 혜택을 공정하게 나눌 방법을 마련하는 것은 공동자원론의 중요한 연구 분야다.

공동자원과 세계 평화

공동자원은 마을 수준에서만 존재하지 않는다. 대기, 해양, 토지, 지하자원, 물 등 자연자원과 수리시설, 금융제도, 교육제도, 도시, 국가, 분업, 문화 등 사회적 제도와 시설이 광범하게 존재하는데 이러한 공동자원은 국가나 지구적 수준의 공동자원이다. 앞서 언급했듯이 공동자원론은 공동자원으로부터의 혜택을 공정하게 향유하고 그것을 관리할 책임을 공평하게 나누는 것을 기본적 원리로 한다. 지구적 수준에서 보면 자연자원과 인류 공동체가 이룩한 제도와 시설의 혜택을 다양한 수준의 공동체가 함께 나누고 빈곤을 퇴치함으로써 지구적 수준에서 자연을 지속가능하게 이용할 수 있는 길을 찾는다. 그리고 지구적 공동자원의 혜택은 국가에 의해 배타적으로 독점될 수 없다. 그런데 현재의 세계질서는 국가가 지구적 공동자원을 분할하고 선점한 공동자원을 독점적으로 관리·이용하는 것을 허용하고 있다. 그리고 이러한 독점이 지구의 평화를 위협하는 중요한 원인이 되고 있다. 예를 들어 조어도 또는 센카쿠열도라 불리는 섬의 영유권을 둘러싸고 중국과 일본이 대립하기 때문에 동아시아의 평화가 위협 받고 있다. 그런데 사실 지구상의 어떤 섬이나 영토는 개인이나 회사, 국가 어느 주체도 독점적으로 이용할 수 없는 공동자원인 것이다. 주변국을 중심으로 인류 전체가 공동으로 관리하고 이용한다면 갈등을 상당부분 해소할 수 있다.

　　지구적 공동자원 역시 다른 공동자원과 마찬가지로 관리의 책임을 지는 주체에게 이용할 권리도 부여하며 관리에 책임을 지려고 하는 주체를 배제할 수 없다. 또 직접적으로 관리에 참여하는 주체만이 아니라 인류전체에게 그 혜택이 어느 정도 돌아가도록 해야 할 것이다. 지구적 공동자원을 공동으로 관리해서 지구적 차원에서 그 혜택을 나누고 빈곤을 줄임으로써 인류는 풍요로움을 얻을 수 있다. "오병이어"의 우화는 성장을 통해 생산을 증대함으로써 인류가 풍요로워지는 것이 아니라 생산물을 함께 나눔으로써 풍요로워진다는 지혜를 전한다. 도 자연의 지속가능성을 높일 수 있다. 탄소배출권 거래도 기업에 기득권을 인정해주는 방식이 아니라 피해를 당하는 인류 모두가 탄소배출권 판매 수익을 분배하는 방식으로 개선되어야 할 것이다. 이를 위해서는 기존의 공동자원론의 한계를 극복해야 한다. 지금까지 공동자원론은 주로 국가 내에서 특정 공동자원과 관련된 이해당사자들의 관계에 초점을 맞추었다. 하지만 자연의 공동자원을 공정하게 관리하기 위해서는 지역주민과 상급 행정단위(구, 군, 시, 도 등)의 주민, 국민, 상급 행정기관(시청, 도청 등), 중앙정부, 국제기구, 전인류의 공동자원을 둘러싼 단위연계cross-scale institutional linkages에 대한 분석으로까지 분석 수준을 확대할 필요가 있다. 버크스Firket Berkes의 글 "Cross-Scale Institutional Linkages: Perspectives from the Bottom Up"(Thomas Dietz, Nives Dolšak, Elinor Ostrom, and Paul C. Sterneds.), The Drama of the Commons. Washington, DC: National Academy Press은 이와 관련해서 많은 시사점을 준다.

4. 맺음말

지금까지 이 글에서 나는 한국에서 이루어진 공동자원 연구의 현황을 살펴보고 공동자원론이 가진 발전 가능성을 한국 사회가 봉착하고 있는 불평등 문제, 환경문제와 관련지어 논의했다. 2010년까지만 해도 공동자원에 대한 연구가 거의 없었으나 그 이후 행정학을 필두로 사회학, 농경제학, 환경학 등에서 공동자원에 대한 연구가 상당히 활발히 진행되고 있다. 하지만 아직까지 공동자원에 대한 연구자들과 일반인들의 관심이 부족하며, 공동자원 관련 연구 들의 대부분은 자원의 효율적 관리라는 매우 협소한 틀에 갇혀 있다. 미국과 유럽의 연구와 함께 일본, 중국, 대만 등 동아시아 지역의 공동자원 연구자들과 문제의식을 공유하고 그 연구 성과를 수용하되 우리 사회가 안고 있는 불평등의 문제, 부정의의 문제, 자연파괴의 문제를 직시하면서 공동자원론의 가능성을 확대할 필요가 있다. 한국에서 공동자원론의 분석적·정책적 가치와 담론적·운동적 가치를 함께 살리는 연구가 활발히 진행되어 국내적으로 새로운 제도와 정책을 통해 다양한 문제를 해결하고 국제적으로 공동자원론의 발전에 이바지하는 한편 지속가능한 삶의 방식을 마련하고 확산하는데 활용되기를 기대한다.

03

커먼즈의 실천, 사회적경제와 협동조합

김자경

1. 들어가며

제주라는 섬 전체가 갈등이라는 몸살을 앓고 있다. 제주의 남쪽지역에 있는 강정마을은 지난 10여 년 동안 해군기지 건설과정에서 구럼비 바위를 잃었으며, 붉은발말똥게도 잃었다. 그 과정에서 강정마을은 해군기지 찬성파와 반대파가 나뉘어져 서로의 가슴에 깊은 생채기만을 남겨놓았다. 그 상처는 아직도 치유되지 않고 여전히 깊어지고 있다. 2016년 강정 해군기지는 준공되었다. 지난 2007년부터 2014년 말까지 이와 관련해 업무방해 등으로 사법처리된 주민은 206명에 달하고 해군은 공사 지연에 따른 피해액 34억여원에 대한 구상금 청구 소송 등을 제기한 상태다. 강정마을 사람들은 바다를 잃었고 엄청난 액수의 벌금도 물어야 할 판이다. 제주의 동쪽지역에 있는 온평마을은 제2공항 건설계획으로 인하여 느닷없이 갈등의 한가운데 서게 되었다. 온평마을은 제주의 옛 명칭인 탐라의 건국신화가 전해오는 혼인지가 있는 마을이며, 혼인지는 제주도 기념물 제17호로 지정되었다. 그런데 이 마을을 중심으로 제2공항 건설계획이 수립되었지만 온평마을 사람들은 논의과정에서 배제되었다. 더군다나 제2공항 건설 예정지 일대는 크고 작은 오름들이 많은데 열 곳정도의 오름 훼손은 피할 수 없을 것으로 보인다. 그리고 난개발과 특혜 논란으로 인해, 오라 관광단지 개발사업이 한창 논쟁 중에 있다. 오라 관광단지 개발사업은 한라산 천연보호구역 바로 밑 완충지대(중산간 지역)에서 추진될 것으로 예상되고 있으며, 제주도 개발역사상 가장 큰 규모의 개발사업이 될 것으로 보인다. 이러한 갈등은 대부분 국책사업과 국가가 승인하는 개발사업에서 발생한다.

이러한 현상은 제주뿐만 아니라 다른 지역에서도 마찬가지이다. 공공성을 가진 국책사업들이 여러 지역에서 환경 문제를 시작으로 다양한 갈등을 유발하고 있는 것이다. 4대강 정비사업으로 인해 강들이 파헤쳐지고 생태계가 죽어가고 있다는 비판이 거세다. 4대강이 녹조로 오염되어 이를 칭하는 '녹조라떼'라는 단어가 일상에서 회자되고 있다. 서울과 수도권에 전기를 보내기 위한 송전탑 건설은 밀양 주민들의 삶의 터전을 위협하는 등 많은 문제점들이 제기되고 있다. 예전부터 삶의 터전을 꾸려 왔던 지역 주민들은 환경악화, 토지 강제수용 등으로 인한 피해를 입고 있으며, 그에 반하는 의사표시를 하면 공공성을 해치는 사람으로 비난받고 있다. 강정마을에 구상권이 청구된 것도 이와 같은 사실을 반영하고 있다.

이와 같이 국책사업과 국가의 승인하에 추진되는 개발사업들은 여러 가지 발생하는 문제들을 지역의 문제로만 축소시키고, 국민 모두를 위한 경제성장의 논리로 지역의 희생을 강요하는 문제점들을 드러내고 있다. 결국 필자는 국책사업과 경제개발이라는 논리 속에서 드러나는 지역 내 다양한 갈등이 어떻게 해소되어야 하는지에 대한 연구의 필요성을 느끼게 되었다. 오스트롬의『공유의 비극을 넘어』는 필자에게 그러한 연구의 계기가 되었다. 오스트롬은 국가의 지배도, 시장의 지배도 아닌 공동체의 커먼즈의 운영원리가 지속가능한 삶을 가능케 할 수 있다는 새로운 관점을 제시했다. 오스트롬은 기회주의적 행동의 유혹을 물리치면서 어떻게 사람들이 스스로를 조직하고, 자치제도를 만들어 공동의 이익을 확보할 것인가라는 문제의식을 가졌다. 이를 바탕으로 공동자원의 관리 제도들의 저변에 내재되어 있는 일련의 디자인원리를 정리했다. 오스트롬의 커먼즈 개념은 한 지역사회에서 전통적 · 역사적으로 형성되어온 전통적인 공동자원의 이념형이라고 볼 수 있다.

한편 공유지가 해체되거나 공유지의 소유권이 변화되는 과정 속에서 오스트롬의 디자인 원리는 그대로 현재의 지역공동체에 적용하기 어렵다. 오스트롬은 소유의 범위를 한정시켜 명확하게 정의된 경계를 전제로 한다. 그리고 커먼즈를 사용하고 제공하는 규칙을 현지 조건에 맞추고 있다. 예전에는 커먼즈로 이용되었으나 현재 마을공동체 소유가 아닌 개인이나 타지인으로 소유권이 변화한 경우는 이를 커먼즈라 할 수 있는가라는 문제가 제기된다.

제주에 아직까지도 수많은 커먼즈가 남아있다. 마을공동어장과 마을공동목장, 곶자왈이라는 제주 고유의 숲 등이 바로 그것이다.

예를 들어 마을공동목장은 밭농사에 이용하는 말이나 소를 공동으로 방목하기 위해 만들어졌다. 말이나 소의 소유권은 개인이 가지고 있지만 마을공동목장은 마을회의 소유가 많다. 이 마을공동목장은 어느 한 마을에서 이용하고 관리하는 조직을 구성하고 목장의 이용을 통해 얻어지는 수익은 호혜적으로 분배하는 규약을 만들었다. 이러한 상호부조의 문화를 제주에서는 '수눌음'이라 한다. 그러나 시장경제의 발전에 따라 마을공동목장은 마을사람들의 삶과 괴리되기 시작했다. 농업용 기계 도입으로 말이나 소의 사육 목적이 사라졌다. 마을공동목장을 비육용 소를 사육하기 위한 축산업으로 사용할 수도 있었지만, 그마저도 시장경쟁에 밀려 여의치 않았다. 그러자 마을공동목장은 골프장으로, 관광지 개발용으로 팔려나갔다. 커먼즈가 사라지기 시작한 것이다.

이러한 상황이 깊어질수록 커먼즈에 대한 연구는 더 절실해졌다. 국책사업으로 인해 마을공동체가 해체되고 있으며, 개발압력에 의해 커먼즈가 소멸되고 있다. 지금 남아 있는 커먼즈를 지키는 것뿐만 아니라 새롭게 커먼즈를 만들어나가기 위한 연구가 필요한 시점이다.

2. 커먼즈의 경험을 통해 본 사회적경제

근대화가 진전되고 소유권제도가 확립되면서 수많은 커먼즈들은 현실 속에서 사라져갔다. 그러나 커먼즈의 운영 경험들은 우리의 기억 어딘가에 남겨져 있다. 제주의 경우 수눌음 문화라는 전통으로 구전되어져 왔다.

제주의 수눌음 문화는 섬이라는 자연환경이 준 삶의 지혜라 할 수 있다. 한국 반도 지역의 '두레'는 마을단위의 농업생산조직의 대표명칭일 뿐이다. 실제 생산형태와 지역에 따라서 건답지역의 '황두'라든가 제주의 '수눌음' 같이 다양한 조직들을 모두 그 범주에 넣을 수 있다. 이 모든 조직들은 자연발생적으로 '공동체적인 삶의 필요'에 의해 생겨났다. 척박한 자연환경과 그에 따른 노동의 조건은 상호부조와 협동으로 해결해 나갈 수밖에 없었던 것이다. 수눌음과 같은 상호부조의 문화는 마을 단위의 지역 문제를 해결하는 하나의 전통이었으며, 수눌음 조직을 중심으로 사회관계를 형성했다. 특히 제주의 수눌음은 다양한 형태의 모임(계)을 조직하면서 나타났다. 수눌음은 육지 지역의 두레, 품앗이, 계 등으로 성격이 크게 구별되는 것이 아니라 제주의 마을 공동체 안에서 다양하게 복합적으로 나타나고 있는 것이 눈에 띈다. 마을사람들은 어느 계 하나만 가입하는 것이 아니라 평균 5~6개, 많게는 10개 정도의 계에 가입하는 것이다. 따라서 이웃 간에 서로 다른 계를 이용한다고해도 상호 관계성은 훼손되지 않았다. 마을 안에서 촘촘하게 연결된 수눌음의 사회적 관계망이 형성되었기 때문이다. 이것은 생계의 자립을 꾀할 수 있는 상호부조와 호혜의 관계망이며, 수눌음이라는 단어를 통하여 제주의 고유성을 드러내는 커먼즈적 삶의 문화로 표현할 수 있다. 이러한 수눌음의 경험을 현대적 의미로 해석한다면 연대와 협동, 돌봄과 배려의 공동체적 사회안전망이라 할 수 있다.

구체적으로 수눌음의 관계망에 대해 살펴보면 다음과 같다. 특히 제주 농업에 있어 가장 중요한 소나 말이 없는 A가족의 사례를 살펴보자. 마을공동목장은 마을의 공유지로서 농사용 가축의 먹이를 위해 방목하는 장소이다. A가족의 경우 아래의 왼쪽 그림처럼 마소접에 속할 수 없게 된다. 그러면 A가족은 다른 B, C, D, E가족과는 사회적 관계를 맺지 못하는 것일까? 또한 A가족의 생계는 어떻게 꾸려나갈 수 있을 것인가?

A가족의 경우 조나 보리의 파종기가 되면 C가족과 E가족에게 말이나 소를 빌려 하루씩 밭밟기를 한다. 그 대신 A가족은 C와 E가족의 잡초제거를 위해 김매기를 각각 2~3일 정도 일을 해주면서 갚는다. B가족의 집에 제사가 있으면 A가족은 부조를 하고 B가족은 제사 음식을 A가족에게 나눠주는 증답이 이뤄진다. A가족은 관혼상제와 같은 큰 행사에 사용할 그릇을 함께 사용하기 위해 B, C, D가족과 그릇계를 구성했다. 마소접에서 마을공동목장의 경계담을 정비하거나 진드기 구제를 목적으로 목장에 불을 놓을 때는 당연히 A가족도 나가서 함께한다. 한편 A가족은 쌀계도 들고 싶었지만 부담이 되어서 미루고 있다. 쌀계는 B, D, E가족이 구성했다. 쌀계도 그릇계와 마찬가지로 관혼상제를 대비하여 미리 쌀을 준비해놓는 모임이다. C가족과 D가족은 마소접도 같이 하지만 김매기계도 구성하여 함께하고 있다.

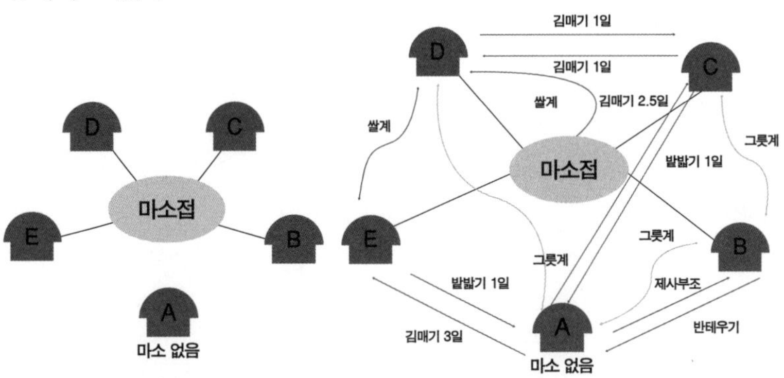

그림 1 **제주 수눌음의 연결망**

이와 같이 A가족은 말이나 소가 없어도 충분히 마을에서 농사를 지으며 살아나갈 수 있다(그림의 오른쪽 부분). 뿐만 아니라 나머지 가족들도 다양한 수눌음의 조직을 통해서 서로 관계를 맺고 있다. 특히 밭을 밟아주고 나면 김매기로 노동력이 교환되는 데 보통은 1:3의 비율로 노동력이 교환되었다. 즉 밭을 하루 밟아주면 그 집에 가서 김매기를 3일정도 해주는 것이다. 이러한 방식은 나이가 많아서 힘든 육체노동을 할 수 없는 홀로 사는 할머니의 경우도 김매는 일을 해주고 쟁기질이나 파종과 같은 육체노동을 수눌음할 수 있었다. 이와 같은 방식으로 운용되는 수눌음은 나이가 많은 사람이라도 소작을 주지 않고 자기 힘만으로 농사를 지을 수 있는 장치가 되었다. 다시 말하면 상호부조의 주고받음을 일상적 생활공간 안에서 누적되어 나타나는 경험을 공유했을 때 공동체의 일원으로 인정받을 수 있었던 것이다.

문제는 이렇게 구전되어온 수눌음 문화 즉 커먼즈의 경험을 오늘날에 어떻게 재구성할 것인가이다. 이에 필자는 사회적경제에 주목한다.

사회적경제는 산업혁명 후 자본주의 태동기에 등장한 개념이다. 인클로저로 인해 공유지는 사유화되었고, 그곳에 살고 있던 사람들은 임금노동자가 될 수밖에 없었다. 전 세계에 다양하게 존재했던 커먼즈들은 인클로저 운동 이후 상품으로 바뀌거나, 이용가치가 떨어지고 사람들의 삶과 괴리되면서 해체되었다. 인클로저는 공동관리와 사회적 상호주의 시스템을 사유화 시키면서, 가격과 시장관계, 그리고 소비주의를 우선시 하는 시장 질서로 재편되는 계기가 되었다. 시장경제라는 체제가 들어선 이상, 사람들은 시장 게임의 규칙에 따라서 굶는 것 말고는 다른 도리가 없다. 자본주의의 태동기였던 그 당시 영국의 도시 노동자들은 전통적인 촌락공동체에서 벗어나 원자화된 개인으로 모든 사회적 위험이나 필요에 대처해야 했다. 하지만 당시 일자리를 얻지 못하고 먹을거리도 구할 수 없었던 가난한 사람들이 무기력하게 포기했던 것은 아니었다. 그들은 협동을 선택하였고, 로치데일공정선구자협동조합의 형성 배경이 되었다. 사회적경제의 시작이다.

한편 복지국가는 재분배 정책을 통해 다양한 사회적 위험에 대응했다. 전통적인 사회적경제는 공공부문의 일부로 재편되거나, 시장부분의 일부로 전락하면서 주변화되었다. 20세기 중반에 접어들어 사회적으로 주변화 되었던 사회적경제는 스스로의 존재가치를 대체했던 가부장적 국가와 완전고용 시장의 역할이 제대로 작동하기 어려워지자, 다시 새롭게 자신들의 존재의미를 모색하고 있다.

한국에서 사회적경제는 2000년대 초반부터 학계를 비롯하여 다양한 시민사회단체에서 사회적경제의 개념을 검토하는 이론적 작업과 토론이 시작되었다. 특히 사회적경제가 실천되고 있는 현장에서 2000년 자활사업의 전국화 과정을 통해, 그리고 2007년 '사회적기업육성법' 제정, 2012년 '협동조합기본법'이 제정을 통해, 시민사회단체들이 사회적경제의 조직들로 변화하는 모습을 보이고 있다. 현재는 '사회적경제기본법' 제정이 토론을 통해 추진되고 있다. 제주에서는 2014년 '제주특별자치도 사회적경제기본조례'가 제정되었다. 제주도는 2015년 '제주 사회적경제 종합발전계획'을 수립하면서, 사회적경제의 비전으로 '수눌음 경제 공동체'를 제시했다. 수눌음의 전통이 거의 사라져 가고 있는 오늘날, 국가의 실패와 시장의 실패 등으로 인해 발생한 복지의 후퇴, 고용의 불안정, 사회적 불평등 등을 극복하고자 다시 대두된 사회적경제의 영역에서 수눌음의 문화가 새롭게 주목받고 있다.

사회적경제라는 개념은 유럽에서 시작되어 한국에 소개되고 제도화되면서 다음과 같이 개념이 주류로 정착되었다. 즉 사회적경제는 시장의 실패와 국가복지의 실패를 극복하기 위해 연대와 협동, 호혜를 통하여 사회적기업이나 협동조합 등을 운영하는 것이다. 한국에서는 사회적경제의 범주를 사회적기업, 협동조합, 마을기업, 자활기업, 사회적 협동조합 등을 운영하는 주체를 중심으로 보는 경향이 강하다. 그러나 사회적경제의 본질은 한 개인의 문제나 한 지역사회의 문제가 그 지역사회 공통의 문제로 인식하고, 이를 해결하기 위해 연대와 협동을 기반으로 하여 민주적 의사결정을 거치는 과정을 통해 함께 문제를 해결하는 과정에 있다.

이를 커먼즈의 시각으로 보자. 커먼즈는 커머닝이라는 사회적 실천이 핵심이기 때문에, 정치철학이나 정책 과제가 아니라 능동적이고 살아있는 과정이다. 때문에 커먼즈 운동의 입장에서 커먼즈를 명사로 보지 않고 동사로 인식하는 볼리어의 주장은 시사점이 크다. 볼리어는 커머닝을 "공유된 자원을 관리하는 체제들을 창출하는데 필요한 상호지원, 갈등, 협상, 소통 그리고 실험의 행동들"이라 정의하고 있다. 이 지점에서 사회적경제는 커먼즈와 접점을 찾게 된다. 커먼즈는 산업혁명 훨씬 이전부터 존재했으나 인클로저 이후 점차 사라져 갔다. 사회적경제는 산업혁명 이후 자본주의의 폐해를 극복하기 위해 탄생하였지만 국가의 복지정책이 확산되자 점차 잊혀져 갔고, 시장경쟁에서 패해 사라져 갔다. 각자의 생성과 소멸의 시차가 다르지만, 사회적경제와 커먼즈가 오늘날 주목을 받게 되는 이유는 분명하다. 복지국가의 위기와 신자유주의의 심화는 사회적 배제와 사회적 불평등을 낳았고 점차 심각해지고 있다. 이러한 오늘의 시대적 상황이 이 둘의 개념을 소환하고 있는 것이다. 커먼즈의 운영원리와 사회적경제의 원칙은 공통점을 가지고 있다. 두 개념은 '사람들이 삶의 다양한 과정에서 만나는 문제를 협력을 통해 해결하면서 스스로가 삶의 주체가 되고 지역과 경제의 주체가 되는 것'에 핵심을 두고 있다. 국가와 시장에 대한 대안운동으로서, 현재의 삶을 재구성할 수 있는 동력으로 작용할 수 있다.

3. 커머닝의 시작, 사회적경제

사회적경제는 연대와 협동, 호혜성을 강조하면서 이윤창출을 목적으로 하지 않고 필요의 충족을 목적으로 한다는 점에서 상호부조의 수눌음 문화의 맥락과 일치한다. 사회적경제가 추구하고자 했던 이상형은 자본주의 이전의 세상 즉 커먼즈의 세상이었을 것이다. 제주 수눌음의 사례에서 알 수 있듯이, 호혜성을 바탕으로 한 연대와 협동의 촘촘한 사회안전망이 구축되고, 커먼즈를 중심으로 마을의 재산, 마을 기금이 조성되어, 상호부조 및 자립, 자율, 자치가 실현되는 공동체의 삶이 바로 커먼즈였을 것이다. 많은 사람들이 공동체의 복원을 꿈꿀 때 그 삶의 모습이 커먼즈적 생활이었을 것이다. 마을공동체가 국가와 시장과 구분되면서 삶을 스스로 설계하기 위한 핵심은 물적 토대와 사회적관계이다. 과거에 커먼즈가 마을 사람들의 물적토대이고 사회적 관계망을 의미했다.

　문제는 커먼즈가 우리의 삶에서 멀어지고 있다는 점이다. 커먼즈가 해체되면서 자연자원은 상품이 되거나 폐허가 된다. 그리고 그 모든 폐해는 마을 공동체에게 돌아간다. 커먼즈를 둘러싼 특유의 문화 역시 사라진다. 과제는 명확하다. 커먼즈와 삶의 필요를 어떻게 연결할 것인가? 커먼즈와 우리의 삶을 멀어지게 하는 원인이 국가의 개발정책이라면 정책의 방향을 근본적으로 재검토하고 수정할 수 있는 공론의 장을 마련해야 할 것이다. 그리고 커먼즈와 우리의 일상을 함께 영위할 수 있는 삶의 필요를 찾아야 할 것이다. 그 시작은 마을에서 협동조합하기라고 생각한다. 협동조합은 조합원들의 공통의 경제적, 사회적, 문화적 필요와 열망을 찾는 것에서 출발한다. 이러한 공통의 사회적 목적을 찾는 과정이 커머닝의 첫 걸음이다. 그리고 커머닝을 통한 지역사회 문제의 해결과정이야말로 시민이 만들어 내는 공공성의 구체화된 모습일 것이다.

　강원도의 원주지역은 사회적경제 공동체가 잘 실현되고 있은 우수 사례 지역으로 손꼽히고 있다. 원주의 '협동사회경제 네트워크'라는 촘촘한 연결망은 원주 공동체 운동의 전통과 역사가 만들어낸 커먼즈 운동의 결과물이다. 원주의 협동사회경제네트워크를 통해 새로운 협동조합을 만들어가는 계기를 제공하고, 물적 토대를 만들어 낸다. 즉 사람과 자본을 모아 조직화하는 바탕이 되기도 하며, 시장이나 공공영역에서 구할 수 없는 자원을 주고받는 관계의 통로가 되기도 한다. 원주의 사례는 협연 즉, 원주에서 협동조합운동으로 생겨난 연줄이라 불리는 공동체 운동의 전통과 역사가 있었고, 제주의 경우는 수눌음이라 하는 고유의 상호부조 문화가 있다. 원주의 사례에서 알 수 있는 것은 사회적경제 생태계를 통하여 협연관계가 맺어지면 호혜와 협동은 단순한 믿음이나 이념체계에 머물지 않고 수익을 발생시키는 사회적 자본이나 구체적인 화폐 형태의 자본(출자금)으로 전환되는 실제의 사례가 존재하고 있다는 것이다. 사회적기업을 비롯한 사회적경제 조직들이 정부나 모기관(내지는 모법인) 뿐만 아니라 지역주민, 시민사회, 사회적경제 조직, 비영리단체, 지역기업 등의 지역사회의 다양한 구성주체들과의 소통-연계-협력의 관계망을 만들어 나간다면 지역사회 내에서 지속가능성을 확보할 수 있다.

4. 커먼즈의 실천을 위한 한살림제주의 도전

제주 수눌음의 전통은 경제성장에 따른 산업구조의 변화, 기계화의 진전 등으로 이미 희미해졌다. 이와 같이 커먼즈 경험의 부재 또는 단절을 경험한 지역은 어떻게, 무엇으로 다시 공동체 운동을 시작할 수 있을까. 그리고 경제성장논리와 토건개발의 힘에 눌려 지역경제 활성화는 외자유치 중심의 개발정책이 주를 이루고 있다. 이러한 상황 속에서 있는 지역들은 어떻게 사회적경제 생태계를 만들어나갈 것인가. 서론에서 언급했다시피 이는 제주의 현재 상황이다. 더 많은 외국인 관광객 유치, 더 많은 이윤을 목적으로 추가적인 공항 인프라를 확장하려고 한다. 그 과정에서 제주의 역사적 자원들과 오름과 같은 환경적 자원이 파괴될 처지에 놓여있다. 전례 없는 최대 규모의 관광개발단지를 조성하기 위해 외국 자본을 유치하며 오라동 지역에 대규모 개발사업을 추진하고 있다. 그 과정에서 지방정부는 권력의 힘으로 마을사람들의 반대 목소리를 애써 외면하고 있다. 경상북도 성주지역에 사드를 배치한다는 보도로 인해 제주의 중국인 관광객은 절반으로 줄어들었다. 이것이 제주 지역 경제에 많은 타격을 입혔을까? 외국인을 주로 상대하는 관광지는 일정 정도의 피해를 입었겠지만 실제 제주도민들은 관광객이 줄어들어서 오히려 쾌적하고 여유로워졌다는 의견도 상당수 존재한다. 국가안보라는 거대한 국가적 명분을 핑계로 강제되는 성주의 사드 배치는 상주 사람들의 공동체를 위협하고 있다. 참외를 중심으로 농사만 짓던 성주 지역 사람들은 이제까지 살아온, 앞으로도 살아갈 삶의 기반을 국책사업이라는 이름하에 그대로 내주어야만 하는가. 제주는 강정마을의 해군기지건설이라는 국가 공권력의 횡포를 이미 경험했다. 제주와 성주는 어떻게 연대해야 할까. 마을에서 자율과 자치를 통해 문제를 해결하고자 하는 커먼즈 운동은 한국 각지에서 벌어지고 있다. 제주에서, 밀양에서 이미 커먼즈를 지키는 운동이 시작되고 있다.

한편 경제적인 측면에서는 사회적경제 네트워크를 구성하는 움직임이 각지에서 보이고 있다. 경제를 다시 사회에 배태시키고자 하는 운동이 사회적경제 운동이다. 즉 외국의 자본을 유치하지 않아도, 대기업의 자본이 없어도, 지방정부의 개발정책이 없어도, 지역 안에서의 내발적 발전, 경제순환을 통한 경제 자립을 유지하는 것이 필요하다. '제주사회적경제네트워크'는 2013년에 사회적경제 주체들 간의 실천적인 협동과 연대를 통해 제주의 사회적경제를 활성화하기 위해 만들어졌다. 각 주체별로 목적은 다르지만, 제주사회적경제 네트워크 결성을 통해 공통의 제주사회의 문제점을 인식하고 이를 해결하기 위해 연대하고 있다. 제주사회적경제네트워크 내에서 핵심적인 역할을 하고 있는 한살림제주소비자생활협동조합(이하 한살림제주)을 중심으로 활동 내역을 살펴보고자 한다.

강원도 원주에서 시작한 한살림 운동은 30년의 역사를 가지고 있으며 전국으로 확산되었다. 한살림은 사람과 자연, 도시와 농촌이 생명의 끈으로 이어져 있다는 생각에서 자연을 지키고 생명을 살리는 마음으로 농사짓고 물품을 만드는 생산자들과 이들의 마음이 담긴 물품을 이해하고 믿으며 이용하는 소비자들이 함께 결성한 생활협동조합이다. 기후변화와 자연재앙이 날로 심각해지고, 시장 개방이 확대되면서 농업의 자급 기반이 더욱 위태로워지고 건강한 밥상을 차리는 일이 어려워지고 있음을 공통의 문제로 인식했다. 이에 한살림은 생명농업을 바탕으로 생산자와 소비자 간의 직거래운동을 펼치며 어려운 이웃과 더불어 살아가려는 노력을 하고 있고, 절제된 소비, 자연과 조화를 이룬 생활문화를 통해 생명을 살리고 지구를 지키는 생활을 실천하고자 한다. 비전으로서 밥상살림, 농업살림, 생명살림, 그리고 지역살림이라 하며, '한살림선언'을 통하여 구체화 되었다. 제주는 2008년 5월에 창립되어 아직은 신생 한살림 조직이다. 2008~2011년까지는 창립과 모색기를 거친 후 2012년부터 본격적으로 활동을 시작했다. 제주는 온난한 해양성 기후를 가지고 있어서 한 겨울에도 0℃ 이하로 내려가지 않기 때문에 한국의 겨울 채소류와 감귤의 전국 공급기지의 역할을 담당하고 있다. 대규모 단작화로 인하여 오히려 제주 내에서의 제철 채소를 만나기란 굉장히 어려운 실정이다. 이에 '생산과 소비는 하나'라는 차원에서 한살림제주의 설립 필요성이 제기되었다. 그리고 로컬푸드를 가까운 먹을거리라는 이름으로 지역 농산물을 조합원들에게 적극적으로 홍보하고 있다. 또한 한살림 매장에 가까운 먹을거리 코너를 마련하자는 지역의 요구가 증가하자 중앙 집중적인 물류체계에서 벗어나 지역 자체 물류를 추진하기 위한 논의가 구체적으로 이뤄지기 시작했다. 한살림 공급 물품의 개념을 지역자체물품, 지역물품, 연합물품으로 구분하고, 연합물류와 지역물류에 대한 원칙과 기준을 마련하게 되었다. 한살림 운동은 글로벌 푸드 시스템에 대응하는 대안농업 운동으로서 인식되고 있으며, 이제 그 영역을 사회적경제의 개념으로 확장하고 있다. 2000년대 중반이후 한살림은 그동안의 활동(직거래 및 생활실천활동)의 경험을 살려서, 협동을 통해 교육, 환경, 복지와 같은 다양한 생활의 과제들을 해결하는 '지역살림'에 대한 고민을 시작했다. 한살림 조합원들이 다양해졌기 때문에 이들의 요구를 잘 읽어내고 해결해야 한다는 과제가 대두되었다. 원래 한살림의 비전은 밥상살림, 농업살림, 생명살림이었으나 2006년 20주년을 맞이하여 '지역살림운동'을 전개해왔다. 지역살림을 통해 생활협동조합이 생산자와 소비자를 연결하는 물품공급을 넘어서, 조합원들의 생활세계와 지역사회에 기여하는 협동조합의 전형을 만들어가길 기대했기 때문이다.

이에 먹을거리 운동 외에도 지역사회에서 요구되는 다양한 공통의 문제에 대응하고, 연대하기 시작했다. 이때부터 지역살림이 비전에 추가된 것이다. 지역살림 운동은 협동과 연대, 네트워크를 강조하면서 생활의 장에서 구체화되는 공동체 운동으로 변화하고 있다. 지역의 제철 먹을거리를 먹는다는 단순한 행위 하나가 지역 재생 운동의 핵심으로 부상하게 된 것이다.

한살림제주는 제주의 사회적경제 생태계 구축의 기반이 되고자, 협동조합간 협동, 상호거래 등에 중점을 두고 있다. 한살림제주는 농산물 등의 먹을거리와 생활용품 등을 조합원에게 배달하는 공급사업을 직접 수행했었다. 2013년 취약계층의 일자리 창출을 위한 제주희망협동조합이 물류사업을 시작하자 한살림제주는 공급사업을 제주희망협동조합에 위탁했다. 제주희망협동조합은 사업 초기의 시장확보가 어려운 상황에서 한살림제주는 시장을 제공할 수 있었고, 한살림제주는 공급사업에 따르는 직접 비용을 줄일 수 있는 효과를 기대했기 때문이다. 이후 제주희망협동조합은 다른 협동조합과 연대를 통해 사업을 확장하고 있는 중이다.

그리고 사회적경제 주체들이 만든 물품을 판매하기 위한 매장을 한살림 매장 안에 마련해 놓았다. '36.5 스토어'라는 이름 그대로 인간의 체온 36.5℃를 느낄 수 있는 따뜻한 사회적경제의 확산을 위해 제주의 사회적경제 물품을 전시, 홍보, 판매하고 있다. 다른 지역의 한살림 매장은 아직 한살림 물품만을 판매하고 있다. 36.5 스토어의 활성화를 위해 2017년 한살림제주 대의원총회에서는 사회적경제위원회를 구성하여 조합원들의 활동을 지원하기로 결의하기도 했다.

이 외에도 '우렁각시' 소모임을 통해 강정의 해군기지를 반대하는 활동가들을 위해 매월 한번씩 한살림 식재료를 가지고 식사를 준비한다. 적지만 조합원들의 자발적인 모금을 하면서 우렁각시 소모임 활동을 이어나갔다. 그러다 2016년에는 매번 조합원들에게 모금을 하는 것이 아니라 본격적으로 한살림제주의 매출 중 일부를 '지역사회공헌기금'으로 조성하자는 결의를 하기도 했다.

　그리고 한살림제주는 2014년 제도개선특별위원회 활동을 통해 한살림제주가 당면하고 있는 여러 과제들을 검토하고, 한살림제주의 사업과 활동을 평가하기 위해 새로운 도구가 필요하다고 판단했다. 제도개선특별위원회는 2015년 대의원총회에 사회적회계 도입을 제안하였고, 대의원총회에서는 이를 받아들여 사회적회계 도입을 결정했다. 한살림제주는 사업체로서 회계관리를 하며 사업과 회계에 대한 일반적인 감사를 받긴 하지만 보다 구체적인 사회적 목적의 달성을 위해 실행팀을 만들어 사회적회계에 대해 공부하고, 2016년 사회적회계 감사를 받았다.

　아직 결과는 미미하지만, 이와 같은 일련의 한살림제주의 활동은 사회적경제를 통해서 커머닝 하는 과정이다. 제주 사회적경제의 생태계를 조성하기 위한 한살림제주의 노력은 촘촘한 연대와 협동의 계기를 만들었다는 의미에서 수눌음의 문화를, 커먼즈의 정신을 이어나갔다. 그리고 지역살림을 통해 협동조합간 협동과 연대, 지역의 사회적경제 주체와의 연대, 그리고 제주 사회의 문제에 직접 행동을 하고 있다. 이 모든 활동은 식료품 매장으로서 시장경쟁에서 살아남기 위한 노력이 아니다. '제주특별자치도 사회적경제기본조례'에 의거하여 지방정부가 권하고, 보조금을 준다고 하여 수행하는 활동이 아니다. 이 모든 것은 한살림제주의 대의원총회를 통하여 조합원이 스스로 모든 것을 결정한다. 한살림제주라고 하는 작은 지역 생협의 날갯짓이 어떠한 파장을 일으킬지는 이제부터 지켜볼 때이다.

5. 나가며

필자는 제주에서 나고 자라면서 수많은 논란과 갈등의 현장을 목격했다. 어떻게 하면 지역사회를 바꿔볼 것인가 하는 고민이 많았다. 그러나 무엇을 어떻게 시작해야 할지에 대해 막연했다. 이 때 접한 오스트롬의 커먼즈에 대한 연구는 아주 획기적으로 보였다. 하지만 오스트롬 연구의 결과로서 정리된 디자인 원리가 제대로 구성되면 커먼즈가 바로 작동되겠는가. 그리고 유럽의 경험을 그대로 한국에 적용하는 것은 가능하겠는가.

제주에서는 수눌음이라고 하는 커먼즈의 경험이 구전되고 있다. 수눌음은 과거의 전통이 아니라 '오래된 미래'로서 그 가치가 새롭게 인식되고 있다. 수눌음의 미덕인 상호부조, 호혜성을 바탕으로 한 연대와 협동의 연결망은 협동조합 운동의 핵심이기도 하다. 한살림제주는 지역살림 운동이라는 가치를 구체화하는 제주 사회적경제 생태계를 조성하기 위해 다양하게 노력하고 있다. 삶의 터전에서 커먼즈를 실천하는 한살림제주의 도전은 이제 막 시작했다.

커먼즈는 사회적경제 개념을 소환했다. 사회적경제라는 개념이 한국에 소개되지 않았을 때도 협동조합운동은 강원도에서 제주도까지 상당히 전개되고 있다. 그 중심에는 강원도의 작은 도시인 원주가 있다. 시대적으로 일제강점기까지 거슬러 올라갈 수 있을 정도로 협동조합의 운동의 역사는 길다. 협동조합운동의 기억과 경험을 오늘에 되살려 커먼즈를 재구성하는 상상을 하는 것이 바로 필자가 제안하는 토론의 과제이다. 커먼즈에 대한 관심이 증가하고 있다고 해서 과거의 커먼즈를 그대로 복원할 수는 없다. 인클로저 운동 이전의 사회로 되돌아갈 수 없기 때문이다. 이러한 점에서 커먼즈를 만들어가는 상상은 매우 중요하다. 또한 새로운 커먼즈를 만들어가는 다양한 실천들에 주목하는 것이 필요하다.

what

제2부
공동자원론, 무엇을 묻는가?

04

인간의 생존과 자연:
제주의 물은 어떻게 관리해야 하는가?

김선필

1. 들어가며

온 세계가 새 천년을 맞이하기 위해 들떠있던 1999년, 볼리비아에서는 물 민영화를 위한 입법절차가 진행되고 있었다. 당시 볼리비아 정부는 커져가는 재정적자를 막아낼 방법이 없었다. 볼리비아 정부가 궁여지책으로 찾아낸 방법은 세계은행으로부터 돈을 빌리는 것이었다. 세계은행은 볼리비아의 공공서비스 부문을 민영화하는 것을 조건으로 내걸었다. 볼리비아 정부는 세계은행이 제시한 조건을 받아들였고, 볼리비아의 물은 개인의 소유물이 될 위험에 처하게 되었다.

이런 과정에서 '아구아스 델 투나리Aguas del Tunari'라는 회사가 볼리비아 코차밤바Cochabamba시의 상하수도 시설 운영권을 얻게 된다. 이 회사는 미국계 초국적 자본 '벡텔Bechtel'의 지배를 받는 회사였다. 곧바로 코차밤바 시민들의 삶에 변화가 나타났다. 코차밤바의 상수도 요금이 폭등하기 시작한 것이다. 물 값이 천정부지로 치솟자, 물을 사먹을 돈이 없던 코차밤바 시민들은 빗물을 받아먹으려고 했다. 하지만 빗물이 상수도 공급으로 이어진다는 이유로, 시민들은 빗물을 받아먹는 것까지 허가를 받아야했다. 결국 시민들이 폭발했다. 시민들은 물 민영화 철회를 외치며 거리에 나섰다. 사태가 악화되자 볼리비아 정부는 계엄령을 선포했다. 하지만 성난 시민들을 잠재우는 것은 불가능했다. 결국 볼리비아 정부는 아구아스 델 투나리와 맺은 계약을 파기했다. 이에 아구아스 델 투나리는 볼리비아 정부를 대상으로 국제투자분쟁해결센터ICSID에 손해배상 소송을 제기

그림 1   **물 값 폭등에 항의하며 거리에 나선 차밤바 시민들**
출처: Thomas Kluse(http://www.tlaxcala-int.org/article.asp?reference=121)

했다. 6년이라는 긴 시간동안 공방이 있었고, 아구아스 델 투나리에
유리한 판결이 났다. 이에 분노한 시민들이 다시 일어서자, 아구아
스 델 투나리는 볼리비아 정부와 협의하여 소송을 취하했다.

코차밤바 시민들이 거리에 나서게 된 이유는 무엇일까? 그것은
물이 인간의 생존을 위해 반드시 필요한 자원이기 때문이었다. 물을
마시지 못하면 죽는 것이다. 코차밤바 시민들은 생존을 위해 초국적
자본과 국가에 저항했고, 누구도 그러한 저항을 막을 수 없었다.

코차밤바 이외에도 물을 둘러싼 갈등은 전 세계에서 벌어지고 있
다. 물의 사유화뿐만 아니라, 애초에 물을 구하지 못해서 고통 받는
사람들도 넘쳐난다. 아직도 전 세계 인구 8명 가운데 1명은 깨끗한
물을 마시지 못하고 있고, 한 해 동안 약 200만 명이 물 부족으로 목
숨을 잃고 있다. 물을 구하지 못해서 허망하게 생을 달리하는 사람
들이 자연재해나 전쟁 등으로 숨지는 사람들보다 많은 이 상황을 어
떻게 설명해야 할까?

그런데 물의 관리와 이용을 둘러싼 갈등은 과연 한국인들의 삶과
무관할까? 한국에는 "물을 물 쓰듯 한다"라는 속담이 있다. 그만큼
물이 풍부한 곳이 한국이었다. 하지만 오늘날 한국은 물 부족 국가
에 속한다. 때문에 한국 정부는 물 절약 캠페인을 지속적으로 실시
하고 있다. 그러나 물을 물 쓰듯 쓰던 습관이 있어서 일까? 물 절약
이 생활화되기엔 아직 시간이 필요해 보인다.

한편 대동강 물을 판 것으로 유명한 봉이 김선달의 일화는 물을
사고판다는 것이 한국인들에게 얼마나 황당한 일이었는가를 잘 보
여준다. 봉이 김선달은 희대의 사기꾼으로 유명한 조선시대의 인물
이다. 그래서일까? 2000년대 중반까지만 하더라도 물을 사먹는다는

것은 한국인들에게 매우 어색한 일이었다. 하지만 10여년이 흐른 지금은 물을 사먹지 않는 것이 도리어 어색한 상황이 되었다. 시중에는 다양한 생수제품들이 유통되고 있고, 2016년 현재 생수시장의 규모는 약 7,400억 원에 달한다는 보고가 있다. 바야흐로 물은 한국에서 가장 잘 팔리는 상품 가운데 하나가 된 것이다.

제주도는 물 부족과 물의 상품화 현상이 두드러지게 나타나는 대표적인 지역이다. 제주도는 화산활동으로 만들어진 섬이다. 따라서 비는 내리는 대로 지하로 스며들어가고, 하천은 폭우가 내리지 않는 이상 언제나 말라있다. 그래서 물은 언제나 제주도민들의 주요 관심사일 수밖에 없었다. 그런데 아이러니하게도 최근에는 제주도가 생수를 가장 많이 판매하는 지역이 되어버렸다. 제주특별자치도개발공사가 생산하는 '제주 삼다수'는 한때 국내 생수시장의 50%이상을 점유할 정도로 잘 팔리고 있다. 어떻게 이런 일이 생겨나게 된 것일까? 우리는 지금부터 제주의 물 관리 역사를 살펴보려고 한다. 이를 통해 오늘날 물을 관리·이용하는 과정에서 발생하게 되는 여러 사회적인 문제들을 함께 고민해보려고 한다.

2. 제주의 물 관리 역사

1. 물 부족 지역에서 상수도 보급률 99.9% 지역으로

제주도는 화산섬이라는 특수한 지리적 환경 때문에, 비가 오면 빗물이 모두 지하로 스며든다. 따라서 물이 흐르는 하천이 거의 없다. 제주도민들은 물 부족에 지속적으로 시달려야만 했고, 특히 지하수는 제주도민의 생명수로 인식되어왔다.

제주지역에 상수도 개발이 본격적으로 시작된 1960년대 이전까지 제주도민들은 용천수龍泉水[1]나, 봉천수奉天水[2]와 춤항[3]을 이용해 물을 얻었다. 이 가운데 봉천수와 춤항은 비가 내려야만 물을 모을 수 있고, 수질도 좋지 않아서 안정적인 식수원으로 사용하기 부적합했다. 따라서 용천수는 제주도민들에게 가장 중요한 식수원이었다. 도민들은 마을 규칙을 만들어 용천수를 관리해 나갔다.

일제 강점기에는 서귀포 지역에 간이 상수도가 설치되었다. 정방폭포 상류의 용천수를 모아 서귀항 일대에 물을 공급하는 것이 목표였다. 하지만 그것은 서귀포에 거주하는 일본인들을 위한 것이었고, 제주도민들을 위한 상수도 개발정책은 실시되지 않았다. 이 때문에 제주도민들이 직접 자금을 모아 수자원 개발에 나서기 시작했다. 대표적인 곳으로 광령저수지와 서호 간이 상수도, 신효·하효·토평 간이 상수도 등이 있다.

광복이후 제주도에 상수도가 들어서기 시작한 것은 1953년이었다. 하지만 이 당시 상수도 개발 역시 용천수를 상수도관을 통해 흘려보내는 것에 불과했다. 때문에 용천수가 없는 마을 특히 중산간 지역에서는 여전히 식수가 공급되지 못하고 있었다. 이들 지역까지 안정적인 물 공급이 이루어지기 위해서는 지하수 개발이 시급했다.

---

1   지하수가 지상으로 뿜어 나오는 물. 제주도 대부분의 해안마을은 용천수 분포지역을 중심으로 형성됨.

2   빗물을 모아 인공수조로 만들어 이용한 물. 용천수가 없는 중산간 지대 마을에서 주로 발달.

3   나무에 띠(새)를 매달아, 그것을 타고 흐르는 빗물을 받아두는 항아리. 지붕에 내리는 빗물을 받기도 하였음.

제주에는 흐르는 물이 없었기 때문에, 지하수를 개발해야만 했던 것이다. 1961년 경, 드디어 지하수 개발이 본격화 되었다. 중앙정부의 지원과 미국 지하수 굴착 전문가의 참여로 애월읍 수산리에 제주도 최초로 지하수 관정이 개발된 것이다. 이때 상황을 당시 도지사에 재임중이었던 김영관의 증언을 통해 들어보자.

지하수 개발 제1호인 애월읍 수산리 심정굴착현장에서 모터를 돌려 파이프를 통해 맑고 시원한 물이 쏟아져 나오자 이를 지켜보고 있던 지역 주민들의 감탄과 환호소리를 잊을 수 없다. 제주도에서 물의 혁명이 시작된 이 현장을 지켜본 나는 물론 지역주민들의 얼굴에는 깜짝 놀라고 신기하다는 반응을 보였다. 모두가 '아니 여기서 물이 이렇게 쉽게 나오다니……'라는 놀라움으로 바라보고 있었다. 평생 고생스럽게 물을 길어다 먹거나 빗물을 받아서 생활을 해오던 도민들의 눈앞에서 수도꼭지를 틀자 맑고 깨끗한 물이 시원하게 나오는 것을 눈으로 보고도 믿기 어려웠을 것이다. 나는 애월읍 수산리 지하수 개발에 성공하자 현장에서 통수식을 개최하고 마을 주민들 중 가장 나이가 많으신 할아버지 할머니 어르신들을 초청해 먼저 수도를 틀어 받은 물을 마시게 배려했다. 그 당시 그 현장에 있던 할아버지 할머니의 얼굴에는 기쁨에 찬 표정이 가득했고 감사와 고마움을 전하는 마음이 내게도 진하게 전해졌다. 나 역시 지하수 개발 성공의 기쁨과 '드디어 해냈구나'라는 보람으로 마음이 뜨거워졌다.[4]

4　강영진, 「물의 혁명①」, 『제주일보』 2011.04.29.

그림 2　　제주지역 한 마을의 통수식 장면

출처: 제주특별자치도수자원본부·제주발전연구원,『제주상수도50년』, 2012.

이후 제주지역의 지하수 개발은 지속적으로 이어지게 되었다. 그러나 제주도민 전체에게 그 혜택이 돌아가기에 지하수 개발 수준은 아직 턱없이 부족한 상태였다. 때문에 가뭄이 들면 많은 제주도민들이 어려움을 겪어야 했다. 가뭄이 특히 심했던 1975년의 상황을 들여다보자.

여름철이 열리면서 악화되기 시작한 급수난은 요즘 들어 극악의 상태로 접어들어 짧게는 3일-15일 길제는 두달-석달동안 수돗물이 나오지 않아 물동냥에 나서고 있는가하면 지게를 만들고 허벅을 지고 산지천등 샘터로 몰려들고 있다. 건입동 43·44반 속칭「동대머들」일대 1천여명 시민들은 두달 넘도록 단수되자 7백여m떨어진 산지천물을 길어나르노라 가파른 골목길을 오르내리고 있고 일도2동 77반 속칭「신흥부락」3백여명 시민들도 20여일 수돗물이 안 나오자 아랫동네 공중수도에 몰려 물동냥을 하고 있다. 용담2동27·28·29반 속칭「먹돌새기」7백여명 시민들도 10여일동안 수돗물이 안 나와 속칭「중댕이골」공중수도에서 물동냥을 해오다 공중수도관리인과 입싸움을 벌이고 있다. 또한 도남동25반일대 50여명 시민들도 샘물을 길어다 먹고 있다. 이밖에도 신성여중일대도 1주일이 넘도록 수돗물이 안 나와 신성여중 1천여명 학생들이 학교급수를 못 받아 인근 주민들에게 얻어먹고 있는 실정인데 도심지에도 2-3일씩 단수돼 밥을 못 지어먹는 등 애를 먹고 있다.[5]

이러한 상황을 해소시키는 결정적인 계기로 작용한 것이 '어승생 저수지' 개발의 성공이었다. 1971년에 완공된 어승생 저수지는 15개 지선(197,252m)의 송수관로를 통해 구좌읍 송당리에서 안덕면 동광리에 이르는 광범위한 지역에 깨끗한 물을 공급하기 시작했다. 이 사건은 제주지역에서 "물의 혁명"으로 평가되고 있다.

제주지역의 관광지 개발과 더불어 상수도 개발 사업은 더욱 탄력을 받기 시작했다. 물의 안정적인 공급은 관광산업의 기본적인 인프라였기 때문이다. 때문에 약 45%에 불과했던 1960년대 중반의 상수도 보급률이 1975년에는 94.4%까지 상승하게 되었다. 하지만 상수도 이용률은 1981년 당시 48%에 머물 정도로 낮았다. 그것은 상수도 시설량이 절대적으로 부족했고, 그것마저도 누수율이 높았기 때

---

5   제주일보, 「물, 물, 물, 물을 달라」, 『제주일보』 1975.07.16.

문으로 보인다. 때문에 정부는 민간인들에 의한 지하수 개발을 용인하고 있었다. 국가 주도의 지하수 개발은 폭증하는 물 수요를 따라잡을 수 없었기 때문이다. 게다가 사설 지하수 관정을 이용하는 것이 상수도를 이용하는 것보다 더욱 저렴했기 때문에 많은 사업자들이 지하수 개발에 나섰다. 이에 따라 1980년대 지하수 개발은 황금기를 맞게 되었다. 그리고 1985년에는 제주지역 상수도 보급률이 99.9%에 달하게 되었다.

표 1   1980년대 개발된 사설 지하수 관정수 (단위: 개소)

연도	1982	1988	1989
사설 관정수	120	688	1,183 (공공용 292)

출처: 제주특별자치도수자원본부·제주발전연구원, 『제주상수도50년』, 2012, 272쪽 편집

2. 지하수의 공공적 관리를 가능하게 만든 것: 제주도민들의 의지

1980년대 후반에 들어서게 되면서, 제주사회에는 지하수 난개발로 인한 우려가 고조되어갔다. 제주도 동부지역에서는 지하수에 염분이 섞여 많은 주민들이 불편을 겪고 있었다. 이 때문에 지하수 난개발로 지하수 수위가 낮아지면서 바닷물이 침투하는 것이 아니냐는 여론이 형성되어 갔다. 게다가 제주도 중산간 지역에 위치한 골프장에서 쓰레기를 아무 곳에나 파묻고, 농약을 과다 살포하는 행위가 드러나기 시작했다. 이것은 지하수 오염과 고갈에 대한 제주도민들의 우려를 더욱 깊게 만들고 있었다. 중산간 지역은 빗물이 지하로 스며드는 지역이므로, 그곳이 오염되는 것은 지하수의 오염과 직결되어 있기 때문이었다. 이러한 분위기를 감지한 지역 언론은 지하수

문제를 공론화 시키는 데 앞장섰다.

표 2　　1990년대 제주지역 신문사의 지하수 관련 기사 보도 편수

구분	1990	1991	1992	1993	1994	1995	1996	1997	1998	1999
제주일보	10	26	37	105	86	27	43	69	35	16
제민일보	9	38	31	93	143	46	43	41	33	16
합계	19	64	68	198	229	73	88	110	65	32

출처: 정희종, "1990년대 제주도 지하수 담론과 정책형성에 대한 연구", 『탐라문화』 40, 2012, 171~224쪽.

　　이렇듯 지하수 문제가 제주사회의 주요 현안으로 대두되면서, 지하수 개발을 공적으로 관리하기 위한 노력들이 나타나기 시작했다. 특히 1991년에 통과된 『제주도개발특별법』에 지하수를 관리할 수 있는 조항들이 시민사회의 요구로 반영되면서, 지하수를 공적으로 관리하는 것이 법적으로 가능해졌다.[6]

　　한편 지하수 개발의 확대는 제주지역에 한국 최초의 생수 사업자를 출현시켰다. 1984년, 한진그룹의 자회사인 제동흥산(주)이 보건사회부로부터 생수 제조영업허가를 받아 제주도에 생수공장을 건설하고, 이듬해인 1985년부터 생수 생산을 시작한 것이다. 그러나 이렇게 생산된 생수는 '전량 수출 또는 주한 외국인에 대한 판매에 한'한다는 조건에 따라 국내에는 판매되지 않았다.

　　그런데 1990년 7월, 국내 시판을 불허한다는 조건으로 생수를 판매하던 제동흥산(주)이 내국인에게 생수를 팔다가 적발된 사건이 있

6　　『제주도개발특별법』에는 지하수 굴착 및 이용허가, 지하수 원수대금 부과·징수, 지하수 수질검사, 원상복구 명령 등에 관한 내용(제25조, 제26조)과 수자원 개발 시 환경영향평가를 받도록 하는 내용(제14조)이 포함되어 있었다.

었다. 이에 정부는 제동흥산(주) 측에 과징금을 부과했다. 제동흥산(주)은 소송을 걸었고, 1994년에 결국 국내 시판 불허 조건이 헌법정신에 위배된다는 법원의 판결을 받아냈다. 이를 기점으로 정부는 1995년에 생수의 국내 시판을 허용하는『먹는물관리법』을 제정·공포하여, 국내에 생수시장이 들어서는 것을 합법화 시켰다. 이러한 움직임에 위기의식을 느낀 제주사회에서는 지하수의 공적 관리를 강화해야한다는 여론이 더욱 높아지게 되었다. 이에 지하수로 만든 생수가 도외로 반출될 경우 제주도의회의 동의를 얻도록 하는 한편, 지하수를 보존자원으로 지정하는 움직임이 나타나게 된다.

이 과정에서 제주사회 한편에서는 제주도청이 주체가 되어 생수를 판매하면, 거기서 나오는 수익금으로 부족한 지방재정을 채울 수 있지 않겠느냐는 여론이 형성되고 있었다. 그것은 지하수를 사기업에게 빼앗길 바에는 우리가 먼저 상품화시켜, 제주사회의 발전에 보탬이 되는 것이 더 나을 것이라는 인식이 자리 잡고 있었다. 이러한 여론은 정책에 반영되어 1998년부터 제주도지방공사가 생산하는 생수 제품 즉, '제주 삼다수'가 국내에 시판되기 시작했다.

그런데 제주도청에 의한 생수 시판은 먼저 생수를 판매하던 제동흥산(주)에게 사업 확장의 빌미를 제공하게 된다. 1996년경 제동흥산(주)은 국내 시판을 불허하는 당시 생수 시판 허가조건이 위법한 것이기 때문에, 이를 취소해달라는 행정심판을 청구했다. 그리고 당시 건설교통부 행정심판위원회는 앞선 법원의 판결을 반영하여 제동흥산(주)의 손을 들어주었다. 그러나 이러한 결과는 제주사회의 여론을 급속히 악화시키게 되었다. 그것은 제주도민들의 생존을 위해 반드시 필요한 지하수가 사유화되는 것에 대한 반발이었다. 이를 감지한 제동흥산(주)의 모회사 한진그룹은 생수의 국내시판을 포기한다고 선언했다.

생수 판매를 둘러싼 갈등은 지하수의 공적 관리에 대한 제주사회의 여론을 더욱 강화시키는 계기가 되었다. 이후 제주사회에는 '공수公水, public water'라는 개념이 부각되는데, 이때부터 제주 지하수는 누구의 소유물도 아닌 공공의 수자원이라는 인식이 확산되었다. 이러한 여론을 제도권이 수렴하게 되면서, 제주의 지하수를 공적으로 관리하기 위한 다양한 제도들이 만들어져 갔다.

이처럼 제주도가 지하수를 공공적으로 관리하기 위해 다양한 제도들을 마련할 수 있었던 이유는 무엇일까? 그 이유는 무엇보다도 제주도민들이 물에 대해 민감할 수밖에 없었기 때문이었다. 도민들은 과거부터 물이 부족해 고통을 겪어왔던 경험이 있었다. 그것은 단순히 상수도 보급률 99.9%이라는 수치로 망각될 수 있는 것이 아니었다. 더욱이 수돗물에서 염분이 검출되어 또다시 식수 걱정을 해야만 했다. 이런 상황에서 대기업이 지하수를 뽑아 생수로 팔겠다고 나섰다. 도민들의 반응은 당연히 격해질 수밖에 없었고, 지하수를 공공적으로 관리해야 한다는 여론이 커질 수밖에 없었다. 마침 1995년 경 지방자치제가 다시 실시되어, 도민들이 도지사를 선출할 수 있게 되었다. 따라서 지역 정치인들은 지역주민들의 여론에 민감할 수밖에 없었고, 지하수를 공공적으로 관리하기 위한 제도들을 마련해나가야만 했던 것이다. 결국 지하수의 공공적 관리는 제주도민들의 강한 의지가 있었기 때문에 가능했다. 그 의지는 경험에서 우러나온 것이었고, 그 경험은 물의 소중함에 대한 것이었다.

표 3   지하수 관리제도 변천과정(1991년~현재)

구분	주요내용
1991년 이전	○ 이용자의 임의적 지하수 개발·이용
1991년-1995년	○ 제주도개발특별법 공포(1991.12.31, 제25조-제26조) - 지하수 굴착·이용허가제 도입(용도, 규모에 관계없이 허가) - 지하수 원수대금 부과·징수제 도입 - 지하수 수질검사, 원상복구 명령 근거 마련 - 수자원 개발시 사전 환경영향평가 의무화(제14조) ○제주도개발특별법시행령 공포(1992.11.06) - 기존 지하수관정 양성화 규정(부칙 제2항) - 1992.11.06-1993.01.04: 3,169공 - 1994.12.26-1995.02.23: 658공(총 3,827공 신고) ○제주도개발특별법시행조례 공포(1993.07.05) - 보존자원의 지정 및 해제 대상에 지하수 포함(제40조①) - 먹는샘물 도외반출시 도의회의 동의필요(제43조②) ○ 제주도개발특별법 개정(1995.01.05) - 광천음료수 제조·판매목적의 허가제한(지방공기업 예외, 제25조제2항) - 지하수영향조사제도 도입(시행령 개정 1995.06.30) ○ 먹는물관리법 공포(1995.05.01) - 먹는샘물 국내시판 허용 ○ 특별법에 의한 최초 지하수 굴착허가(1995.05.19) ○ 중앙정부 지하수법 제정(1993.12.10) - 지하수 굴착·이용신고제 도입
1996년-1999년	○ 제주도 보존자원 지정고시(지하수·송이·산호사: 1996.10.23) ○ 중앙정부 지하수법 개정(1997.01.17) - 지하수 굴착·이용허가제 도입
2000년-2005년	○ 제주도개발특별법 개정(2000.01.28) - 지하수 이용기간 연장허가제 도입

구분	주요내용
2000년-2005년	- 지하수자원보전지구, 지하수자원특별관리구역 지정제도 도입 - 지하수 개발·이용허가 제한 확대(오염원과의 이격거리 등) ○ 중앙정부 지하수법 개정(2001.11.17) 　- 지하수의 개발·이용허가에 대한 유효기간제도의 도입 　- 전국적인 지하수 관측망의 설치, 지하수자료의 정보체계구축 ○ 제주도개발특별법을 제주국제자유도시특별법으로 개정(2002.01.26) ○ 제주국제자유도시특별법 개정(2004.01.29) 　- 지하수 취수량 제한 근거, 단계적 취수량 제한 조치 근거 마련 　- 허가취소 조항 신설, 지하수 공동이용 신청절차 등 마련 　- 지하수 원수대금 부과대상자로 온천수 이용자 포함 ○ 제주국제자유도시특별법 시행조례 개정(2005.03.30) 　- 지하수 원수대금 부과대상 업종 중 "골프장 및 온천용" 신설 　- 먹는샘물 지하수에 대한 지하수 원수대금 부과율 상향(2% → 3%) 　- 지하수자원특별관리구역내 장기간 미사용 관정 정비 규정 신설
2006년-현재	○ 제주특별자치도 설치 및 국제자유도시 조성을 위한 특별법 공포(2006.02.21) 　- 지하수를 공공의 자원으로 규정(제310조) ○ 제주특별자치도 지하수관리 기본조례 공포(2006.04.12) ○ 제주특별자치도 설치 및 국제자유도시 조성을 위한 특별법 일부개정(2007.08.03) 　- 지방공기업에 한해 지하수를 활용하여 먹는샘물 이외에 청량음료·기능성음료 등을 제조·판매할 수 있도록 함(제312조⑬)

　공동자원론, 오늘의 한국사회를 묻다

구분	주요내용
2006년-현재	○ 중앙정부 지하수법 개정(2012.01.17) - 지하수 보존을 위해 필요할 경우 지하수 개발·이용의 허가를 취소할 수 있도록 함(제10조제1항8의2)

3. 국가 주도의 지하수 상품화가 초래하는 문제들

하지만 현재 제주 지하수의 공공적 관리는 새로운 도전에 직면하고 있다. 1997년 IMF 금융위기 이후 제주지역에 불어 닥친 경기침체가 한국사회에 급격히 확산된 신자유주의적 사고방식과 맞물리면서, 제주사회는 경제침체의 돌파구로 지하수를 상품화시키는 방안을 모색하기 시작한 것이다.

이때 일명 '물산업'이라는 것이 부각되었는데, 이것은 '신성장동력산업'이라는 명목 하에 추진되는 것이었다. 여기에는 1998년부터 시판되기 시작한 '제주 삼다수'가 시장에서 엄청난 호응을 얻게 되었다는 경험도 한몫하고 있었다. 제주사회는 지하수를 활용한 지역경제 활성화 담론에 적극 호응하였고, 이것은 지방정가에도 영향을 미치게 되었다. 제주도청은 2007년에 '물산업육성기본계획'을 수립하여 지하수의 상품화를 적극적으로 추진하기 시작했다. 이에 '제주 삼다수' 생산량 증대를 위한 지하수 취수허가량은 지속적으로 증가되어 갔다. 그리고 '제주 삼다수' 뿐만 아니라 지하수를 활용한 여러 상품들, 예를 들어 음료상품, 워터 테라피water therapy와 같은 관광상품들을 개발하기 시작했다.

한편 이러한 흐름은 (지하수를 생수로 판매하고 있는) 한국공항(구 제동흥산(주))과 같은 사기업들의 지하수 산업 확대 혹은 진출에 빌미를 제공하고 있다. 특히 한국공항은 지하수 취수 허가량을 늘려 생수 판매를 확대하려 하고 있다. 하지만 이러한 시도는 제주사회의 반대에 부딪혀 진척을 보이지 못하고 있다. 이에 대해 한국공항은 강력히 반발하고 있다. 이미 국가에 의해 상품화가 진행 중인 지하수 이용 제한규정을 자신들에게만 엄격하게 적용하고 있다는 것이다. 제주사회는 지하수가 공공의 자원이라는 점을 들어 한국공항의 반발에 대응하고 있다. 하지만 국가가 나서서 지하수를 상품화하고 있는 현재의 상황을 볼 때, 그러한 대응에는 한계가 있어 보인다.

정리하자면 현재의 상황은 국가가 제주 지하수를 상품으로 개발하는 데 앞장서고 있는 형국이다. 이것은 여러 가지 문제를 야기할 수밖에 없다.

첫째, 국가에 의한 지하수의 상품화가 정당한 것인가에 대한 문제이다. 사유화라는 것이 자원에 대한 배타적 소유권을 의미한다면, 국가에 의한 지하수의 상품화 역시 사유화의 한 형태일 수 있다. 물론 제주 지하수에 대한 국가의 독점적 관리는 지하수의 지속가능한 관리와 이용 즉 공공성을 보호하기 위한 수단이라는 점에서 사회적 동의를 얻을 수 있었다. 하지만 현재 나타나고 있는 국가에 의한 지하수 상품화 전략은 이윤 추구에 초점을 맞추는 경향이 짙게 나타나고 있다는 점에서 정당성을 획득하기 어려워 보인다.

둘째, 국가는 지하수의 상품화를 통해 얻게 되는 수익을 제주사회에 환원함으로써 지하수 상품화의 정당성을 확보하려고 한다. 그러나 제주 지하수가 제주도민들만의 것일까? 지하수가 제주도민들의 것이라면, 도민들 마음대로 지하수를 개발해도 되는 것일까? 물

론 제주 지하수는 제주도민의 젖줄이기 때문에, 그것의 관리와 이용
의 우선권을 제주도민들이 갖는 것은 당연하다. 하지만 그렇다고 해
서 지하수에 대한 배타적 소유권이 제주도민에게 주어진 것은 아니
다. 지하수는 누구의 것도 아니며, 인류 전체의 생존을 위해 소중하
게 관리되어야 할 자연자원이기 때문이다. 따라서 제주사회의 공익
을 위해 제주도민들이 지하수를 마음대로 사용해도 된다는 식의 발
상은 또 다른 문제를 초래하게 될 가능성이 크다.

　셋째, 국가 주도의 지하수 상품화 전략은 지하수 산업에 대한 사
기업의 진출을 부추기게 된다. 당장 한국공항은 지하수 취수량을 늘
리기 위해 지속적으로 노력하고 있으며, 2016년에는 이마트가 (주)
제주소주를 인수하여 1일 150톤의 지하수 취수 허가권을 확보했다.
2017년에는 제과회사인 오리온도 (주)제주용암수를 인수하여 1일
2000톤의 용암해수 취수 허가권을 확보한 상태이다. 앞서 우려했던
대로 사기업의 제주 지하수 시장 진출이 가속화될 조짐이 나타나고
있는 것이다.

3. 나가며

지금까지 제주의 물 관리 역사를 간략하게 살펴보았다. 제주지역은
화산섬이라는 특수성 때문에, 물 부족 현상에 지속적으로 시달려왔
다. 그러나 지하수 개발 기술의 발전과 자본의 투입으로 물 부족 걱
정에서 벗어난 제주사회는 지역 경제 활성화를 위해 지하수를 상품
으로 만들어 판매하는 단계로 나아가고 있다. 이 과정에서 지하수의
보존과 개발을 둘러싼 여러 논의들이 존재해왔으며, 현재는 지하수

를 공적으로 관리하되 개발을 보다 강화하는 방향으로 나아가고 있다. 이처럼 제주지역의 물 관리 역사는 물이 부족한 지역이 근대사회로 접어들게 되면서 어떻게 물을 관리·이용해왔는지 살펴보고, 그 과정에서 발생하게 되는 여러 문제들을 고민하는데 매우 적합한 사례이다.

물은 인간의 생존을 위해 반드시 필요한 자연자원이다. 하지만 물은 전 지역에 골고루 배분되지 않기 때문에, 물의 이용과 관리를 둘러싸고 여러 갈등이 발생한다. 오늘날 물은 자본의 논리에 따라 사유화(상품화)되며, 이 때문에 갈등이 발생하는 경우가 빈번하다. 하지만 코차밤바나 제주의 사례를 통해 확인할 수 있듯이, 물의 사유화는 (비록 그것이 국가일지라도) 윤리적 비판을 면하기 어렵다. 그것은 물 자체가 인간에게 가지고 있는 절대적 속성 때문이다.

우리 주변에는 물과 같이 인간의 생존에 반드시 필요한 자원들이 존재한다. 그것들 가운데 어떤 것은 자연자원일 수 있고, 어떤 것은 사회적 자원일 수도 있다. 이제 우리가 그러한 자원들을 찾아보도록 하자. 인간의 생존에 반드시 필요한 자원에는 어떤 것들이 있을까? 지금 우리는 그것을 어떻게 관리·이용하고 있을까? 그것들을 지속가능하게 관리·이용하기 위해서는 어떤 노력이 필요할까?

_05_

복지와 커먼즈:
사회 재생산 위기에 대한 공동체적 대응의 모색

백영경

1. 들어가며: 저출산·고령화와 사회 재생산의 위기

한국사회가 급속한 저출산·고령화로 인해 곧 닥쳐올 위기에 직면해 있다는 논의가 확산되기 시작한 것은 2000년대 초반의 일이다. 2005년에 정부 주도로 저출산고령사회위원회가 처음 만들어지면서 곧이어 정책 실행의 근거를 마련하기 위해 저출산고령사회기본법이 만들어졌으니, 어느새 10년 넘는 기간 동안 저출산과 고령화, 그 중에서도 저출산 문제가 한국사회 위기의 핵심으로 지목되어 온 것이다. 그 동안 저출산 현상을 해결하기 위해서 보육에 대한 사회적 책임을 확대하는 방안에서부터 여성고용환경의 개선, 청년층 일자리와 주거확보, 아동수당, 난임부부 의료지원에 이르는 다양한 정책들이 제시되어 왔음에도 불구하고, 저출산 대책에 투입되었다는 막대한 예산이 무색하게도 2016년 출생아 수는 40만명을 겨우 넘기면서 역대 최저 수준을 기록했다. 2017년에 출범한 제5기 저출산고령사회위원회가 특단의 조치를 기획하겠다고 밝히고는 있으나, 출산율 제고면이나 고령화에 대한 대비 그 어느 부분에서도 그동안 지지부진했던 성과가 갑자기 나올 거라고 낙관하는 사람은 많지 않아 보인다.

　시민들 다수가 얼마간의 각종 지원책으로는 저출산·고령화 문제를 결코 해결할 수 없을 것이라 느끼게 된 것은 그간 잇달아 나왔던 대책들이 현실 문제를 해결하는 데 있어 의도한 결과를 내지 못하고 오히려 문제를 악화시키는 바를 상당 기간 목도하고 경험한 결과이기도 하다. 실제로 지난 10여년 동안 저출산·고령화 문제를 해결하겠다며 정부가 출산과 양육 및 노인 요양과 같은 분야에서 사회적 지원을 확대해 온 것은 사실이지만, 전체적인 사회정책의 기조는 한국사회에서 돌봄의 일차적 수행자 역할을 담당하는 가족에게 결코 우호적이지 않았다. 일과 가정의 양립이라는 구호가 사회적 관심사로 등장한 것 자체가 고용의 안정성이 약화되고 노동 환경의 악화되면서 임금노동과 돌봄노동을 동시에 수행하기 점점 더 어려워지는 시대상의 역설적 반영이기도 했다. 아이를 낳아 기를 시간이나 아픈 가족을 돌볼 시간은 물론 성인들끼리 친밀함을 나누고 사회적 관계를 유지할 시간도 부족한 시대, 심지어는 내 한 몸과 마음을 돌볼 여유도 갖지 못하는 '돌봄의 위기crisis of care'가 우리 시대의 특징이 된 것이다.

　그렇게 볼 때 지금 한국사회가 경험하고 있는 것은 바로 이 돌봄

의 위기로부터 파생되어 결국 한 사회의 미래 구성원은 물론 경제구
조나 정치구조, 사회문화 일체를 재생산할 수 없게 되는 '사회 재생
산의 위기crisis of social reproduction'로 이어지고 있는 상황이다. 낸시
프레이저Nancy Fraser는 현재 시점에서 광범위한 '돌봄의 위기'가 일
어나는 원인은 이제껏 사회 재생산을 체계적으로 위협해 온 금융화
자본주의finiancialized capitalism 때문이라고 본다. 사회 재생산에 위기
를 가져오는 것은 모든 자본주의 형태에 공통된 특징이긴 하지만 금
융화 자본주의에서는 특히 사회보호가 약화되고 시장화가 강화되는
양상을 띠면서 사회 재생산 위기가 격화된다는 것이다. 다시 말해
이제까지 대개는 무급으로 재생산 노동을 수행하던 여성들이 유급
노동으로의 편입이 촉진되면서 자기보다 가난한 누군가에게 가족과
공동체의 일을 떠맡기지 않고는 살아갈 수 없게 되는 '글로벌 돌봄
사슬global chain of care'이 형성되고, 노동자들은 시간 부족에 시달리게
되는 한편 사회 전체로 보면 돌봄을 담당할 사람들이 점점 더 부족해
지게 되어 가족과 공동체가 위기에 빠지는 현상이 생겨나고 있다.[1] 한
국 사회에서도 결국 저출산·고령화 현상이란 사회 전체의 변화 및
자본주의의 재구조화와 연계된 돌봄 위기가 원인이라고 할 때, 이러
한 사회적 패러다임 자체를 그대로 둔 채 출산지원금을 늘린다던지
부분적으로 복지 서비스를 늘려 제공하는 등 사회정책을 일부만 손
보는 것으로는 문제가 해결될 수 없다고 보아야 할 것이다.

　이렇듯 저출산·고령화 현상을 한국사회의 돌봄의 위기, 나아가

1　낸시 프레이저, 「자본과 돌봄의 모순」, 『창작과 비평』 175호 (2017년 봄
호). 원제는 "Contradictions of Capital and Care," *New Left Review* 100, July-
August 2016.

사회 재생산의 위기의 징후라고 본다면, 위기 극복 방안에 대한 우리의 생각 역시 달라지지 않으면 안 된다. 다시 말해 한 사회가 어떤 종류의 노동을 가치 있는 노동이라고 생각하고 어떤 노동은 가치를 부여하지 않는지 그 가치 부여 방식에서부터, 자연을 대하고 이용하는 방식, 젠더 질서, 더 근본적으로는 삶을 대하는 태도에 이르기까지 여러 측면에서 근본적인 전환을 만들어내지 않는다면, 사회 재생산의 위기를 극복하기는 어렵다는 결론에 이르게 된다. 왜냐하면 현재 재생산의 위기를 만들어낸 근저에는 바로 가치에서부터 젠더 문제, 근대적 자연관 등의 문제가 복합적으로 얽혀 있기 때문이다. 그런데 문제는 과연 이러한 전환을 국가나 시장, 혹은 개별 가족에게 맡겨둘 수 있겠느냐하는 것이다. 그럴 수 없다면, 결국 어떤 방식으로 공동체적 대응을 만들어낼 것인가가 중요한 관건이 될 수밖에 없다. 그러한 문제의식을 깔고, 이 글에서는 사회 재생산 위기의 시대에 필요한 전환의 논리로서 커먼즈commons, 즉 공동자원을 회복할 필요성에 대해 살펴보고자 한다.

2. 돌봄의 위기를 공동체의 기회로: 현대총유론의 제안

많은 사람들에게 저출산·고령화 현상이 암울하다고 느껴지는 이유는 그것이 성장위주의 경제가 더 이상 지속가능하지 않음을 보여주는 단적인 증거이기 때문이다. 그런데 여기서 유의해야 할 것은 저출산과 고령화과 동일한 현상이 아닐 뿐 아니라, 사회 재생산의 위기가 저출산을 가속화시키는 원인이 되기도 하고, 동시에 고령화가 가져오는 변화에 대응하기 어렵게 하는 것은 사실이지만 그렇다고 해서 저출산·고령화 그 자체를 위기기만 한 것은 아니며 또한 위기로만 보아서도 곤란하다는 점이다. 사회에는 출산을 하고 싶은데 하지 못하는 사람만 있는 게 아니라 사회문화적 변화에 따라 자발적으로 출산하지 않음을 선택하는 사람들도 늘어나고 있으며, 기대수명의 연장에 따른 사회의 고령화 현상을 무조건 부정적으로 보는 것 역시 문제일 것이기 때문이다. 더욱이 끊임 없는 성장을 추구하는 관점에서 저출산·고령화 현상을 문제 삼으면서 현 체제를 지탱하고 성장을 지속시키기 위한 방안으로서의 대응책에만 매달린다면, 위기에 대처하기 위해 필요한 사회전환은커녕 출산율 제고마저도 이뤄낼 수 없을 것이다. 거꾸로 출산율 상승을 직접 목표로 두지 않는다고 해도 현 사회의 근본적인 전환을 통해 출산과 양육에 우호적인 환경이 조성되고 고령 시민뿐만 아니라 다양한 필요를 가진 시민들이 서로를 돌보며 살아가기에 좋은 사회가 이룩된다면, 그 자체를 목표로 하지 않았더라도 출산율의 상승이 따라올 가능성도 충분히 있고 고령화도 지금 같은 정도로 심각한 사회문제는 아니게 될 수 있다. 그런 점에서 인구 지표는 미래를 해석하는 데서 하나의 자료는 될 수 있을지언정, 미래의 희망과 절망을 곧바로 규정하는 요인은 되지 못한다. 따라서 지금 우리에게는 저출산·고령화가 문제적인 현상이라는 것은 인정하되 그 자체의 해결에 매달리기 보다는 이를 하나의 징후로 보면서 공동체 복원과 사회체제 전환의 계기로 삼는 자세가 필요하다고 하겠다.

이러한 맥락에서 참조할 수 있는 논의로 우선 떠오르는 것이 한국 못지않게 저출산·고령화가 심각하달 수 있는 일본의 현대총유론現代總有論이다. 법학자인 이가라시 다카요시五十嵐敬喜가 중심이 되어

제창해 온 현대총유론은 주로 도시재생이나 재해지 복구, 제대로 이용되고 있지 않은 토지와 삼림 등을 공동이용해서 혜택을 함께 누릴 수 있는 방안으로 일본에서 주목을 받는 중이다. 한국에서도 현대총유론은 총유, 즉 공동체가 함께 소유하고 이익을 함께 나누는, 한국의 민법 상에도 엄연히 존재하는 소유 방식의 확산을 통해 이미 존재하는 커먼즈를 보호하고, 더 나아가 이미 사유화된 토지나 자원들을 공동체 관리 방식으로 돌리는데 활용하려는 의도에서 관심을 받고 있다.[2] 현대총유론의 논자들은 저출산·고령화 현상으로 가속화되고 있는 일본의 지역 붕괴 현상이나 동일본대지진의 피해 복구에 대한 대응 과정에서 토지나 공간 비롯한 자원을 공동을 이용하고 함께 혜택을 나누는데 가장 큰 걸림돌이 되고 있는 것이 높은 토지 가격과 함께 토지에 대한 절대적인 소유권이라고 지적한다. 이렇게 소유권을 확보하는 것도 어렵고 소유권을 부정하는 것 역시 현실적으로 곤란하다고 할 때, 소유권과 분리되는 이용권의 개념을 확산시키고 공동의 이용과 혜택을 가능하게 하는 총유 주체를 만들어내고, 이를 가능하게 하는 제도적 변혁을 이뤄냄으로써 장기적으로 사적 소유의 개념을 약화시키겠다는 것이 현대총유론의 기획인 셈이다.[3]

그런데 토지와 공간의 공동체적 이용을 가능하게 하는 법적·제도적 개혁 방안으로서의 현대총유론도 흥미롭지만, 저출산·고령화

---

2   이가라시 다카요시 외 지음, 『현대총유론』, 제주대학교 SSK 연구단 공동자원연구총서 003, 진인진, 2016. 같은 책의 최현, "역자후기" 참조.

3   이가라시 다카요시, 「현대총유론」, 『동아시아의 커먼즈: 가능성에서 현실로』, 국제학술회의 자료집, 148쪽, 제주대학교 SSK 연구단 주최, 2017년 2월 15-16일, 제주대학교.

현상과 관련하여 주목해야할 부분은 고령자의 증가를 단지 위기로 만 바라보는 것이 아니라 사회 전환을 위한 계기로 보고 있다는 점 이다. 도시에서의 삶을 선망하는 젊은 층에 비해 고령자들은 지역에 남아 살려는 경향이 많으며, 높은 건물이나 빠른 자기부상열차와 같 은 대규모 건설사업에 대한 욕구보다는 안전하고 편안하게 살고자 하기 때문에 이들이 총유사회를 지지할 수 있는 세력이 될 수 있다 고 이가라시 다카요시는 전망한다. 노령층이 젊은 층보다 더 큰 비 율로 성장을 지향하고 투기세력을 지원하는 한국에서는 다소 비현 실적으로 들릴 수도 있는 전망이지만, 고령자의 경우 결국은 혼자 힘으로는 살 수 없으며 수평적 연대와 돌봄을 지원하는 네트워크 없 이는 살아갈 수 없다는 점에서 고령자의 증가가 사회에 경쟁과 축적 이 아닌 협동과 부조의 정신을 확장시키는 계기가 될 수 있다고 보 는 것이다.

그렇게 볼 때 결국 현대총유론이 강조하는 것은 인간 존재에 대 한 새로운 접근법인이라고 할 수 있다. 서양 근대 이후의 일반적 사 고 방식에서 효율성이나 편리성에서 행복을 찾는 인간을 기본으로 하여 도시를 설계하고, 인간이란 존재가 마치 개별화된 상태에서 남에게 의존하지 않고도 살아갈 수 있는 것처럼 믿는 태도를 버리 고, 나이에 상관 없이 인간이란 누구든 혼자서는 살 수 없는 존재이 자 죽음을 피할 수 없는 존재로 바라보아야 한다고 이들은 주장한다. 누구든 혼자는 살 수 없기 때문에 소유의 총유를 넘어서 함께 나누 고 함께 누리는 삶을 지향하는 "정신과 마음의 총유"를 통해 새로운 공동체를 만들어가자는 것이다. 이를 통해서 국가와 개인이라는 이 항대립 안에 가족이나 지역 등의 중간항을 삽입할 수 있게 되며, 고

독사하는 사회, 연대가 사라진 사회로 표상되는 근대의 쇠락을 방지하고 미래로 향하는 길을 모색해야 한다는 것이 현대총유론이 그리는 새로운 사회상이다.[4]

물론 새로운 사회에 대한 전망을 제시하는 사람이 있으면 언제나 그 현실적 가능성에 대해 회의하는 입장도 있기 마련이다. 하지만 저출산 경향 속에서 고령화가 가속화되고 있는 것은 그 자체로 부인할 수 없는 현실이며, 돌봄을 필요로 하는 노령자들의 수는 빠른 속도로 늘어날 것임 역시 이미 정해진 사실이라고 할 때, 결국 돌봄의 위기가 가중될 수밖에 없다는 사실을 부인하는 사람은 많지 않다. 이렇게 곧 위기가 닥칠 것이라는데 대해서는 공감대가 형성되어 있음에도 불구하고, 그저 더 많은 국가의 지원이나 돌봄 서비스의 확대를 이야기하면서 더디게 증가하는 국가 복지 예산을 한탄하는 것이 과연 현실적인 대응 방안이라고 할 수 있을까? 게다가 선진국에서 이미 드러난 바처럼 성장이 둔화되는 사회들마다 복지 재원을 마련하고 감당하는 문제는 점점 더 어려운 과제가 되어 가고 있고, 돌봄 노동자들의 증가는 일부의 돌봄 수요를 해결해주는 반면 그 돌봄 노동자들 주변을 돌볼 사람이 없어지는 문제를 낳고 있다.

결국 돌봄 노동의 부담은 점점 더 가난한 층으로 전가되면서, 돌봄 노동을 담당하는 가난한 사람들 주변에서 돌봄의 결핍 현상이 점점 더 심각해지는 문제가 크게 불거지는 중이다. 그런 면에서 이미 한계를 드러내고 있는 국가 책임의 복지나 가족 부담의 복지의 문제점을 지적하고, 이런 한계를 해결할 수 있는 방안으로서 공동체를

---

4   이가라시 다카요시, 「서문-현대총유론의 범위」, 『현대총유론』, 25-26쪽.

활성화시키는 방안을 제시한다는 점에서 현대총유론은 큰 의미가 있다고 할 것이다. 특히 현대총유론의 의의는 공동체를 이미 있는 어떤 것으로 상정하여 그 공동체를 돌봄의 주체로 제시하는 것이 아니라, 돌봄의 필요성 자체를 도시 기반의 새로운 공동체 형성 혹은 공동체 회복의 계기로 삼고자 한다는 데서 큰 의미를 지닌다. 다시 말해 이미 많은 커먼즈가 사라진 시대에 돌봄의 위기 자체를 계기로 삼아 새로이 커먼즈를 확대해 나갈 수 있는 실마리로서 제공해주고 있다는 점 자체가 큰 의의라고 할 수 있는 것이다.

3. 국가와 가족을 넘어서 복지 커먼즈로

그렇다면 흔히 국가가 제공하는 것으로 이해되어 온 복지 서비스와 커먼즈의 관계는 어떻게 보아야 할 것인가. 실제로 현대총유론이 인간 누구나 생존을 위해 필요로 하는 돌봄을 매개로 하여 커먼즈를 재구성할 수 있는 실마리를 제공해주는 것은 사실이지만, 복지 서비스와 커먼즈와 관계에 대해 구체적으로 말해주는 것은 많지 않은 것도 사실이다. 또한 국가와 개인 사이의 이항대립 속에 지역과 가족을 중간항으로 삽입함으로써 공동체적 관계를 활성화시키겠다는 현대총유론의 발상은, 돌봄의 문제에서 가족의 이름으로 주로 여성들이 수행해 왔던 인정받지 못한 무급노동의 문제에 대해서 전혀 언급하고 있지 않다는 점에서는 매우 문제적이기도 하다. 그리고 역사적으로 볼 때 자본주의 자체의 변화에 따라 복지의 패러다임에도 계속적인 변화가 있었다는 사실에도 주목하지 않으며, 소유관계에 대해서는 중요하게 생각하지만 자본주의의 변화에 따라 복지 체계에서 시장市場이 수행해 온 역할에 대해서도 주목하지 않는다. 하지만 돌봄의 복지가 현대적 의미에서 공공성公共性이란 명분을 충족시키기 위해서는 복지를 둘러싼 국가와 가족의 관계, 국가와 커먼즈의 관계에 대해서도 살펴보지 않으면 안 될 것이다.

복지와 커먼즈에 관련해서는 국가가 제공하는 공공서비스의 경우에 비배제성과 비경합성의 성격을 가진 것으로 보아 공공재public goods로 보는 입장이 있는가 하면, 의료보험이나 복지서비스의 경우에는 경합성이 있다고 보아 시민들의 공동관리자원CPRs으로 보기도 하고, 누구에게나 주어져야 한다는 측면을 강조하여 커먼즈로 보는 입장이 다양하게 존재한다. 그렇지만 국가와 복지, 시장, 공공성의 관계를 논함에 있어서는 공공재, 공동관리자원, 커먼즈 가운데 어떤 개념이 가장 적합한가를 넘어서 더 구체적으로 따져봐야 할 점이 많으며, 역사적 시점에 따라 국가와 복지, 시장, 공공성 사이의 관계가 달라질 수밖에 없다는 사실 역시 감안해서 볼 필요가 있다. 일반적으로 고전적인 의미에서 복지국가라고 하면 세금을 재원으로 해서, 개인이 살면서 겪게 되는 위협에 대해 "요람에서 무덤까지" 보호를 제공하는 존재라고 간주된다. 국가의 역할이란 그런 보호적 필요에 부응하는 것이며, 국가가 제공하는 서비스는 곧 공적公的인 것이라고 이해되곤 한다. 하지만 신자유주의 시대의 국가는 경쟁력 강화를 내세우면서 비록 나라마다 다르긴 하지만 대체로 점점 더 복지 공급 자체가 시장 논리 따라 이루어지게 되는 경우가 증가하고 있다. 과거에는 적어도 의료나 주거, 교육, 물, 대중교육, 에너지 등에 대해서는 일반적인 상품과 동일하게 취급되어서는 안 된다는 사회적 합의가 있었고, 이런 자원들에 대한 접근권은 적어도 모두가 일정 수준

이상으로 누려야 할 권리라고 간주되어 왔다. 하지만 신자유주의 시대 이후에는 의료, 주거, 교육, 식수조차 모두 점차 시장 영역으로 편입되는 경향을 보이고 있으며, 그 결과는 종종 가격의 급등으로 나타나는 것을 목도하게 된다.

그렇기 때문에 이제까지 국가가 제공하던 공공재들이 시장화되는 현실 속에서 국가를 두고 단순히 공적인 영역이라고만 보는 것은 적절하지 않다. 결국 국가는 모두의 이해관계를 대변한다기 보다는 사회에 실재하는 권력관계를 반영하는 존재이며, 많은 경우 사회의 기득권을 보호하는 존재라는 사실이 점점 더 드러나고 있다고 봐야 한다. 그렇다고 해서 이러한 현상이 단지 신자유주의 시대에만 국한된 것이라 보기도 어렵다. 실제로 국가와 공적인 것의 관계는 언제나 긴장 관계 속에 있어 왔다고 볼 필요가 있다. 이러한 상황에서 토지나 재산을 소유하지 못한 일반 사람들, 즉 커머너commoner들로 하여금 커먼즈라는 공유지 혹은 공동자원의 역할은 토지소유자가 아닌 사람이 사회의 정당한 구성원으로서 정치적 존재가 되는 것을 가능하게 해주는 기반이었던 셈이다. 커먼즈는 커머너들에게 자신이 직접 소유한 것이 없어도 기본적인 생존을 보장받을 수 있도록 자원을 제공했을 뿐 아니라 실제로 커머너들이 모이고 자신의 주장을 개진하고 행동할 수 있는 장소를 제공하기도 했다. 이렇게 볼 때 결국 커머너들이 모일 수 있는 공간이자 그들이 정치의 주체가 될 수 있는 공간이라는 점에서 커먼즈 자체가 공적公的인 공간이며, 공익이라는 것 역시 공동체 구성원들의 이해관계를 배제한 채 제도화된 국가의 이해관계와 동일하게 취급되어서는 안 되는 사실을 강조할 필요가 있다. 이러한 입장에 서서 보면 공적인 것을 국가와 동일시하는 것은 적절하지 않으며, 공동체의 구성원으로서 커머너들이 스스로 정치의 주체라는 자각에 입각하여 국가와 커먼즈로 활용할 수 있는 공간들을 장악하고 변화시키려는 노력 자체가 공적인 것이라고 봐야 할 것이다. 바로 이 커머너들이 커먼즈를 통해 자원을 얻고 주체가 되는 과정, 그리고 이용하고 혜택을 받을 수 있는 자원 즉 커먼즈를 확보하고, 공동체를 능동적으로 구성 및 재구성하는 전 과정을 일컬어 커머닝commoning이라 할 수 있다.[5]

반면 국가가 공적인 것으로 이해되는 동안 사적인 것은 어떻게 이해되어 왔는지를 살펴볼 필요도 있다. 사적인 것을 어떻게 이해할 것인가와 관련해서는 크게 두가지 입장으로 나누어진다. 한편에서는 시장과 이윤을 사적인 것이라 보았던 반면, 다른 한편에서는 여성이나 가족과 같이 시장의 이해관계에 결코 물들어서는 안 되는 존재를 사적인 것으로 간주해 왔다. 마찬가지로 공/사 구분 문제에서도 국가와 시장을 대비시켜서 공과 사로 보는 입장이 있는가 하면, 국가와 시장 등 제도화된 영역을 모두 공적 영역으로 놓고 가족이나 개인, 자원봉사 등 사적인 것으로 대비시키는 입장으로 나눠진다. 그러므로 커먼즈의 입장에서 보면 공적인 것을 국가와 바로 등치시키는 데는 동의할 수 없는 것만큼이나, 커먼즈가 그저 가족이나 개인으로 귀속되는 사적인 영역이 아님을 강조할 필요가 있다. 커먼즈에서는 커먼즈를 만들고 지켜가기 위해 공동체 스스로 경주하게 되

5　커머너와 커머닝의 구체적인 모습을 살피려면 다음 책을 참조. 피터 라인보우 지음, 정남영 옮김, 『마그나카르타 선언-모두를 위한 자유권들과 커먼즈』, 갈무리 출판사, 2012. 원제, Peter Linebaugh, *The Magna Carta Manifesto*, 2008.

는 자체적인 노력도 중요하지만, 그와 동시에 양질의 공공서비스를 확보하고 누릴 권리도 중요하다. 따라서 공동체 활동이라고 해서 공동체의 좁은 틀에만 스스로를 가두지 않고, 정치의 장에서 공공서비스의 성격을 변화시킬 필요가 있으며, 이를 위해 공동체를 넘어서는 단위의 정치를 회피해서도 안 된다.[6]

특히 사회 재생산의 관점에서 보면 가족이나 국가를 넘어서 커먼즈를 만들어 내고 확장하며, 공적인 영역의 일원으로서 정치에 참여하는 커머닝 과정이 중요하다. 사회 재생산의 문제는 종종 특정한 공동체의 범위를 넘어서는 결정 사안을 다루게 되며, 때로는 정치와 경제뿐 아니라 사회적 가치의 문제와도 싸우지 않으면 안 될 경우도 종종 발생하게 된다. 여기서 말하는 공동체 경계 밖으로의 확장은 최근 지역공동체를 만든다고 할 때 흔히 이야기되는 민-관 협력 모델과는 다른 것이다. 커머닝이란 국가와 시장 혹은 국가와 사적인 영역으로 간주되는 시민사회나 공동체가 각기 공과 사의 영역을 유지한 채 만나서 협력하는 것이 아니라, 민과 관이나 공과 사 구분을 넘어서 커머너 스스로가 정치의 주체가 될 수 있도록 커먼즈 자체의 영역을 확대하는 것이기 때문이다.

커먼즈란 그런 의미에서 "자각한 시민들이 스스로의 삶과 위협에 놓인 자신들의 자원들을 스스로의 손으로 책임지겠다는 비전"[7]이라고 할 수 있으며, 공유와 협동, 호혜성과 사회문화적 변화에 기반한

---

6 David Bollier and Silke Helfrich (eds.), *The Wealth of the Commons: A World Beyond Market and State*, Levellers Press, 2012.

7 David Bollier and Silke Helfrich (eds.), 위의 책.

새로운 사회적 실천과 가능성의 공간이라고 할 수 있다. 커먼즈는 공동체 조직과 동네 모임, 선주민들의 관습과 실천이나 종교 공동체의 실행 속에서도 그 실마리를 발견할 수 있지만, 그렇다고 해서 거창하고 획기적인 무엇인 것도 아니다. 실제로는 국가와 시장의 영역이 아닌 일상 속에서 생계의 유지와 생존의 확보를 가능하게 해왔던 작은 실천들에서부터 커머닝의 단서를 발견할 수 있기 때문이다. 보육시설이 부족한 상황에서 품앗이를 조직하고, 시장의 압력 속에서 사회적 기업이나 협동조합을 만들거나 마을 속에서 돌봄의 공동체를 꾸려가는 모든 노력이 커먼즈의 확대하는 커머닝에 해당한다고 볼 수도 있다. 하지만 여기서도 중요한 것은 돌봄과 사회 재생산의 문제를 공동체 내부에서만 풀고자 하는 것은 진정한 커머닝이 아니라는 점이다. 공동체에 기반하되 공동체를 넘어서는 그 무엇이 없이 커먼즈가 제대로 작동하기를 기대할 수는 없기 때문이다.

이를 종합할 때 복지의 커먼즈라는 개념 그 자체가 지난 세기 동안 토지, 물, 공간, 시간, 공공서비스와 돌봄, 교육과 의료 및 건강의 상품화가 지속적으로 이루어지는 과정을 겪으면서도 스스로 생존을 도모해온 사람들의 투쟁 속에서 나왔다고 봐야 한다. 또한 자원을 소유하지 못했으나 스스로 나서서 자신에게 시민으로서의 삶을 허락하지 않는 현실에 맞서 저항해 온 사람들의 삶에서 복지의 커먼즈라는 개념이 나오는 것이다. 하지만 지금에 와서 신자유주의적 개인화와 상품화에 대한 저항하는 투쟁의 결론을 생존에 필수적인 자원들을 제공할 책임이 국가에게 있음을 단순하게 확인하는 것으로 마무리하는 것도 문제적이고, 반대로 돌봄의 책임을 규정함에 있어서 이제까지 많은 지역에서 그래왔듯 일차적으로는 가족이나 친족이 감당해야한다고 보는 낯익고 오래된 방식으로의 회귀하는 것이어서도 곤란하다. 결국 복지의 커먼즈에서 핵심은 시민들이 직접 참여하고 관리할 수 있도록 공적인 자원을 공동체 앞으로 확보하는 노력일 것이다. 이러한 자원을 기반으로 하여 커먼즈는 구성원들의 복지 필요에 응답하는 돌봄을 제공해야 하며, 무엇보다 이 모든 과정은 매우 정치적일 수밖에 없음을 인식하고 공동체 구성원들이라면 누구나 공적인 장에서 이루어지는 활동에 적극적으로 참여하는 일이 필요하다.

여기서 공동체가 자원을 가지고 직접 참여하면서, 누군가가 필요로 하는 돌봄이란 어떤 것이고 어떻게 그 돌봄을 제공할 수 있는가를 감지하고 제공하기 위해 노력을 해야 하는 또 하나의 이유는 돌봄과 서비스는 등치될 수 없으며, 돌봄이라는 것의 속성 자체가 단순히 서비스의 형태로 주어질 수 없기 때문이다. 국가와 시장은 각기 다른 방식으로 복지 수요를 양적으로 측정하고 관리할 수 있는 어떤 기술적 문제로서 파악하고자 한다. 여기서 일상 속에서 사람들이 실제로 경험하는 문제는 무엇이고 돌봄이 필요한 영역은 어디인지를 찾아내려 하기 보다는 서류에 의존하는 관료적인 태도나 효율성을 우선시하는 입장에서 비용과 수요를 감축하는 것을 지상과제로 삼는 듯 보이곤 한다. 현재 한국사회도 복지 수혜의 자격을 규정하고, 그 요건에 맞는지를 입증하고 감시하며 관리하는 체제가 만들어낸 여러 비극적 사례를 목격한 바 있으며, 반대로 규정을 악용하여 공적 자원을 사취하는 사례들 역시 다수 존재함을 알고 있다. 이러한 문제가 단순히 규정과 자격요건을 복잡하게 보육이나 요양 서비스의 경우에는 공적 지원이 증가하면서 지원금이 유인이 되어 오히려 시장 영역이 확대된다던가, 복지를 관장하는 행정영역으로 투입되는 비용이 실제 복지를 필요로 하는 사람들에게 지급되는 비용을 능가하는 사례 역시 낯설지 않다. 결국 국가 주도의 관료적 복지 체제 속에서는 서비스를 받는 사람들이 탈인격화되는 것을 피할 수 없으며, 시장 주도의 체제 속에서는 복지 서비스를 받는 사람들이 이윤 창출의 도구가 될 수밖에 없는 것이다.

그러나 돌봄이라는 것은 그 성격 자체가 개인이 처한 상황이나 시공간에 대한 관심과 떼어서 생각하기 어려운 것으로서, 표준화된 국가 시스템이나 시장 기제에 맡겨 생산하고 분배하면 되는 물건이 아니다. 돌봄이란 본질적으로 다른 사람의 필요를 감지하고 반응할 수 있는 능력에 기초한 것이며, 그렇기 때문에 개인과 개인, 개인과 공동체, 혹은 개인과 자연을 포함한 주변 환경 사이의 관계 등 여러 가지 관계성을 떼어놓고는 돌봄을 상상하기 어렵다. 커먼즈에서 관습법에 가깝게 정해진 커먼즈의 운영원리가 없는 것은 아니나, 각 기관마다 운영되어야 할 방안을 촘촘히 규정하고 있는 정식 법률 체계와는 달리 커먼즈마다 주어진 자연환경과 문화적 환경에 따라 달리 작동할 수 있는 여지를 두고 있다. 또한 커먼즈는 교환을 최우선시하는 시장의 논리를 따르지 않으면서도, 중앙집중화되지 않은 방식의 참여를 끌어냄으로써 운영되는 강점이 있는 체제이다.[8] 따라서 현재 시장과 관료제의 영향에서 벗어나지 못하고 있는 돌봄과 복지 문제를 해결하기 위해서는 공동자원뿐 아니라 공적 지원을 두루 활

---

8   David Bollier and Burns H. Weston, *Green Governance: Ecological Survival, Human Rights and the Law of the Commons*, Cambridge, UK: Cambridge University Press, 2013.

용하되 공동체 스스로 구성원들의 필요에 맞게 조직하고 활용할 수 있는 복지 커먼즈를 지향하지 않으면 안 될 것이다.[9] 우리 사회의 복지 시스템이 지금의 체제로 지속된다면 그 문제점은 단순한 돌봄의 위기나 비용의 급등에서 그치는 것이 아니라, 복지 시스템 자체가 작동하지 않게 되는 위기 상황을 피할 길이 없을 것이기 때문이다.

4. 나가면서

공동체를 이루는 구성원들이 삶의 국면마다 겪게 되는 생활의 필요를 함께 나누고 헤쳐나가면서 서로 돌보는 일은 커먼즈가 커먼즈로서 기능하기 위한 기본이다. 반면, 국가나 시장, 가족을 넘어선 공동체로서 커먼즈가 존재하지 않는다면 돌봄의 필요란 결코 충족될 수 없는 것이기도 하다. 돌봄이란 그 성격 상 선험적으로 정의하기도 어려우며 개인이 처한 삶의 맥락과 특성을 고려한 후에 관심과 배려까지 동반하지 않고서는 줄 수 없는 것이기 때문이다. 이러한 돌봄은 이윤을 추구하는 시장이나 관료화된 국가 그 어느 쪽도 제공할 수 없으며, 일부의 통념과는 달리 가족 내에서 제공될 수 있는 것도 아니다. 그런 면에서 지금 제주에서 공동자원을 잘 활용하여 성공적으로 마을공동체를 만들어나가는 중이라 평가받는 조천 선흘리 동백동산 마을과 표선의 가시리 마을의 경우 마을의 노인과 아이들을

9　Thomas Allan, "Beyond Efficiency: Care and the Commons." 2016. 10. 6. http://www.centreforwelfarereform.org/library/by-date/beyond-efficiency.html

돌보는 것이 마을 활동의 중심축이자 이후 주요 계획으로 제시되고 있는 것은 우연적인 현상이 아니다. 그런데 어린이를 돌보는 문제도 그렇지만, 특히 생산성이 없다고 간주되는 노인돌봄의 문제에서는 삶의 가치에 대한 시각의 전환, 세대 간의 연대 문제에 대한 다른 발상, 가족 재생산 체계의 근본적인 변화 없이는 해결할 수 있는 부분이 많지 않다.[10] 그런데 이러한 변화를 이끌어내기 위해서는 결국 돌봄을 사회적 의제로 만드는 투쟁, 돌봄을 위해 필요한 자원을 조직하고 공적인 지원을 이끌어낼 수 있는 정치적 투쟁이 필요하다. 바로 이러한 정치적 투쟁을 통해서만 우리 사회의 재생산 위기를 해결하는 데 있어서 필수적인 복지 커먼즈가 만들어질 수 있으며, 그러한 의미에서 돌봄과 복지 문제는 우리 시대의 커머닝에서 가장 중요한 장場 가운데 하나라 할 수 있다.

결론적으로 저출산·고령화는 한국이 현재 경험하고 있는 사회 재생산의 위기를 드러내주는 징후이기도 하지만, 공동체를 재구조화하고 사회의 전환을 이끌어낼 수 있는 새로운 기회임을 현대총유론은 말해주고 있다. 한국사회가 직면한 돌봄의 위기를 계기로 삼아 구성원의 복지가 기본이 되고 자연과 함께 지속가능한 사회로의 전환을 이뤄내기 위해서 공유와 협동, 호혜성에 기반한 새로운 사회적 실천과 가능성의 공간으로서의 커먼즈를 확대해 나가는 노력이 절실한 시점이다.

10　실비아 페디리치, 『혁명의 영점: 가사노동, 재생산, 여성주의 투쟁』, 황성원 옮김, 갈무리, 2013, 10장 「노인돌봄노동과 맑스주의의 한계에 대하여」, 원제 Silvia Federici, *Revoution at Point Zero: Housework, Reproduction and Feminist Struggle*, 2012.

도시와 공동자원:
몸의 리듬과 집합적 기억

서영표

1. 근대적 무질서와 역사적 타협

18-9세기 서구의 급격한 근대화는 도시화와 겹쳐졌다. 중세적 도시가 소수의 선택받은 사람들의 자유로운 코뮌이었다면 근대적 도시는 모든 낡은 것이 공기 속으로 녹아 사라져 버리는 근본적인 사회변화였다. 비록 억압적이었지만 안정되어 있던 사회적 관계는 끝없는 변화에 대한 강박으로 해체되어 버린 것이다. 그 시대를 살았던 사람들에게 이러한 변화는 낯설고 두려운 것이었다. '연대'와 '유대'는 해체되어 버렸고 불안과 이기적 충동만이 존재하는 것처럼 보였다. 비록 사람들을 위계적인 질서로부터 자유롭게 해 주었지만 그 자유의 대가는 혹독한 것이었다. 무한 경쟁과 이윤추구만이 법칙으

로 작동하는 정글 속에 내동댕이쳐졌기 때문이었다.[1]

이러한 급격한 변동은 세 가지 경쟁하는 이념들을 만들어 냈다. 보수주의conservatism, 자유주의liberalism, 사회주의socialism가 그것이었다. 보수주의는 끝없는 선동과 불안으로 점철된 도시화되고, 산업화된 근대사회를 권위와 종교가 질서를 부여하는 전통적 질서로 되돌리려 했다. 개인의 자유와 자율은 불경스러운 것이었다. 이에 반해 자유주의는 혼란을 일시적인 것으로 보았다. 급격한 사회변동은 일시적인 무규범상태와 무질서를 동반하지만 새로운 규범의 출현에 따라 곧 안정을 되찾을 것이라고 생각했다. 자유주의자들은 개인의 자유가 고양되고 시장경제를 통한 생산력이 발전되는 상태는 역전 불가능한 진보의 방향이라고 생각했다.

사회주의자들의 생각은 조금 달랐다. 기독교적 이념에 근거하든, 도덕적인 분노에서 출발하든, 길드적 전통에 뿌리 내리고 있든, 아니면 마르크스의 이론을 따르든 사회주의자들은 자본주의가 안고 있는 구조적 모순에 주목했다. 자유주의와 마찬가지로 진보의 방향을 인정했지만 근대적 질서는 그 자체로 모순덩어리일 수밖에 없었다. 진보는 멈출 수 없지만 사회의 도약은 근대적 질서, 자본주의적 질서 안에서는 불가능한 것으로 보였다. 근대적 질서를 초극하는 혁명이 요청되었던 것이다.

우리는 이 세가 이념들 간의 대결이 어떻게 귀결되었는지 알고 있다. 19세기 내내 지속된 주기적 공황과 노동자들의 저항은 자유주

1　K. 맑스/F, 엥겔스, 「독일이데올로기」, 『칼 맑스/프리드리히 엥겔스 저작선집』1과 게오르그 짐멜 「대도시의 정신적 삶」, 『짐멜의 모더니티 읽기』, 김덕영 윤미애 옮김, 새물결 2005를 보라.

의가 제시한 시장자유주의가 이념일 뿐 현실에서는 실현 불가능함을 증명했다. 일면 마르크스주의적 사회주의자들이 소리 높여 주장한 혁명의 시대가 도래한 것처럼 보였다. 1917년 러시아의 혁명은 그 시작일 뿐이라고 생각되었다. 하지만 현실은 달랐다. 1차 대전을 겪고 1920년대 대공황이라는 파국에 직면해서 국가사회주의, 파시즘, 나치즘, 군국주의는 왜곡된 형태로 자유주의를 극복하려 했다. 그리고 2차 대전의 참혹함을 경험한 후 자유주의는 스스로를 현실에 적응시켜야만 했다. 이것은 자유주의가 사회주의적 요소를 받아들이고 보수주의의 가치를 소용함으로써 완성되었다. 2차 대전 이후 복지국가라는 이름의 역사적 타협이 출현한 것이다.

서구 사회의 역사적 타협은 복지 국가 이전에도 조금씩 사회적 토대를 쌓아가고 있었다. 1차 대전과 2차 대전 사이 노동자들은 서서히 자신들의 정체성을 인정받아가고 있었다. 지배계급은 민중을 전쟁에 동원하기 위해 일자리와 주거에 대한 장밋빛 미래를 약속해야만 했다. 그리고 그것은 노동자들이 집합적인 주체로 성장해가고 있음을 증명하는 것이었다. 유급휴가가 공식화되고 유원지가 만들어졌으며 노동자들도 여가를 즐길 수 있는 여건이 조성되었다. 2차 대전은 이러한 대중의 성취를 한 단계 진전시키면서 공고화시켰다. 비록 불평등은 지속되었지만 도시 거주자들의 기본적 서비스는 사적인 구매력에 의존하는 상품에서 공公적 서비스로 전환되었다. 주택, 교육, 의료뿐 아니라 상하수도, 전기, 대중교통까지 시장의 논리로부터 벗어날 수 있었다. 기초 서비스의 탈상품화decommodification가 이루어진 것이다.[2]

2　복지국가 시절 탈상품화 된 기본 서비스를 둘러싼 도시문제에 대해서는

이러한 역사적 타협은 커다란 문제를 안고 있었다. 자본주의적 질서 자체가 안고 있는 한계로부터 생겨난 복지국가의 한계가 그것이었다. 우선 공적 서비스는 국가의 관료적 기제를 통해 제공되었기 때문에 재분배redistribution에 초점을 맞추었을 뿐 민중이 가지고 있는 다양한 필요needs와 욕구wants에 대해서 관심이 없었다. 1차 대전과 2차 대전을 통과하면서 빈곤과 멸시를 참아내야 했던 1930년 이전에 태어난 세대에게 복지국가는 그 자체로 축복이었지만 1940년 이후 태어난 '복지국가의 아이들'에게 분배는 '당연한' 것이었다. 이 새로운 세대가 노동시장에 진출할 즈음인 1960년대 후반 경제 위기가 재분배를 넘어선 다양한 정체성과 차이를 인정받고자 하는 사회적 투쟁과 겹쳐졌다. 위로부터 부과된 公적인 분배와 평등을 넘어선 私적인 자유와 共적인 연대를 추구하는 새로운 사회운동이 분출하기 시작한 것이다. 복지국가는 인간을 해방하는 장구한 운동에서 매우 제한되고 일시적인 '타협'일 뿐이라는 사실이 드러나기 시작한 것이다.[3]

이러한 현상은 칼 폴라니Karl Polanyi 제시한 시장과 사회의 이중운동double movement만으로는 설명할 수 없는 근대민주주의의 체제의 역동성을 드러내 준다.[4] 시장이 사회로부터 자유로워지는 자유방임의 상태가 초래하는 사회적 문제는 결코 公적 개입만으로 해결될

Manuel Castells, *The Urban Question*, London: Edward Arnold 1977을, 신자유주의의 역사에 대해서는 데이비드 하비, 『신자유주의의 간략한 역사』, 한울아카데미, 2009를 참고하라.

3   1차 대전과 2차 대전, 그리고 복지국가 시절을 살아낸 평범한 사람살의 이야기는 셀리나 토드, 『민중: 영국 노동계급의 사회사 1910-2010』으로 참고하라.

4   칼 폴라니, 『거대한 전환』, 길, 2009.

수 없다. 개인의 *私*적 자유와 자율이 보장된다는 전제 위에 *共*적인 유대와 연대가 만들어져야 하며, 이러한 힘에 의해 *公*적인 재분배체제가 견제되어야 한다. 역사적 타협으로서의 복지국가는 시장만능주의로의 회귀를 추구했던 신자유주의가 *公*적 재분배체제를 *私*적 자유의 침해로 공격할 수 있는 빌미를 제공했던 것이다. 신자유주의는 사회민주주의적 좌파와 국가사회주의자들 모두에 의해 버려졌던 *共*의 영역을 시장만능주의에 해체된 사회안전망을 대신하는 대체물로 갱신시키는 세련된 이데올로기적 전략을 구사한다. 시장을 찬양하는 신자유주의가 가족과 공동체의 의미를 강조하는 신보수주의의 사이의, 어색하지만 강력한 동거가 시작되었던 것이다.

2. 신자유주의의 반격, 그리고 타협의 붕괴

새로운 시장만능주의는 과거의 자유주의와 같지 않았다. 그래서 '신' 자유주의로 불리는 것이다. 고전적 자유주의의 토대가 되었던 공리주의적 인간, 즉 비용과 편익을 정확히 계산하는 원자로 존재하는 합리적 행위자를 고수하면서도 그것이 드러나는 형식을 세련화했다. 신고전파 경제학의 세계를 그대로 받아들이면서도 그것을 다양성과 차이의 새로운 이데올로기로 포장하는 놀라운 능력을 발휘했다. 새로운 사회운동이 주장했던 정체성에 대한 인정은 관료적이고 권위주의적인 국가에 맞서서 얻어지는 시장에서의 자유와 자율로 번역된 것이다.[5]

---

5   Fraser, Nancy. 2009. "Feminism, Capitalism and the Cunning of

이데올로기적 포장은 세련되었지만 그 안에 담겨진 내용물은 날 것 그대로의 자유주의였다. 집합적 행위자로서 인정받았던 노동의 권리는 해체되었다. 포스트모던이라는 이름으로 모든 거대서사와 집합적 주체는 근대의 낡은 유산으로 간주되었다. 안정적인 일자리와 노동조합의 힘은 지속적으로 혁신되어야 하는 사회조직과 기술을 방해하는 장애물로 전락한 것이다. 이제 사적 소유라는 이름으로 번역된 자유와 자율은 국가의 公적 서비스에 기대는 것 자체를 부도덕으로 낙인찍기 시작한다. 탈상품화 되었던 기복적 필요 충족은 다시 상품화 되어야 했다. 소위 민영화privatization의 거센 파고가 휩쓸고 지나간다. 공공임대주택은 사유화되고, 의료와 교육도 시장의 논리에 의해 침식된다. 국가는 복지를 제공하는 것이 아니라 일할 의지를 고취시키는 근로국가workfare state로서의 역할을 수행해야 했다.[6]

국가에 의해 무시되었던 共의 영역은 이제 시장에 의해 산산조각 날 운명에 처한다. 시장의 논리가 관철되었지만 여전히 비시장적non-market 관계들에 의해 사회가 지탱되었던 한국사회는 1997년 외환위기를 기점으로 서구사회보다 더 빠르게, 더 근본적으로 시장만능주의를 관철시킨다. 상대적으로 개인의 자율성보다는 사회적 연

History." *New Left Review* 56

6　데이비드 하비, 『신자유주의의 간략한 역사』, 한울아카데미, 2009. 근로복지국가에 대해서는 Bob Jessop, "Towards a Schumpeterian Workfare State?: Preliminary Remarks on Post-Fordist Political Economy," *Studies in Political Economy* 40, 1993을 보라.

줄이 더 큰 역할을 했었기 때문에 이러한 급격한 변화는 더 충격적으로 경험되었다. 이제 연줄조차도 개인의 경쟁력을 강화하기 위한 자본, 소위 사회적 자본social capital이라고 불리게 된다.[7]

한국의 신자유주의는 사람들의 일상을 완전히 바꾸어 놓았다. 2017년 한국 사람들은 쉼 없이 이동한다. OECD 국가들 최장시간을 일하는 사람들은 평균 2시간 가까이 걸리는 출퇴근 시간을 이동 중에 있다. 불안정한 노동시장은 짧게는 수개월, 길게는 1-2년 주기로 일자리를 찾아 이동하게 한다. 집값 폭등과 부동산 경기로 지탱되는 거품경제는 싼 집을 찾아 도시의 외곽으로 이동하는 거대한 물결을 만든다. 共적으로 만들어져 왔고 함께 만나고 대화하고 교유하게 했던 열린 공간은 사라지고 오직 땅과 공간이 가지는 화폐적 가치를 극대화하기 위한 도시개발이 소비를 유혹하는 상품진열대가 온 도시를 휘감게 만들었다. 소비의 공간은 우리의 오감에게 한 순간도 쉴 틈을 주지 않는다. 도시의 거의 대부분이라고 할 상점가는 시끄러운 음악소리와 호객하는 소리로 가득 차 있다. 열려진 가게들로부터 나오는 향기와 음식 냄새는 또 어떤가? 높다랗게 세워진 전광판과 이제 가게의 진열장마저도 점령한 스크린은 잠시도 쉬지 않고 시각적 이미지를 쏟아낸다. 지하철과 버스, 백화점과 멀티플랙스는 서로 부딪히는 사람들로 가득하다. 짜증과 경계, 타자에 대한 공포가 동물의 왕국과 다름없다. 동물의 세계와 달리 인간만이 가지고 있는 특징인 질서조차 종종 불특정 다수를 향한 공격성으로 깨어진다.

---

7   서영표, 「인식되지 않은 조건, 의도하지 않은 결과: 노골적인 계급사회의 탈계급 정치」, 『진보평론』 58호, 2013을 보라.

불안정한 일자리와 열악한 주거환경, 잠시도 쉴 수 없게 촘촘하게 짜여 진 시간, 격자처럼 분할된 공간은 사람들에게 스트레스로 체험된다. 그런데 이러한 스트레스와 압박은 소비라고 하는 위약僞藥에 의해 완화되는 것처럼 보인다. 끝없는 상품의 연쇄, 욕망의 증식 속에 소비하는 행위 자체가 정체성으로 오인되어 체험되는 것이다. 그러나 실상은 할부와 신용이라는 이름의 부채 속에서 허우적거리는 것이다. 대부분의 소비행위는 신용카드에 의해 결제된다. 휴대전화에서 자동차까지 할부로 구매된다. 주택은 담보대출에 의존한다. 사람들 사이의 共적 유대와 국가에 의한 公적 지원은 이제 '신용'이라는 역설적 이름을 한 부채에 의존하게 되는 것이다.[8]

3. 파편화된 원자들의 도시, 하지만 유대와 연대의 씨앗

公과 共이 모두 해체되고 私가 시장에서의 경쟁과 동일시되면 도시의 공간은 항상적인 위험과 공포로 장소로 전락한다. 실제로 私적인 안전조차도 보장받지 못하고 항상적인 불안에 노출된다. 타자는 언제든지 나를 공격할 수 있다는 공포감이 커지게 되는 것이다. 이제 모든 장소들이 CCTV로 감시되어야만 한다. 도로는 언제 꺼질지 모르고 건물은 언제 붕괴할지 모른다. 가스관은 언제든 폭발할 수 있다. 해커들의 공격에 노출된 통신망은 사회 전체를 패닉 상태에 빠트릴 수 있다. 운전자는 자동차에 의해 보호받고 있다고 생각하지

---

8 Andrew Sayer, *Why We Can't Afford the Rich*, Bristol: Policy Press, 2016 을 보라.

만 우리들 모두는 도로 위에서 목숨을 걸어야 한다. 자동차가 내뿜는 배기가스와 미세먼지는 또 어떤가? 개인들은 모두 공포와 위험을 느끼고 체험한다. 이 모든 위험과 공포는 서로의 유대와 연대를 통해共, 그리고 그러한 유대와 연대를 고양하고 지원할 수 있는 국가의 개입公이 없이는 해소될 수 없다. 그런데 우리에게 국가는 부재하고 연대해야만 하는 타자는 공포의 대상이다.

경쟁력 있는 주체, 자기 계발하는 주체만이 능력 있는 사람으로 대접받는다. 적자생존의 경쟁을 통해 승리하는 사람들이 사회전체를 위해 '봉사'할 것이라는 헛된 기대가 실제인 것처럼 받아들여진다. 그러나 경쟁의 승리자들은 타자와 사회전체에 대해서 무관심해야 한다. 그것이 경쟁력의 징표이기 때문이다. 이러한 사회적 조건의 결과는 파국적이다. 개별적 행위자들은 모두 이기적으로 행동하고 자기 것만을 추구하지만 정작 스스로가 무엇을 원하고 무엇을 할 때 만족감을 얻는지 잊는다. 소비를 통한 자기 정체성이라는 '환상'과 능력 있는 주체가 되어야 한다는 강박으로 한 곳을 향해 달려가지만 스스로에 대한 이야기, 자기 자신의 역사는 사라진다. 왜 대학을 가야하는지, 왜 취업을 해야 하는지, 왜 공무원 시험에 매달리는지 알지 못한다. 모두가 그렇게 미친 듯이 달리고 있기 때문에 따라서 뛰고 있을 뿐이다.[9]

승자와 패자가 극명하게 갈리고 아주 소수에게만 승리자의 자리가 보장되는 사회는 수많은 패배자들을 낳는다. 그런데 패배자들도

9　이러한 마음 상태에 대해서는 서영표, 「포퓰리즘의 두 가지 해석: 대중영합주의와 민중 민주주의」, 『민족문화연구』 63호, 2014를 보라.

이미 우승열패의 논리를 내면화하고 있다. 그래서 패배자의 좌절은 또 다른 타자에 대한 원망과 적대로 나타난다. 이긴 자의 승리를 질시하지만 감히 도전하지 못한다. 그러나 (그래서?) 자기보다 약하다고 인식된 타자에 대해서는 보다 공격적이다. 신자유주의가 낳은 사회적 붕괴의 징표가 인종적 타자와 사회적 약자에 대한 혐오로 드러나고 있는 것이다. '나'의 역사, '나'의 이야기는 '우리' 안에서만 가능하다. 그런데 우리는 '나'를 찾을 수 있는 유일한 통로를 차단당하고, 스스로 차단하도록 길러진 것이다.[10]

지금까지 이야기한 우리의 현실은 절망적이다. 하지만 현실은 언제나 좌절과 함께 희망의 씨앗을 담고 있다. 학교에서 가르치고 사회적 실천을 통해 몸과 마음에 새겨지는 지배적인 세계관을 벗어난다면 희망을 발견할 수 있다. 모든 것을 감각적으로 경험하는 것들 사이의 인과적 관계로 설명하는 '과학주의적 태도'와 그것을 사회에 적용해서 인간 사이의 유대관계를 경제적 이해과계로 해체하는 '경제학적 논리'로는 결코 인식할 수 없지만 우리의 일상은 '다르게 살 수 있는 가능성'의 씨앗을 담고 있다.[11] 그 씨앗은 우리의 '몸의 리듬'과 '집합적 무의식'에 의해 체험된다.

일상의 공간은 굴곡지고, 휘어지고, 주름 잡혀 있어야 한다. 자연적 존재로서의 우리의 몸은 그런 공간 속에서 동물로서의 감각을

---

10   포퓰리즘적 원한의 정치에 대한 분석은 Ernesto Laclau, *On Populist Reason*, London: Verso, 2005를 참고하라.

11   앙리 르페브르가 공간을 변증법적으로 이해하는 것도 이러한 이유에서이다. 앙리 르페브르, 『공간의 생산』. 에코리브르, 2011을 보라.

학습하는 동시에 고정되지 않는 공간을 횡단하기 위한 인간적 능력
human capacities을 얻게 된다. 인간의 본성과 사회적 질서를 생물학
적 근원으로 환원하여 설명하는 것은 극히 위험한 생물학적 결정론
이겠지만 고정되어 있지 않고 변형 가능한 인간의 능력이 묶여 있는
생물학적 특징을 부정할 수는 없다. 문제는 자본화되고 상품화된 도
시가 몸의 리듬에 폭력을 가한다는 것이다. 그럼으로써 인간의 자신
의 능력을 발전시킬 수 있는 토대가 되는 생물학적 생존조차 위협받
고 있다는 것이다.

평평하고, 직선적으로 구획되어 화폐적 가치로 계산 가능한 것
으로 절단되고 파편화된 공간은 몸과 마찰을 일으키게 되는 것이
다. 공간에 가해진 폭력이 몸에 대한 폭력으로 나타나게 되는 것이
다. 자본의 논리에 의해 훈육되어 의식적 수준에서 인지하지 못하지
만 몸은 공간에 가해진 폭력을 체험한다. 현대인이 느끼는 스트레스
가 그러한 폭력의 징표라고 할 수 있다. 앞에서 언급했듯이 상품화
된 거대한 콘크리트덩어리인 도시는 우리의 오감을 괴롭히고 몸의
리듬을 방해하고 있는 것이다.[12]

사람은 자연적 존재이지만 동시에 사회적 존재다. 인간이 지구
상에 출현해 진화를 거듭해서 문명을 발전시킬 수 있었던 것은 거친
자연에 맞서 협동하고 연대할 수 있었기 때문이다. 인간다움의 원천
은 협동인 것이다. 적자생존의 과정에서 승리한 적자the fittest는 이

---

12 인간의 생물학적 특징과 역사적 능력에 대해서는 Ted Benton, *Natural
Relations*, London: Verso, 1993과 Peter Dickens, *Society and Nature*:
Changing Environment, Changing Our Selves, Cambridge: Polity Press,
2004를 참고하라.

기적 개체가 아니라 협동하는 종種이었다고 할 수 있다. 협동하는 종만이 자신들의 능력을 발전시키고 공유하고 전승시킬 수 있었기 때문이다.[13] 이러한 진화의 역사는 우리들 무의식에 내려앉아 있다. 집합적 기억으로 마음 한구석에 자리 잡고 있는 것이다. 극단적인 경쟁의 시대 사람들은 함께 무엇인가를 하려고 몸부림친다. 마을을 만들려고 하고, 협동조합을 통해 유대를 회복하려 한다. 엘리너 오스트롬Elinor Ostrom이 확인한 공동자원common-pool resource만으로는 설명될 수 없는 무수히 많은 '함께 하려는' 시도들이 존재한다.[14] 오스트롬의 공동자원은 아마도 자본주의화의 거센 파도 속에 여전히 남아 있는 비시장적non-market 관계일 것이다. 하지만 신자유주의 시대에조차 자본과 시장의 관계로부터 벗어나 탈주하려는 많은 노력들이 존재한다. 우리는 이것을 탈시장적exit-market관계들이고 부를 수 있을 것이다. 물론 탈시장적 관계의 선택은 높은 교육수준과 가용한 자본을 소유한 사람들에게만 허용될 가능성이 높다. 소로Henry David Thoreau가 월든Waldon에서 향유해고, 스코트 니어링Scott Nearing이 버몬트 숲속에서 찾았던 '조화로운 삶'은 일상의 힘겨운 삶에 갇혀 있는 사람들에게는 생각할 수조차 없는 사치이기 때문이다.[15] 그래서 어떤 사람들은 시장을 벗어난 행위들을 자본주의 자체의 극복의 일환으로 선택한다. 이러한 실천들은 반시장적anti-market

---

13 이러한 생각에 대해서는 표트르 A. 크로프토킨, 『만물은 서로 돕는다』, 여름언덕, 2015를 보라.

14 엘리너 오스트롬, 『공유의 비극을 넘어』, 랜덤하우스코리아, 2010을 보라.

15 헨리 데이비드 소로우, 『월든』, 문예출판사, 2011과 헬렌 니어링, 스코트 니어링, 『조화로운 삶』, 보리, 2000.

관계들이라 불릴 수 있을 것이다. 자본주이후의 사회를 만드는 체계적인 전환의 일환으로서의 '진지'로 고려되고 잇는 것이다.

과학주의적 태도와 경제학적 논리를 벗어난다면 사람들이 당연하다고 이야기하는 시장질서가 사회의 거대한 빙산의 일각이라는 것을 깨닫게 된다. 우리는 일상에서 이미 무수히 많은 비시장적, 탈시장적, 반시장적 실천들에 가담하고 있기 때문이다.[16] 문제는 이러한 자각이 정치적 행동으로 발전하는 것이 대단히 어렵다는 것에 있다. 어떻게 하면 우리들 모두를 원자로 파편화하고 사회적 유대를 허물고 있는 신자유주의적 자본주의가 강요하고 있는 질서를 넘어설 수 있을까?

4. 인권과 도시에 대한 권리—보편적 이데올로기

자유주의는 사적소유와 자본축적을 가능하게 하는 조건으로 자유로운 개인들 간의 계약을 이념화해야 했다. 근대 자본주의 체제의 출현이 민주주의 혁명을 동반하고 그 이전에는 존재한 적이 없는 인권을 사회의 기본으로 제시할 수밖에 없었던 이유가 여기에 있다. 결과적으로 근대자본주의는 항상 역설적인 상황에 직면하게 된다. 체제는 결코 실현할 수 없는 민주주의와 인권에 기대어 스스로를 정당화해야만 하기 때문이다. 이념과 현실 사이의 괴리가 발생하고 그것

---

16 J-K Gibson-Graham, *A Postcapitalist Politics*. Minneapolis & London: Minneapolis University Press, 2006과 J-K 깁슨-그레엄, 『그따위 자본주의는 벌써 끝났다』, 알트, 2013.

이 항상적인 정치적 긴장을 만들어 내게 되는 것이다.

　지배자의 입장에 서면 민주주의, 인권, 정의의 원리는 체제 정당화의 이데올로기이지만 피지배자의 입장에서는 자본주의 체제의 항상적인 억압, 착취, 불평등을 체험하는 개별 시민들이 인간다운 삶의 보장을 요구해 달라고 호소할 수 있는 보편적 이데올로기로서의 성격도 가진다. 1948년 12월 10일에 발표된 세계인권선언Universal Declaration of Human Rights이 담고 있는 소유권, 자유권, 정치적 권리, 사회적 권리는 20세기 중반 인류가 도달할 수 있었던 인간다움에 대한 합의였다. 보편적 권리이기 때문에 인간으로 태어난 모두가 누려야하는 권리로 천명된 것이다. 하지만 세계인권선언은 보편적이기 때문에 규범적인 기준이었을 뿐이다. 선언이 제시한 인권의 기준, 즉 인간다움의 기준 밑으로 떨어지는 수많은 사람들을 목격해 오고 있기 때문이다.

　도시화가 가속화되고 지구상의 인구 50퍼센트 이상이 도시에 거주하고 있는 오늘날 인권은 도시에 대한 권리rights to the city로 재조명되고 있다. 1960년대 후반 프랑스의 사회이론가 앙리 르페브르Henry Lefebvre에 의해 천명되었고 데이비드 하비David Harvey를 필두로 하는 영미권 학자들에 의해 널리 알려진 도시에 대한 권리는 도시에 거주하는 모든 사람들의 권리에 대해 이야기한다.[17] 그(녀)가 이주자이건, 일시적인 체류자이건 상관없이 도시에 거주하는 사람들 모두를 권리의 주체로 끌어올린 것이다. 그리고 도시의 거주자는

17　Herni Lefebvre, *Writings on Cities*. Malden, Massachusetts: Blackwell, 1996, 데이비드 하비, 『반란의 도시-도시에 대한 권리에서 점령운동까지』, 에이도스, 2014.

도시 자체를 작품으로 만들어왔고, 만들고 있는 사람들이다. '작품'으로서의 도시는 곧 도시가 역사적 흔적과 문화적 두께를 간직하고 있다는 것을 의미한다. 겹쳐지고, 주름지고, 구불구불한 도시의 공간은 사람들이 살아 왔고, 살고 있으며, 살아가야 하는 곳으로 그 사람들이 남긴 자취가 곧 도시 자체를 일종의 박물관으로 만들어 내고 있다는 것이다.

이렇게 작품으로 가꾸어지고 있는 도시에는 중심성이 존재한다. 특정한 도시의 독특함을 만들어내는 동시에 시민들이 거닐고, 마주치고, 대화하고, 토론할 수 있게 하는 공간적 의미 말이다. 이러한 중심성이 보존되고 지속적으로 갱신되기 위해서는 도시의 공간은 사적으로 소유되고 독점되어서는 안 된다. 도시가 모두의 작품이라는 의미는 도시 자체가 단순히 경쟁성과 비배제성을 특징으로 하는 공동자원common-pool resources보다 훨씬 큰 커먼즈commons 개념으로 이해되어야 한다는 것을 가리킨다. 도시에 머물고 있는 모든 사람은 공간과 장소를 전유할appropriate 권리를 가지고 있는 것이다.[18]

커먼즈로서의 도시 공간을 가꾸기 위해서는 앞에서 자세하게 이야기한 자본의 논리에 맞설 수 있는 정치적 힘이 필요하다. 과학주의적 태도로 무장한 소위 전문가들은 시민들의 필요와 욕구와는 무관한 자신들만의 도시계획을 밀어붙인다. 경제학적 논리는 이윤을 근거로 이러한 독단적 결정을 뒷받침한다. 커먼즈를 실현하는 길에서 소위 전문가주의라는 장벽을 만나게 되는 것이다. 그래서 도시에 대한 권리는 참여와 정보에 대한 권리를 포함한다. 전문가들의 판단

---

18   공동자원과 커먼즈에 대한 자세한 논의는 이 책의 다른 장들을 참고하라.

을 검증하고, 그들만의 독단을 넘어서기 위해서는 정보가 필요하고, 그러한 정보에 기반 한 참여가 실현되어야 하는 것이다.

르페브르의 도시에 대한 권리가 오스트롬의 공동자원론을 극복할 수 있는 단서를 제공하는 것은 차이에 대한 권리를 말할 때이다. 공동자원의 관리는 자본주의의 틈새에 남겨진 비시장적 관계에 국한되지 않으며, 작은 공동체로 한정되지 않는다. 도시에는 수많은 차이가 존재하지만 그러한 '다름'이 소통하고 공존할 수 있는 가능성이 존재한다. 도시를 커먼즈를 가꾼다는 것은 서로 다른 정체성을 가진 사람들이 마주치면서, 서로의 몸부림과 아우성을 인정함으로써 비시장적 관계뿐만 아니라 탈시장적, 반시장적 관계들을 구성해 나가는 커머닝commoning의 실천인 것이다.

5. 충족되지 않는 필요 체험

보편적 이데올로기로서의 인권은 커머닝의 실천이 기댈 수 있는 규범적 기준이 될 수 있다. 하지만 직접적인 계기가 되기에 권리담론은 너무 추상적이다. 커머닝이 전문가주의를 극복하는 실천이라면 권리담론은 여전히 그들의 영역에 머물고 있다고 할 수 있다. 그래서 커머닝이 진정성을 갖기 위해서는 일상의 감성적 체험과 공명할 수 있는 직접적 계기가 주어져야 한다. 자본의 공간, 시간과 어긋나고 마찰을 일으키는 몸의 체험이 커머닝의 근거가 되어야 한다는 것이다. 몸과 자본 논리가 마찰할 때 생겨하는 미세한 떨림에 주목해야 한다는 것이다.

이러한 떨림은 필요needs 개념을 통해 커머닝으로 모아질 수 있다. 필요개념은 자본주의가 몸-무의식과 충돌해서 만들어내는 틈새를 정치로 발전시킬 수 있는 이론적 근거가 될 수 있다. 그리고 필요개념은 잠재적 저항의 계기들이 구조적 조건에 대한 투쟁을 향한 연대를 구축할 수 있는 공통의 토대를 제공할 수 있다. 과거의 사회변혁이론 대부분이 추상수준이 높은 규범적 차원에서 사회변화의 당위를 설명하고 변혁주체를 정의했다면 우리에게 '필요'한 것은 사람들의 구체적인 경험을 매개로 실천적 지식과 과학적 지식이 융합할 수 있는 사회비판의 준거점을 찾는 것이다.

필요에 대한 인식은 완전히 객관적으로 구성될 수 없다. 필요는 사회적, 문화적 맥락에 의존하기 때문이다. 그렇다면 필요needs의 인식과 정의는 주관적으로 인식되는 욕구wants 또는 욕망desire과 크게 다르지 않을 수 있다. 그러나 주관적인 감정을 있는 그대로 인정하고 묘사하는 것을 넘어 그것에 비판적으로 접근하기 위해서는 주관적 인식을 넘어서 객관적인 비교와 비판을 가능하게 하는 개념이 요구된다. 주관적인 측면을 보여주면서도 객관적인 측면을 동시에 드러내 줄 수 있는 개념이 요청되는 것이다. 이러한 점에서 욕구와 욕망 보다는 필요개념을 좀 더 적절한 개념으로 제시할 수 있다. 필요개념은 생존survival과 번성flourishing을 위해 반드시 충족되어야 하는 요소들을 표현하지만, 동시에 다양한 해석의 가능성을 열어두기 때문이다. 때때로 필요개념을 고정된 최소한의 생존조건으로 해석하는 경우가 있는데, 이러한 입장은 과도하게 객관적인 이론으로 기울게 된다. 반면 주관적인 욕망과 욕구의 다양성만을 강조할 경우 합리적 절차를 통한 서로 다른 욕구와 욕망 사이의 조정이 불가능해진다. 주관적인 욕구와 욕망의 추구를 해방으로 인식하는 포스트모던 상대주의로 기울게 되는 것이다. 이런 맥락에서 필요개념의 객관성은 '최소한'으로 정의되어야 하며 이렇듯 최소한으로 정의된 필요개념을 둘러싼 민주적 과정을 통한 주관적 인식들 사이의 대화와 토론의 중요성이 인정되어야 한다.

필요개념을 통해 재해석된 커머닝은 다양한 필요들이 확장된 민주주의적 토론과 대화의 가능성에 주목하게된다. 이러한 민주적 과정을 통해 서로 다른 위치와 문화로부터 인식된 필요들이 논의되고 사회정책에 반영될 수 있다.[19] 그리고 이러한 민주적 과정은 개인적 소비를 조장하는 욕망을 넘어서는 것이기 때문에 집합적인 필요까지를 고려할 수 있는 개인들의 능력capacities발전의 과정이기도 하다. 여기서 중요한 점은 (인간적 필요와 기본적 필요 모두를 포함한) 필요개념이 서로 다른 필요의 인식과 정의 사이에 소통을 가능하게 할 객관적 토대를 제공해줄 수 있다는 것이다.

필요개념은 민주적 토론을 위한 기준을 제시할 수 있고, 기본적 필요와 인간적 필요의 충족을 방해하는 정치적, 경제적 제도에 대한 분석을 가능하게 함으로써 몸의 체험을 넘어 공동체적 필요를 공론의 장으로 끌어내 올 수 있게 한다. 신자유주의 사회에서 모든 필요 충족(필자의 정의에 따르면 필요가 아니라 욕구와 욕망)은 시장에서

---

19   계획과 참여민주주의의 결합에 대해서는 Pat Devine, "Participatory Planning through Negotiated Coordination", *Science and Society* 66(1), 2002, *Democracy and Economic Planning*, Cambridge: Polity Press, 2010, Diane Elson, "Market Socialism or Socialisation of the Market", *New Left Review* 172, 1988, "Socialising Markets, not Market Socialism", *Socialist Register*, Merlin, 2000을 참고하라.

의 가격으로 환원된다. 그러나 현실에서는 가격으로 표현될 가능성
조차 봉쇄되는 기본적 필요와 인간적 필요들이 존재한다. 이윤을 창
출하지 못하는 필요는 가격 신호를 통해 표현될 가능성을 원천적으
로 봉쇄당하는 것이다. 토지소유자들과 개발업자의 이윤추구의 욕
망은 잘 드러나지만 세입자들의 주거와 관련된 최소한의 필요(종종
기본적 필요에 해당한다)는 드러나지 않는다. 승용차 운전자들의 도
로와 주차공간에 대한 욕구는 인식되지만 어린이들의 놀이공간과
안전에 대한 필요는 그렇지 않다. 환자들의 필요는 제약회사들과 병
원들의 이윤추구에 종속될 수밖에 없다. 식품안전성에 관련된 소비
자들의 필요는 무시되고 대형할인마트들의 이윤추구만이 옹호된다.

비록 특정한 항목의 필요가 시장을 통해 표현된다고 하더라도 비
싼 가격을 지불해야 하는 경우가 많다. 필요는 그것이 인간적 필요
든 기본적 필요든 생존과 복지를 위해 보편적으로 보장되어야 하는
것임에도 불구하고 구매력에 따라 차등적으로 충족되는 것이다. 필
요의 충족이 공적 서비스가 아닌 시장에 맡겨지는 순간 특정한 사회
적 지위에서 정의되는 방식으로 제공될 소지가 크다. 출산과 육아에
대한 여성의 필요는 시장을 통해 인식되지만 그 방식은 일정정도 이
상의 지불능력이 있는 여성들만이 구매할 수 있게 제공된다. 시장의
가격신호는 인간의 생존, 안녕과 번성에 필요한 '의미'를 고려하지
못한다. 그 의미는 개개 인간이 속한 공동체 안에서 정의되고 공유
되는 것으로 결코 추상적인 가격기제가 인식할 수 없다. 이러한 시
장을 통해 표현되거나 충족될 수 없는 필요가 존재하는 곳이 소자가
말하는 '제3의-공간Thirdspace'일 수 있다.

소자는 '제3의-공간'은 실재적이고 상상된 공간real-and-imagined

spaces이라고 표현한다.[20] 역설적으로 보이는 이 표현은 지배적인 논리에 의해 눌려 있지만 그것을 넘어설 수 있는 가능성을 담고 있는 공간을 의미한다. 충족되지 않은 필요는 자본주의적 기제를 통해 드러나지 않는다. 그것을 인식하기 위해서는 상상력이 필요한 것이다. 하지만 그러한 상상은 '환상'이 아니라 현실에 존재하는 가능성을 인식하는 과정일 뿐이다. 대안적인 공간의 창조는 곧 삶과 직결된 사회적 관계로서의 커먼즈를 만들어내는 투쟁에 의해서만 가능하다는 하비의 주장도 같은 맥락에서 이해할 수 있다.[21] 소자는 특히 도시가 이러한 잠재적 서항을 도처에 품고 있다고 생각한다.[22] 르페브르가 가능한 것과 불가능한 것 사이의 변증법을 주장하는 이유는 이렇게 잠재적인 것으로부터 미래에 만들어진 새로운 사회 상태를 읽어내고 위한 것이었다. 르페브르의 유토피아주의는 변증법적 방법을 통해 실재적인 근거를 갖게 되는 것이다.[23]

필요개념은 과거와 현재, 그리고 미래를 연결하는 공동체의 필요가 정의되고 토론될 수 있는 토대를 제공할 수 있다. 또한 보편적으로 보장되어야 할 특정 필요항목의 불평등한 충족 방식을 드러냄으로써 적대와 연대의 선을 구성하는 정치 전략 구성의 근거로 제시될

---

20   Edward W. Soja, *Thirdspace*. Oxford: Blackwell, 1996, p.192.

21   데이비드 하비, 『반란의 도시-도시에 대한 권리에서 점령운동까지』, 에이도스, 2014.

22   기존 질서안의 구멍과 틈, 그곳으로부터 생겨나는 가능성(the possible)은 르페브르가 지속적으로 강조하는 것이기도 하다. Henri Lefebvre, Henry, *Writings on Cities*, Malden, Massachusetts: Blackwell, 1996, p.156.

23   Henri Lefebvre, *The Urban Revolution*. Minneapolis & London: University of Minnesota Press, 2003, p.105, pp.144-145.

수 있다. 나아가 필요의 역사적 맥락과 미래 세대의 필요를 인식할 수 없는, 그리고 이윤 추구의 기준을 절대시함으로써 기본적 필요조차 제공하는데 실패하는 자본주의적 경제, 정치, 사회 제도에 대한 비판의 사실적 근거를 제공한다. 이러한 사실적 근거는 근대 시민혁명의 결과로 주어진 보편적 이데올로기들, 즉 민주주의, 정의, 인권 등의 개념을 급진화 함으로써 자본주의 이후 사회를 실현할 수 있는 역사적 동력을 형성할 수 있다. 민주주의는 형식적으로만 주어지는 것이 아니라 다양한 필요들이 표현되고 소통되며, 그것을 충족시킬 수 있는 제도적 틀을 만들어가는 데 필요한 원리이다. 능력 있는 주체들을 만들기 위한 자원, 지식, 정보의 급진적 재분배는 이러한 민주주의를 실현하기 위해 필수적이다. 이로써 우리는 개인주의적으로 정의된 수동적 의미의 인권개념을 넘어서 인간의 복지well-being와 번성flourishing을 말할 수 있게 된다.

6. 탈구와 연대

발전의 도상에 있는 잠정적인 삶의 양식은 억압하는 집단과 억압받는 집단, 착취 하는 집단과 착취 받는 집단으로 사회를 분할한다. 각각의 위치에 따른 관점은 삶의 양식이 만들어내는 필요충족을 만족 또는 불만과 좌절로 체험한다. 필요는 몸에 의해 느껴지고 일상적인 실천을 통해 감성적인 세계에서 체험되는 것이다. 마찰 따른 떨림 그 자체가 충족되지 않는 필요가 체험되는 계기들인 것이다. 얼마나 많은 긁힘, 마찰, 떨림의 순간들을 체험하고 있는가? 주택난과 주거 불안정, 공교육의 붕괴와 사교육시장의 비용, 의료 불평등, 쓰레기와하수, 도시의 위험 등 일상은 충족되지 않은 필요들의 체험으로 가득하다.

끍힘과 마찰에 따른 떨림은 에르네스토 라클라우_{Ernesto Laclau}가 제시한 탈구_{脫臼, dislocation}개념을 통해 보다 잘 이해될 수 있다.[24] 탈구는 말 그대로 뼈가 엇나가는 것이다. 라클라우에게 탈구는 당연한 것이라고 생각했던 것이 당연하지 않은 것으로 자각되는 계기다. 자연스럽다고 믿었던 것이 자연스럽지 않은 것으로 느껴지는 순간인 것이다. 그렇다면 탈구는 실존적이고 감정적인 떨림의 한가운데서 체험되는 것이다. 떨림은 몸과 기억의 저편에 쌓여 있지만 뭐라고 표현해야 할지 모를 막연한 불만과 좌절이 솟구치는 것이기도 하지만 충족되지 못하는 필요가 강렬하게 자각되는 계기들인 것이다.[25]

탈구의 체험은 저항의 계기이기도 하지만 일상의 개인에게는 선택의 기로에 서게 한다. 엇나감 또는 탈구를 계속 유지하는 것은 위험한 선택이기 때문이다. 의도하지 않은 사건들(밀양, 강정, 성주, 광화문, 그리고 세월호)은 우연적인 탈구의 계기들을 제공한다. 하지만 그러한 탈구를 통해 얻어진 모순의 인식을 계속 유지하게 되면 커다란 비용을 치러야 한다. 낙오자나 패배자의 낙인을 받게 될 가능성이 높기 때문이다. 결국 일상의 무수히 많은 탈구의 계기들은 연대와 유대를 열망하게 하지만 고립된 개인으로서는 강박적으로

---

24 탈구개념에 대한 재해석은 서영표, 「라클라우가 '말한 것'과 말할 수 없는 것-포스트마르크스주의의 유물론적 재해석」,『마르크스주의 연구』 13권 1호, 2016을 보라.

25 자본주의적 도시와 몸의 마찰과 떨림에 대해서는 서영표, 「몸과 기억의 반란-자본의 도시화에 저항하기」,『창작과 비평』 44권 3호를 보라.

'나'의 이기적 이익만을 추구하게 된다. 항상적인 불안 상태에 처해 있게 되는 것이다. 탈구의 계기를 정치적 연대로 발전시킬 수 있는 충분한 시간과 공간을 가지고 있지 못하기 때문이다. 촘촘히 짜여진 시간과 자기계발의 압박, 소비를 중심으로 연결된 여유가 없는 공간구조는 탈구를 순간의 엇나감에 멈추어 서게 하고 우리 모두를 분열증schizophrenia에 시달리게 한다. 한숨과 욕설, 원망과 분노를 마음 가득 안고 살지만 정작 그것을 벗어나는 행동에는 나서지 못하는, 이기적 나와 우리 속의 나 사이의 분열증 말이다.

그럼에도 불구하고 탈구는 앞만 보고 달리는 맹목적인 달리기를 회의할 수 있는 기회다. 탈구가 충족되지 못한 필요를 매개로 체계에 대한 불만을 공유하고 토의할 수 있는 정치로 발전하게 되면 사회적 연대로 나갈 수 있다. 낡은 과거의 전통에 의해 강요된 민족과 국가의 연대가 아니라 억압적이고 착취하는 체계와 지배계급을 향한 적대를 인식함으로써 만들어지는 저항적 연대를 구성할 수 있다는 것이다. 이러한 저항적 연대를 구성하는 실천이 우리에게는 커머닝인 것이다. 비자본주의적 관계에 머물지 않는 커머닝은 미래를 향한 사회적 투쟁이다. 사람들로 하여금 커머닝에 나서는 것 자체를 비용으로 생각하게 하고 위험한 선택으로 간주하게 하는 시간과 공간을 재구성하는 사회적 투쟁이다.

이러한 사회적 투쟁은 지식구성의 정치학으로 재조명될 수 있다. 일상의 감성적 체험 한 가운데 있는 충족되지 않은 필요는 탈구의 계기들을 형성한다. 그리고 그러한 탈구는 실존적 상황을 공유하고 있는 개인들을 일시적이고 단속적이지만 저항에 나서게 한다. 이 과정에서 거칠고 정제되어 있지 않지만 매우 두터운 실천적 지식

practical knowledge가 축적된다.

실천적 지식이 정점에 이르게 될 때 커머닝은 커먼즈를 출현하게 한다. 하지만 커머닝은 국지적인 커먼즈 구성에 멈출 수는 없다. 거기에서 멈출 때 커먼즈 자체가 시장과 국가의 힘에 의해 지속적으로 위협받고 침식될 수밖에 없다. 커머닝의 실천이 항상적으로 출현하지만 다양한 커머닝의 실천과 커먼즈가 부침을 거듭하는 것은 바로 이러한 한계 때문이다. 뒤집어서 보면 자본과 국가의 입장에서 다양한 커머닝과 커먼즈는 자본주의가 낳는 모순을 흡수해 주는 완충지대의 역할을 할 수도 있는 것이다.

바로 여기서 실천적 지식과 과학적 지식scientific knowledge의 상호작용의 중요성이 대두된다. 물론 여기서 '과학적'이라는 수식어는 낡은 경험주의에 근거한 얄팍한 과학주의적 태도를 지칭하지 않는다. 과학주의적 태도와 경제학적 논리, 그리고 그것에 근거한 전문가주의는 커머닝의 실천이 극복해야하는 대상이기 때문이다. 따라서 과학적 지식은 실천적 지식이 가진 두터운 내용이 다소 정제된 형태로 공유되고 토론될 수 있는 방향과 틀을 제공하는 것에 맞추어져야 한다. 필요 개념의 논의에서 암시되었듯이 커머닝의 실천은 서로가 공유할 수 있는 실재론적 근거를 가져야 하지만 인식론적인 상대주의를 수용해야 한다. 그리고 그러한 상대주의가 지적 허무주의를 치우치지 않는 것은 실천적 지식의 두터움과 그것에 기반한 민주적 토론이 있기 때문이다. 과학은 이러한 지식의 공유와 토론이 생산적으로 발전할 수 있는 조건을 만들어 주어야 한다.[26]

26　실천적 지식과 과학적 지식의 융합에 대해서는 서영표, 「사회운동이론 다시 생각하기-유물론적 분석과 지식구성의 정치」, 『민주주의 인권』 13권 2호를,

이런 관점에 설 때 커머닝의 조건을 형성하는 과학적 지식의 역할은 다섯 가지로 요약될 수 있다. 첫째, 과학적 지식 구성 자체가 사회적 실천과 떨어져 존재할 수 없다는 존재론적 토대를 해명해야 한다grounding. 둘째, 이러한 강한 존재론에도 불구하고 우리의 지식, 그리고 언어는 언제나 한계적일 수밖에 없다는 신호를 끊임없이 주어야 한다warning. 셋째, 앞의 철학적 근거 위에 우리들 삶의 체험을 경험주의적 인과분석에 의해 법칙적으로 설명하기 보다는 그 안에 살고 있는 사람들이 자신들의 체험을 스스로 판단할 수 있도록 드러내 보여주는 작업을 수행해야 한다showing. 넷째, 드러내 보여주기의 과정에서 형성된 실천적이고 암묵적인 지식이 소통될 수 있는 제도적 조건을 제시하는 개입을 시도해야 한다conditioning. 그리고 마지막으로 완전히 고정되어 있지는 않지만 사람들의 저항을 연대로 묶어 줄 수 있는 자본주의 이후 사회의 모습을 제시하고 미래 사회를 향한 다소 소란스러운 웅성거림을 촉발할 수 있어야 한다directing. 우리는 이러한 과학적 실천을 사회이론가 안토니오 그람시Antonio Gramsci가 주장한 헤게모니적 리더십에 비유할 수 있을 것이다. 한 마디로 '실천적 지식이 없는 과학적 지식은 공허하고, 과학적 지식이 없는 실천적 지식은 맹목'인 것이다.

7. 대중, 국가, 시장

새롭게 정의된 과학적 지식, 그리고 과학적 지식에 의해 고양된 일

과학주의적 태도, 경제학적 논리에 대한 비판은 「기후변화 인식을 둘러싼 담론투쟁-새로운 축적의 기회인가 체계 전환의 계기인가」, 『경제와 사회』 112호를 보라.

상의 두터운 지식은 커머닝의 근거이자 커먼즈를 실현하는 힘이지만 거기에 멈추어 설 수 없다고 했다. 커머닝은 사유화되고 상품화될 수 없는 것을 지키는 것이며, 이미 사유화되고 상품화된 것을 되찾는 사회적 투쟁이다. 그런데 '지키고' '되찾는' 사회적 투쟁은 곧 국가와 시장을 상대로 한 투쟁이기도 하다. 국가와 시장 사이의 제3의 길을 찾는 것이 아니라 국가와 시장 사이의 틈새를 벌려 냄으로써 국가와 시장 자체를 변화시켜야 하는 것이다. 커먼즈는 향한 실천은 낡은 과거 지향적 공동자원의 경험적 조사를 넘어서야 하는 것이다.

이렇게 '지키고' 되찾는' 사회적 투쟁이 국가와 시장을 향한 정치로 전화되는 것을 '대항헤게모니 전략'의 삼중전략이라고 표현할 수 있다. 여기서 대항헤게모니는 그람시적 리더십에 근거한 과학적 실천과 실천적 지식의 융합을 전제로 한다. 삼중전략은 무엇보다도 대중의 정치주체화empowering the people를 추구한다. 충족되지 않은 필요-탈구-저항-연대의 과정을 통한 커머닝의 실천 자체가 정치주체화의 실현이지만, 이렇게 형성된 힘은 국가로부터 자원, 지식, 정보를 요구하고 그 힘으로 시장의 힘을 사회적으로 관리할 수 있는 집합적 역량을 발전시켜야 한다. 따라서 대중의 정치주체화는 국가의 민주화democratizing the state와 시장의 사회화socializing the market과 겹쳐져야 한다. 이 세 가지 전략은 분리되거나 어느 하나로 환원될 수 없는 복합적 실천이라고 할 수 있다.

국가와 시장이 결합된 자본주의적 구조가 가지는 힘은 자본주의적 주체를 형성해 내는 힘에 있다. 착취와 폭력의 '피해자'인 사람들을 시장에서의 개별화된 소비자로, 국가권력 앞에 고립된 개별 시민으로 호명한다. 자본주의로부터 착취 받고 그것과 결합된 국가권력에 의해 억압받지만 체계에 동의하고 순응하게 만드는 것이다. 실존적으로 경험하는 적대는 문화적인 코드에 의해 현실로 되돌아온다. 하지만 이러한 현실로의 복귀와 순응이 적대적 경험 그 자체를 소멸시키지는 못한다. 적대적 경험은 언제 어디서나 발생한다. 커머닝의 실천은 이러한 계기가 순간으로 끝나지 않도록 하는 것이다. 커머닝은 '국가의 민주화'와 '시장의 사회화' '시장의 사회화'로 향해야 하는 것이다.

시장의 사회화는 시장의 힘을 자원을 배분하는 기본원리로 놓아둔 채 그 외곽에 공동자원 또는 '사회적' 경제라는 방어막을 만드는 것에 머물지 않는다. 가격신호로 움직이는 시장의 메커니즘이 이윤 창출이 아니라 사회적 필요 충족을 위해 작동하도록 이해당사자들이 생산의 계획과 분배에 참여할 수 있도록 하는 것이다. 다양한 사회적 집단의 필요가 생산과 분배를 계획하는 과정에 반영될 수 있도록 해야 한다는 것이다. 민주적 참여를 통해 사회적으로 통제되지 않는 시장의 힘은 다양한 집단의 필요와 욕구에 반응하지 않는다. 그렇기 때문에 생산과 필요충족 사이에 커다란 간극이 생길 수밖에 없고 자원은 '비효율적'으로 사용된다. 생태적으로 지속 불가능한 낭비가 초래되는 것이다.

시장을 사회화하는 길은 여러 갈래로 이루어질 수 있다. 협동조합과 지역공동체와 연결된 사회적 기업이 활성화되는 것은 그 중 하나의 길일 수 있다. 이와 함께 중앙정부와 지방정부의 다양한 수준에서 생산과 분배의 계획에 이해당사자들이 참여하고 토론할 수 있는 제도가 마련되어야 한다. 개별 도시에서도 기업의 운영과 도시계획에 관해 이해당사자들이 직접 참여할 수 있어야 한다. 이러한 생각을 비효율적이고 실현 불가능한 유토피아라고 비판할 수 있다. 하지만 시장의 힘이 자원을 최적으로 배분할 것이라는 주장만큼 허무맹랑하지는 않다. 우선 기술적으로 가능하다. 이미 첨단의 정보기술은 대형 할인매장이나 백화점 고객의 구매유형으로부터 개인의 소비습관과 기호를 관리하고 있지 않은가? 자본주의 기업들이 더 많은 욕망과 소비를 조장하기 위해 이러한 기술을 사용하고 있다면 시장이 사회적으로 통제된 사회에서는 개인 또는 집단의 필요와 욕구가 표현되고 논의될 수 있는 수단으로 사용될 수 있다. 가능한 만큼 참여와 계획의 단위가 작은 행정단위로 나누어지고, 필요와 욕구 충족의 기제는 최대한 공식적 영역이 아닌 비공식적 영역으로 옮겨져야 한다. 하지만 거시 경제적 조정이나 대외관계 등에서는 여전히 국가적 단위의 계획이 필요하다. 물론 이러한 계획 또한 다양한 이해당사자 집단으로부터 선출된 대표들에 의해 민주적으로 감시받아야 한다.

여기서 제안한 것이 유일한 답은 아닐 것이다. 하지만 최소한 자본주의 사회에 대한 근본적 비판과 대안이 없는, 자본주의적 시장을 그대로 놓아둔 채 그 외곽에서 사회적경제를 건설하는 길은 진보적 대안과는 거리가 멀다.

'시장의 사회화'는 '국가의 민주화'와 병행되어야 한다. '시장의 사회화'는 평범한 사람들이 가지고 있는 실천적 지식 또는 암묵적 지식이 계획에 반영될 수 있는 지식의 형태로 제시되는 과정이기도 하다. 그런데 이러한 지식의 고양과정은 국가로부터 시작하는 자원, 정보, 지식의 급진적 재분배 없이는 성취되기 어렵다. 국가를 민주화하는 길은 다양한 형태의 사회운동과 이에 기반한 제도적 개입을 통해 국가의 성격을 변화시키는 과정이며 이 변화의 방향은 국가가 개입할 수 있는 모든 분야에서 자원, 정보, 지식을 급진적으로 재분배함으로써 국가 자체에 저항할 수 있는 정치적 주체들을 창출하는 것이다. 사회운동이 추구해야 하는 것은 국가로 하여금 그 스스로에 반하는 사회적 힘을 육성하도록 하는 것이어야 한다. 언뜻 모순적으로 들리는 이 주장은 사회주의적인 지방정치 실험들에서 불완전하게나마 실험되었던 것들이다. 국가는 그 자체로 계급들의 이해관계가 부딪히는 계급투쟁의 장이며 그렇기 때문에 힘 관계에 따라 성격이 달라질 수 있는 여지를 가지고 있다.

그러나 자본주의 국가는 그 본성상 자본의 힘을 완전히 벗어나지 못한다. 그래서 국가의 민주화 과정은 언제나 '대중의 권력주체화' 과정과 병행되어야 한다. 처음부터 국가의 민주화는 밑으로부터 사회운동의 압력이 제도정치 안으로 넘어 들어오는 것으로부터 시작한다. 그 힘으로 국가장치 내부에 존재하는 균열의 빈틈을 벌려내고 그 틈을 통해 자원, 정보, 지식이 사회로 흘러 들어가게 해야 한다. 이렇게 사회로 흘러 들어간 자원, 정보, 지식은 사회운동을 더 확장하고 더 강하게 만드는 토대가 되어야 한다. 결국 국가의 민주화와 대중의 권력주체화는 동전의 양면인 것이다.

'국가의 민주화', '시장의 사회화', '대중의 정치주체화'는 따로 분리될 수 있는 과제가 아니라 서로가 서로를 전제하는 복합적인 과제이다. 커머닝의 실천은 이러한 종합을 시도하는 것을 목표로 해야 한다. 시장의 사회화와 대중의 권력주체화가 결여된 국가의 민주화만을 추구할 때 민주화는 형식적인 것에 그치고 민중은 정치적 들러리고 전락하고 만다. 권력 불평등의 근원인 경제적 착취는 그대로 인 채로 남아 있기 때문이다. 국가의 민주화와 대중의 정치주체화가 없는 경제에의 개입은 고작해야 경제민주화라는 이름아래 추진되는 분배 불평등의 형식적 완화에 머물 수밖에 없다. 그리고 국가의 급진적 민주화와 시장의 사회화가 없는 대중의 정치주체화 전략은 소수, 그것도 자원, 정보, 지식을 가진 선택받은 소수가 국가와 시장으로부터 이탈하는 것에 불과하다.

8. 제주에서의 커머닝

제주로 시야를 좁혀 보자. 제주 사람들은 한라산, 오름, 바다를 배경으로 오랫동안 육지부의 착취를 견뎌내며 독특함 삶의 양식을 만들어 왔다. 제주 사람들의 삶은 아직도 바다 없이는 상상할 수 없고 한라산과 오름 없이는 유지될 수 없다. 고향을 떠난 사람들에게도 제주의 자연환경과 풍광은 기억 속에 깊이 뿌리내리고 있다. 그런데 1970년대 시작되고 2000년대 들어서 가속화되고 있는 개발의 광풍은 제주 사람들의 몸의 리듬과 템포와 심한 마찰을 일으키고 있다. 연대와 유대를 유지했던 삶의 양식은 이기적 심성으로 변질되고 오름과 바다는 절단되어 화폐적 가치에 따라 거래된다. 자본, 상품, 화폐의 논리가 부과하는 공간과 시간의 재편은 제주 사람들의 몸의 리듬, 템포와 어긋나 심한 긁힘이 생겨나는 것이다.

몸의 리듬과 마찰을 일으키고 집단적 기억 속에 남아 있는 공존의 흔적과 엇나가는 것은 충족되지 않는 필요로 체험된다. 주거, 교통, 일자리, 의료, 교육, 그리고 쓰리게 처리까지 자본의 논리에 의해 훼손되고 절단되고 있는 제주의 자연생태계와 도시생태계는 제주 사람들의 필요충족과는 무관한 양적 팽창으로 치닫고 있다. 수많은 탈구의 계기가 만들어지고 있는 것이다. 물론 이러한 탈구의 계기는 분열증으로 드러나기도 한다. 생태적으로 지속 가능한 발전을 열망하고 원형적인 유대와 연대를 갈망하면서도 지금 당장의 화폐적 보상에 대한 갈구가 동시에 존재한다. 그럼에도 충족되지 못한 필요로 체험되는 탈구는 저항과 연대로 나갈 수 있는 도약대가 될 수 있다. 탈구와 떨림은 '지금-여기'를 불편해 하면서 '지금-여기'에 여전히 작동하고 있는 다를 수 있는 기회, 자본의 논리가 가지는 압력에 의해 찌그러들었지만 여전히 존재하는 틈새를 찾을 수 있게 하기 때문이다.

여기서 중요한 것인 제주 사람들에게 현실을 스스로 성찰할 수 있고, 그러한 성찰을 통해 저항적 연대, 적대를 통한 연대를 구축할 수 있게 하는 조건을 만드는 과학적 실천이다. 지금 제주에서 절실하게 필요한 과학적 실천은 지극히 근대적인 개발주의와 목적합리성 추구가 전근대적인 권위주의와 연고주의와 결합되어 있는 일상을 보여주는showing 이론적 개입이다. 여기에 탈근대적인 소비주의가 부채경제의 형태로 더해지고 있다. 압축적이고 돌진적인 개발의 결정과 추진은 권위주의적으로 결정되며 이것의 정당화는 낡은 연줄(괸당)에 기댄 비민주적 통로로 추진된다. 소수의 정치엘리트와 토지소유자, 개발업자들이 이익을 독점한다. 맹목적 개발을 지속시키는 힘은 팽창하는 소비이지만 부채에 올라탄 소비주의 문화는 결코 충족의 상태에 도달할 수 없다. 이러한 상태는 탈근대적인 혼종성hybridity의 부정적 측면이라고 할 수 있다.

충족되지 않은 필요-탈구-끍힘-떨림-저항-연대의 연결고리는 이러한 혼종성의 부정적 측면과 동시에 존재하는 긍정적 측면을 찾아내고 드러냄으로써 실현될 수 있다. 탈구와 떨림은 몸의 리듬을 회복하고 연대에 대한 집단적 기억을 불러낸다. 그것은 전근대적인 관계 속에 내장된 협동과 연대의 정신을 소환한다. 하지만 이러한 연대와 협동의 정신은 공론장에의 참여와 민주주의라는 근대성의 밝은 면과 결합되어야 한다. 그럴 때에만 탈근대가 가져온 정체성, 다양성, 차이가 인정되고 공존할 수 있기 때문이다. 다시 말하면 연대와 협동의 정신이 권위주의로부터 자유로워지는 것은 민주주의와 해우했을 때뿐이다. 탈근대성은 소비주의뿐만 아니라 목적합리성과 권위주의를 공격할 수 있는 다양성과 차이의 원리로 작동해야 한다. 협동과 연대+민주주의+다양한 주체들의 경험은 권위주의와 성장주의를 넘어 새로운 삶의 양식을 찾는 조건이 될 수 있다.

혼종성의 긍정적 측면을 발현시키는 것은 구조적 전환 요청이 있을 때에만 추진력을 얻을 수 있다. 대중의 정치주체화, 국가의 민주화, 시장의 사회화가 요청되는 것이다. 하지만 구조적 전환은 마찰, 탈구, 떨림으로부터 시작해야 한다. 커머닝의 과정, 감성적 공감이 결여된 구조변화 추구는 다시 권위주의와 낡은 계몽주의로 전락할 위험을 안고 있기 때문이다.

공동자원론, 오늘의 한국사회를 묻다

be

한국의 공동자원 관리와 전통사회의 자연관

윤순진

1. 문제의 제기

환경문제는 인간 중심주의anthropocentrism 때문에 발생하는 것일까? 다르게 말하자면, 생태중심주의ecocentrism의 결여로 인해 환경이 오염되고 파괴된 것일까? 사실 환경문제의 근원이 어디에 있는지, 자연과 인간 또는 사회가 어떤 관계를 맺고 있는지에 대한 논의는 최근 들어서 잦아든 느낌이다. 환경윤리나 환경철학에서는 한동안 자연을 도구화하고 인간이 자연과 맺는 관계를 인간의 입장에서 바라보는 인간 중심주의적 자연관이 환경문제를 야기한 주요 원인들 중하나이며 그 대안으로 개체로서의 생물이나 하나의 체계로서의 생태계가 인간과 마찬가지로 가치 있는 존재로서 그 자체로 내재적 가치intrinsic value를 가진다고 보는 생태중심주의 시각을 가져야 한다는 논의가 활발했다. 이러한 대립적인 인식틀의 연장에서 환경사회학에서도 인간예외주의 패러다임Human Exemptionalism Paradigm, HEP과 신생태주의패러다임New Ecological Paradigm, NEP을 대비시키기도 했다. 환경사회학이란 학문분과를 환경사회학이라 명명했던 캐턴과 던랩Catton and Dunlap은 기존의 사회학이 동식물과 구분되는 예외적인 존재로서 인간만이 문화와 기술을 통해서 자연을 지배할 수 있고 이러한 지배는 당연하고도 정당하다는 가치관을 내재하고 있다고 보면서 이를 인간 예외주의 패러다임이라 불렀다. 그리고 그들은 이와는 반대로 인간이 문화나 기술과 같은 예외적인 특징을 가지고 있지만 인간 역시 전지구적인 상호의존적 생태계의 관계망 속에 살고 있는 많은 종들 가운데 하나로 간주하는 신생태주의 패러다임을 대안으로 주창했다. 이제 두 대립적 관점이나 패러다임에 대한 논의와 논쟁이 예전만큼 활발하지 않지만 둘 사이의 긴장은 여전히 남아 있고 환경문제 발생의 근원에 대한 논의도 마무리되었다고 보기는 어렵다.

인간 중심주의가 문제라고 한다면, 환경문제가 심각하지 않은 시대를 살았던 사람들은 인간중심주의가 아니라 생태중심주의적 관점을 가졌던 걸까? 만약 그랬다면 그것은 무엇 때문이었을까? 생태중심주의가 일종의 유기체론적 자연관과 일맥상통하는 거라면 생태중심주의가 약화되거나 인간중심주의에 밀려난 것은 무엇 때문이었을까? 이에 대해 캐롤린 머천트Carolyn Merchant는 『자연의 죽음the Death of Nature』을 통해 산업화와 인구 성장의 기저에 놓인 과학기술의 발전에 주목하면서 과학혁명을 거치며 인간이 자연을 보는 관점이 변화되었다는 사실을 일깨우기도 했다. 자연을 인류의 어머니이자 유기적인 생명체로 보았던 전근대적 자연관의 균열과 붕괴, 아니 훼손이 환경문제의 근저에 놓여 있다는 것이다. 전근대의 유기체론적 자연관은 이제 자원의 집적이나 기계 부품의 결합처럼 자연을 바라보는 이러한 균열적이고 해체적인 자연관으로 대체된 결과란 것이다. 그래서 그녀는 유기체론적 자연관, 생태주의적 관점의 복원을 주장했다. 이러한 머천트의 주장은 현재 과학 내지는 과학기술에 내재해 있으면서 현대사회 전반에 확산되어 깊숙이 뿌리내려져 있는 자연관에 대한 의미 있는 해석이라 할 수 있다. 생태주의는 서구 문화에서 거룩하게 간주되어 온 과학기술의 발전과 진보가 성취한 통제되지 않은 성장의 결과들을 비판하면서 파괴된 자연의 균형을 회복하고자 한 통찰력에 기초하고 있다. 그렇다면 이러한 생태주의의 회복과 복원은 어떻게 가능한 것일까?

또 다른 각도에서는 환경문제를 공동자원 또는 공동지의 비극으로 비유하기도 한다. 바로 개릿 하딘Garret Hardin의 1968년 저작인 "공동지의 비극The Tragedy of the Commons"이 이런 시각의 모태이다. 생물학자이자 신멜더스주의자인 하딘은 지속적으로 인구가 성장하면서 제한된 환경자원에 대한 압력을 높임으로써 환경문제가 야기된다고 보면서, 해결책은 기술적인 데 있지 않고 사회적인 데 있다고 주장했다. 공동체 구성원들의 자유를 제한할 수 있는 "상호합의된 상호강제mutual coercion mutually agreed upon"가 바로 그것이다. 하딘은 현대 사회에서 상호합의된 상호강제는 공동으로 이용하고 있는 자원에 대해 사유재산권private property right 부여나 강제적인 법집행과 조세징수와 같은 중앙집권적인 국가권력의 개입과 확대라는 방식으로 이루어질 수 있다고 보았다. 사실 하딘은 인구성장이란 문제에 주목하여 이를 공동지의 비극이란 비유로 풀어냈지만 이제 비단 인구증가만이 아니라 모든 환경문제를 공동지 또는 공동자원의 비극으로 이해하는 경향들이 존재한다. 이러한 문제 인식은 앞서 논의했던 인간중심주의나 생태중심주의와는 결을 달리한다. 인간중심주의가 문제가 아니라 환경문제는 환경이 갖는 공동자원이란 속성이 낳은 비극적 결말인가? 모든 공동자원이나 공동지는 반드시 비극적 상황에 처할 수밖에 없는가? 하딘의 말대로 상호합의된 상호강제만이 공동자원을 유지할 수 있게 하는 조건이라면 상호합의된 상호강제는 어떻게 가능한 것일까? 상호합의된 상호강제의 방식으로 제시된 사유재산권의 부여나 국가권력의 개입과 확대가 진정한 해결책이 될 수 있을까? 이러한 논의는 기존의 인간중심주의나 생태중심주의와는 어떻게 연결될 수 있을까?

공동지나 공동자원은 비극에 이를 수밖에 없다거나 공동지나 공동자원의 비극을 막기 위해 중앙집권화나 사유화 같은 외부의 개입과 외생적 장치가 필요하다는 주장은 일각에서는 지지되었지만 다른 일각에서는 반박되었다. 이를 반박한 대표적인 학자는 엘리너 오스트롬Ellinor Ostrom이다. 오스트롬은 모든 소규모 공동체가 공동자원을 성공적으로 유지하는 건 아니지만 공동체 구성원들이 지역의 물리적 조건이 한정되어 있음에도 반복적인 의사소통과 상호작용을 통해 상호 공유된 규범과 호혜적인 행위를 발전시키면서 제도적 장치를 만듦으로써 공동자원의 비극을 피할 수 있다는 사실을 다양한 경험적 사례 연구를 통해 확인했다. 그렇다면 이 경우 공동자원의 지속적인 유지와 관리를 위한 제도 설계와 작동은 어떻게, 무엇 때

　공동자원론, 오늘의 한국사회를 묻다

문에 성공적일 수 있었을까? 그 기저에는 어떤 가치가 작동한 것일까? 이는 생태주의에 기초를 두고 있기 때문이었을까?

이 글에서는 앞서 제기한 질문들에 대한 답을 찾고자 한다. 인간중심주의와 생태주의가 환경문제의 발현에 어떻게 연계되어 있는지, 혹은 그 두 가치로 환경문제의 발생을 설명할 수 있는지 살피고자 한다. 사실 머레이 북친Murray Bookchin은 사회생태주의Social ecology를 통해, 제임스 오코너James O'Connonr 등은 생태사회주의Eco-socialism를 통해 인간중심주의와 생태중심주의(심층생태론)의 자연-사회 관계의 이분법적 이해에 이미 문제를 제기했다. 이 글에서는 한편으로는 자연의 파괴나 오염 없이 공동자원이 건강하게 유지되었던 한국 전통사회의 사례들을 검토하고 다른 한편으로는 일정 기간 건강하게 유지되어 온 공동자원이 균열과 쇠퇴를 경험하게 된 사례들을 검토하여 각각의 상황이 그러한 모습을 가지게 된 요인들을 분석해보려 한다. 이러한 작업과정에서 한국 전통사회에서는 인간중심주의와 생태주의가 어떤 식으로 존재했는지, 아니 전통사회의 자연관을 인간중심주의와 생태주의로 분류할 수 있는지, 사회-자연 관계가 어떻게 이해될 수 있는지 살펴보고 공동자원으로 비유되는 환경이 어떻게 건강성을 유지할 수 있는지, 그 조건에 대해 완전하지는 못할지라도 부분적인 답을 발견하고자 한다. 이 글에서 선택한 공동자원 사례들은 필자가 하나씩 연구해왔던 것으로 사례 전체를 살펴보면서 공통적으로 어떤 요소들이 존재하는지 발견하고 공동자원의 이해에 내재해 있는 가치를 인간중심주의와 생태중심주의와의 관련성 속에서 살펴보고자 한다.

2. 한국의 전통적 공동자원 관리

이 절에서는 한국의 전통적인 공동자원 관리 방식에 대해 살펴보도록 한다. 그리고 이러한 작업을 통해 자원 고갈이나 환경 훼손 없이 공동자원이 건강하게 유지될 수 있었던 이유를 확인해보도록 한다. 이러한 작업을 통해 생태중심주의가 건강한 환경 유지에 기여했는지, 인간중심주의적 접근이 환경문제를 야기했는지에 대해 살펴볼 수 있을 것이다. 우선 연구대상으로 하고 있는 "공동자원"이 무엇을 말하는지 이를 개념적으로 이해하고 전통적인 공동자원 관리 사례들에 대해 살펴보도록 한다.

1. 공동자원이란 무엇을 의미하는가?

공동지는 영어의 commons를 번역한 말이다. 한국사회에서 commons는 대개 공유지共有地로 번역되었다. 하지만 commons를 공유지로 번역하게 되면 일정한 집단(흔히 마을주민)이, 공동으로 소유하는 소유의 한 형태로 이해되지만 commons가 마을공동의 소유형태일 수도 있지만 소유를 하지 않지만 공동으로 해당 자원을 사용하는 것이 보다 중요한 내용이기에 이 글에서는 공동지로 번역하도록 한다. 공동지는 일견 사유지에 대비되는 개념으로 보이지만 사유지가 아닌 모든 것이 이 글에서 말하는 공동지는 아니다. 국가나 시·도 소유의 국·공유지公有地가 아니라 대체로 지역주민들이 소유하면서 비지역민들의 이용 제한하는 영역이다 또한 개별 자원만이 아니라 공동지는 지역주민들에 의해 공유共有되는 공간과 영역으로서 그런 공간과 영역 내에 있는 자원 모두를 포괄한다. 오스트롬의 책,

*Governing the Commons*의 역자들은 commons를 공유共有 또는 공유재共有財라고 번역하였으며, 책 안에서 오스트롬은 공유재를 공동자원common-pool resources(책에서는 공유자원으로 번역)과 동일한 의미로 사용한다.[1] 최재송 외 또한 commons를 공유재라 하며, 마을 단위로 공동소유·사용·관리되는 시설과 자원으로 규정한다.[2]

이 글에서는 공유재가 아니라 공동지란 용어를 사용한다. 한글로만 적을 경우 공유지公有地나 공유재公有財와 구분도 어려울 뿐 아니라 소유 여부가 중요한 것이 아니기 때문이다. 보다 구체적으로 정의하자면, 이는 단지 일단의 사람들이 공유하고 있는 공간과 영역 안에 있는 개별 자원에만 초점을 맞추기보다 공간과 영역의 차원에서 다룸으로써 보다 폭넓게 자연을 조명하면서 소유 여부와 관계없이 마을주민이 공동으로 사용하고 관리하는 속성에 관심을 두기 때문이다. 즉 공동지란 용어는 수단적 가치를 지니는 공유자원이나 공동자원이란 의미를 넘어 특정 공간과 영역 안에 있는 일정한 생태계와 그 생태계를 이루는 모든 구성요소를 포괄할 수 있기 때문이다. 또한 유사 개념인 공동자원common-pool resources은 공동지 내의 구체적인 자원으로 마을주민들이 공동으로 사용하는 자원을 의미한다.

Ostrom and Ostrom(1978)은 (공동지 내) 공동자원에는 자연자원이나 인공시설물이 포함되는데 배제불가능성non-excludability과

---

1   Ostrom, Ellinor, *Governing the Commons*: *The Evolution of Institutions for Collective Action*, Cambridge University Press, 1990, 윤홍근·안도경 옮김, 『공유의 비극을 넘어』, 랜덤하우스, 2010.

2   최재송, 이명석, 배인명, 「공유재문제의 자치적 해결: 충남 보령시 장고도 어촌계 사례를 중심으로」, 『한국행정연구』 10권 2호, 2001, 152-172쪽.

경합성rivalry을 주요한 특징으로 한다고 보았다. 배제불가능성이란 자원의 규모가 크기 때문에 잠재적 수혜자들을 자원 활용에 따른 편익으로부터 배제하는 데 상당한 비용을 지불해야 하는 속성을 말한다. 경합성이란 한 개인의 사용량이 증가함에 따라 다른 사용자들이 사용할 수 있는 양이 감소하는 특성을 말한다. 하딘은 공동지가 누구에게나 열려 있기에 경합성으로 인해 환경의 황폐화가 야기된다고 보았지만 오스트롬은 공동자원은 한 지역 구성원들에 의해 공동으로 소유되고 자원 유량에 대해 공정하고 질서정연하며 효율적인 배분 방안을 가질 경우 지속적으로 유지될 수 있음을 다양한 사례연구를 통해 보여 주었다. 오스트롬(1990)에 따르면 자원의 평균 인출률이 평균 복원율을 초과하지 않을 때 재생가능한 자원을 지속적으로 보존할 수 있다고 한다.

그런데 오스트롬의 이러한 논의에 대해 최현은 반론을 제기한다. 최현에 따르면 어떤 자원이 그 자체로 변하지 않는 동일한 속성을 지속적으로 가지는 게 아니라 시대적 맥락과 사회적 변화에 따라 그 속성이 변화된다는 것이다. 가령 토지나 바다의 경우 애초부터 그 자체가 배제성을 가졌다기보다 소유권과 기술 발달에 따라 배제적이지 않았던 것이 배제적인 것이 되었다. 물이나 공기 또한 본질적으로는 경합성이 있으나 워낙 많은 양이 존재하기에 적은 오염으로는 경합성이 발현되지 않았고 그 결과 배제성을 부여하지 않았던 것을 인구 증가와 환경오염으로 경합성을 띰에 따라 제도를 통해 배제성을 부여해온 것이라고 이해할 수 있다. 자원 자체가 아니라 자원이 놓인 사회적 맥락에 따라 자원의 속성이 규정된다는 것이다.[3]

---

3   최현, 「공동자원 개념과 제주의 공동목장: 공동자원으로서의 특징」, 『경제와

2. 한국 사회 전통적인 공동자원 관리 방식의 이해[4]

한국 사회에서 공동자원로 존재했거나 지금도 공동자원로 유지되고 있는 대상에는 산림과 바다, 목초지, 강, 못 등이 있다. 이 장에서는 한국의 전통적인 공동자원 이용방식을 마을공유산, 마을공동어장, 마을공동목장 등을 중심으로 살펴보도록 한다. 대부분의 전통사회들에서는 공동자원에 대한 잠재적 이용자들의 접근을 막고 내부의 성원을 통제하는 여러 가지 공동규제장치를 발전시켰다. 전통적인 공동자원 이용에 있어 가장 중요하게 작용했던 원칙은 무엇이었으며 어떠한 규범과 규칙을 통해 공동자원의 생태적 건강성과 공동체의 사회적 건강성을 함께 추구했을까?

1) 마을공유산림: 송계와 송계산

조선은 "산림천택여민공지 山林川澤與民公地," "산장수량일국인민공리지 山場水梁一國人民公利地"를 건국이념의 하나로 표방하였다.[5] 이는 조선이 산림과 하천, 바다, 못으로 대변되는 자연환경을 온 백성이 다 함께 이익을 나누는 대상으로 보았음을 의미한다.[6] "왕토王土사상"에

사회』 98호, 2013, 12-39쪽.

4　이 글에서 기술하고 있는 한국 전통사회의 공동자원 관리 방식에 대한 논의는 『한국과 사회의 만남』이란 책에 있는 내용을 요약적으로 활용한 것임을 밝힌다.

5　김선경, 「조선전기의 산림제도: 조선국각의 산림정책과 인민지배」, 『국사관논총』 56집, 1994, 87-126쪽; 윤여창, 「총론: 한국의 산림녹화」, 이경준 외(공저), 『한국의 산림녹화 70년』, 한국학중앙연구원출판부, 2016, 13-100쪽; 강성복, 「일제하 해방이후 '송계' 연구: 충남 금산지역을 중심으로」, 『제16회 전국향토문화연구발표회 수상집』, 2001, 7-136쪽.

6　강성복, 위의 글; 박종채, 「조선후기 금송정책과 하동의 금송계」, 『금성환경전문대학 논문집』 2집, 1994, 417-433쪽.

따라 법적으로는 산림, 하천, 바다, 못 등을 왕이 소유하는 것으로 되어 있었지만 조선인민이라면 누구나 일정한 '금제' 하에 능력과 필요에 따라 자유롭게 이용할 수 있는 대상으로 본 것이다. 이런 건국이념은 "공리지물령사점 公利地勿令私占"원칙에 따라 결코 개인이 사적으로 소유할 수 없는 것으로 규정되었다.[7]

　하지만 조선후기에 접어들어 임진왜란과 병자호란에 따른 기존 사회제도와 규범의 이완과 붕괴, 상품화폐경제의 발달에 따른 임지와 임목의 경제적 가치 증가와 맞물려 왕실과 권문세가들에 의해 공유산림이 분할, 산림의 사유화가 공공연히 진행되었다. 그 결과 산림에서 조달했던 땔감과 시초에 대한 기층민들의 필요가 충족되지 못하는 상황에 이르렀다. 화석연료의 사용 이전 상황이기에 땔감은 난방과 취사에 있어 필수적이었으며 화학비료의 사용 이전 상황이었기에 퇴비의 원료가 되는 시초는 삶의 기초가 되는 농사에 근본적으로 필요한 것이었다. 이에 기층민들은 주민자치조직인 송계를 조직하여 송계산이라 불리는 마을공유산림을 운영하며 삶을 유지해나가게 되었다. 송계산은 관으로부터 산림을 입안立案 받아 점유권을 행사하는 방식을 따르거나 마을공동기금으로 마련하여 일정한 금제 하에 배타적인 사용권을 확보함으로써 연료와 퇴비의 안정적 수급의 기초가 되었다. 여기서 일정한 금제란 조선 산림정책의 근간인 "금송정책"에 동조하여 소나무를 함부로 베지 않고 보호하면서 가꾸는 것을 말한다. 그 결과 이런 주민자치모임을 금송계 내지 송

7　김선경, 위의 글; 강성복, 위의 글; 강성복, 「계룡산 국사병 주변마을의 송계 관행: 19세기 후반~20세기 향한리 송계를 중심으로」,『민속학연구』 24호, 2009, 19-121쪽.

계라 부른 것으로 추측된다.[8].

송계원인 마을주민들은 마을공유림인 송계산의 산림을 고갈시키지 않으면서 지속적으로 이용하기 위해서 자율적으로 규정을 정하여 마을 주민 이외 사람들의 출입을 엄격히 제한하고 적정한 벌채량과 산림조성량을 조절하여 활용하였으며 노동력과 기금을 각출하여 공동의 사업(초장길 닦기, 발매, 조림사업 등)을 위해 사용했다. 송계산이 부양할 수 있는 능력에 한계가 있으므로 이용자들의 무절제한 증가를 막아야 했다. 그래서 송계원 이외 외지인들의 송계산 출입과 산림이용을 제한하였고 공동규범과 규칙을 통해 소나무를 보호 금양하면서 적당한 벌채량과 벌채시기, 기간을 정하여 남벌과 허가받지 않은 도벌을 엄격히 금했다. 송계를 조직 운영한 마을에서는 자율적으로 송계산을 금양하면서 관으로부터 송계 규정 위반시 처벌할 수 있는 사법적 권리나 송계산 운영에 따른 경제적 권리를 승인받았다고 한다. 또한 송계산으로부터 오는 경제적 이익을 송계원들 간에 형평성 있게 배분하고 개개인의 이기적 자원 이용으로 발생하는 공동체 전체의 피해를 막기 위한 장치들도 마련했다. 대표적인 사례가 땔감을 마련하기 위해 나무를 한꺼번에 잘라내는 발매와, 퇴비를 마련하기 위해 마을전체가 일제히 풀베기에 들어가도록 하는 풀령이다. 두 경우 모두 일정한 기간을 정해 두고 벌채의 방식과 벌채한 몫의 분배는 "형평성"을 우선원칙으로 함으로써 송계원들 사이에 균등한 분배가 이루어지도록 했다. 즉 송계는 마을 공동자원인

8 　김연석·전영우, 「보호 경제 정책 휴양 응용전산프로그램개발 분야 : 송계의 성격과 기능에 관한 연구-금산군을 중심으로-」, 『한국임학회 정기학술발표논문집, 1998, 124-126쪽.

송계산을 바탕으로 지속가능한 산림 이용을 위해 설립한 마을주민 자치조직이었다.[9]

　모든 마을이 송계산을 보유하고 송계를 운영한 것은 아니었지만 송계가 있었던 지역에서는 산림이 울울창창했다는 일제의 기록을 보면[10], 송계의 존재가 산림의 유지와 보호에 의미 있게 기여했음을 알 수 있다. 송계와 송계산을 통해 산림이 건강하게 유지될 수 있었던 것은 송계산으로부터 연료와 퇴비를 지속적으로 공급받을 수 있어야지만 자신들의 삶이 유지될 수 있음을 송계원인 지역주민들이 인식하고 이를 유지하기 위한 규범과 규칙 등 자율적인 운영원리에 동의하고 따랐기 때문이었다.

2) 어촌계와 연안마을공동어장

마을 앞바다는 누구의 것인가? 누구에게 이용할 권리가 있는가? 현재 우리나라에서 바다는 어떤 개인이나 단체가 소유할 수 없으며 소유권은 국가에 귀속되어 있다. 하지만 국가로부터 이용권을 일정기간 허가 받아 바다의 일정한 구역을 양식장으로 쓰거나 어업권을 행사한다. 대개 어촌에서는 자연부락을 단위로 어촌계를 조직하여 어장의 공동 이용이라는 관점에서 어촌계원의 경영참가권을 인정하고 생산수단의 공유와 노동력의 공동부담을 통해 생산향상과 어민의 생활향상을 도모한다. 마을앞바다로 불리는 연안어장은 지역주민의 공동자원 또는 공동지로, 지선어민들 모두가 공동으로 작업하며 경

9　　전영우,『숲과 한국문화』, 수문출판사, 1999.

10　　강성복, 앞의 글, 2001; 박종채,「조선후기 금송계의 유형」,『숲과 임업』, 수문출판사, 2000, 192-204쪽.

영·관리하는 물적인 토대다. 무한경쟁과 이기적인 사적 이윤 추구로 마을 앞바다에서 공동자원의 비극이 야기될 수 있음을 인식하여 어민들은 자신들의 생존기반인 연안어장을 지속가능하게 이용하기 위한 필요를 느끼게 되었다. 이에 어민들은 어촌계를 통해 나름의 조직과 규범 및 규칙을 만들고 이를 준수하는 것이다.

근대국가 수립이전부터 어업경영의 주체는 어업공동체였다.[11] 하지만 자본제적 어업이 침투·확산되어가는 과정에서 소수의 대규모 자본제 어업이 성장하고 저변에 수많은 영세어가어업이 존재하게 되면서 생계의 터를 지선전용어장에 두고 있는 영세어민의 생산성을 높여 생활수준을 향상시키기 위하여 어촌계가 법적인 지위를 갖게 되었다. 어촌계는 1962년에 제정된 수산업협동조합법에 근거를 두고 있는데 촌락단위로 조직된 어촌계의 지위와 권리를 법적으로 보장한 것이다. 어촌계는 기존 어업공동체의 법제화된 후신이라 할 수 있다. 어촌계는 각종 해조류와 어패류의 서식처인 '제1종 공동어장'의 전용권을 가진 어장 이용과 관리의 주체로서의 지위를 가진다.[12] 어촌계가 수산업협동조합법을 기초로 공식적으로 조직되기 이미 오래 전에 어촌에서는 공동노동과 상호부조, 친목도모를 목적으로 어부계, 어망계, 어선계, 어업계, 조계, 선구계, 선재계 등의 다양한 형태의 계가 존재했다.[13] 어촌계와 이들 계들과의 차이는 제도적으로 지

---

11   박광순, 「한국어업공동체의 성립과 존립양태에 관한 조사연구: 어촌계를 중심으로」, 『경제학연구』 19권, 1971, 52-90쪽.

12   박정석, 「어촌마을의 공유재산과 어촌계」, 『농촌사회』 11집 2호, 2001, 159-191쪽.

13   강원식, 「어촌계에 관한 연구: 경영공동체적 관점에서」, 『수산경영론집』 1

위가 보장되는 공식적 조직이란 점이다.

어촌계는 현대적인 장치지만 전통적인 협업방식을 전승·구현하면서 마을 공동자원을 관리하기 위해 만들어진 자연발생적인 조직을 기초로 하기에 어촌계 운영원리는 대부분 전통 방식을 따른다. 공동어장은 평등출자, 평등노동, 평등분배를 핵심적 가치로 한다. 어촌공동체의 공동어업 가운데 어로공동체와 가장 긴밀하게 연결되는 어업으로는 연안의 암벽과 천해의 바위에서 자생하는 해조류와 패류 등을 채취하는 채취어업이 있다.[14] 채취어업의 주요 생산물은 미역과 톳이며 그 외에 돌김, 다시마, 해삼, 멍게, 전복 등이 있다. 채취어업은 극히 일부의 경우를 제외하고는 공동채취하여 공동분배하는 공동경영방식으로 운영한다.

어촌계는 마을공동어장의 어족이나 산물이 고갈되지 않도록 하면서 공동체 구성원의 배타적인 권리를 보장하면서 구성원 간 공동어장 내에서의 균등한 이용기회를 보장하기 위한 규칙과 규범을 가지고 있다. 입호제도를 통해 외래자와 분가자의 공동어장 이용에 엄격한 제한을 가해 지역구성원들만이 배타적인 독점적 이용권을 행사한다. 이는 한정된 자원을 공동으로 이용하는 공동체 성원의 팽창을 집단적으로 저지하기 위해서이다. 공동체가 전용할 수 있는 생산터인 가용 공동어장이 한정되어 있기에 구성원이 증가하면 개별 구성원의 지분이 감소하기 때문이다.[15] 수협법을 통해 어촌계가 공식

권 1호, 1970, 1-18쪽.

14   권삼문, 『동해안 어촌의 민속학적 이해』, 민속원, 2001.

15   박광순, 앞의 글; 박금화, 『김양식확대에 따른 어촌사회의 변화』, 서울대학교 석사학위논문, 1987.

적인 권리를 인정받기 이전부터 어촌에서는 입호제도가 존재했는데 이 입호제도가 계속 유지되고 있는 것이다.

어촌계에는 또한 구성원들이 내부적으로 경쟁과 마찰, 갈등 없이 공동자원을 지속적으로 이용하도록 하기 위해 마을공동어장 사용권의 배분과 생산과정, 처분, 이익의 분배과정과 관련한 규칙들이 규정되어 있다. 무엇보다 구성원들의 평등한 이용을 추구하고 공동어장을 훼손하지 않도록 하는 게 기본원칙으로 작용한다. 공동어장의 재생산력을 보전하기 위해 채취금지 기간이나 재취할 수 있는 크기, 양식업의 경우 양식 도구의 규모와 간격, 불법 남획시 처벌이나 공동작업 불참시 벌금 부과 등의 운영규칙을 가지고 있다. 공동운영에서 발생하는 갈등과 불만을 차단하기 위해 양식장이나 어장의 배분을 위해 제비뽑기를 한다거나 일정기간마다 서로 번갈아가며 사용하며 어촌계 운영규칙의 신설이나 개정은 필요한 경우 회의를 통해 구성원 전체의 합의로 결정한다. 공동자원의 한정된 재생산력 유지와 평등한 참여와 배분을 가장 중요한 원칙으로 삼고 있는 것이다. 이런 원칙을 통해 적자생존원리에 의한 어장의 사유화 내지 독점을 방지하여 한편으로는 하위계층에게 생계를 위한 최소한의 토대를 보장해주고 다른 한편으로는 성장잠재력을 지닌 일부 상위층의 공동어장 내에서의 경영 확대를 저지한다. 개별이익을 극대화하기 위한 접근과 이용을 공동규제를 통해 제도적으로 차단하여 자원의 착취와 남획을 방지하고 자원을 효과적으로 보호하면서 마을전체의 이익을 극대화시켜 그 이익을 공동체 전체에 고루 분배하는 것이다.

3. 제주도의 마을공동목장

공동자원의 또 다른 형태로 마을공동목장이 있다. 우리나라에서는
유일하게 제주도에 "같은 마을에 거주하는 주민들이 목장조합을 만
들어 자연초지대에서 공동으로 우마를 방목하는 목축지"(강만익,
2004: 17)인 마을공동목장이 있다. 마을공동목장제도는 1870년대
부터 생기기 시작해서 현재까지 명맥을 유지하고는 있지만 갈수록
수와 규모가 줄어들고 있다.

제주도에서 목장 형태로 우마를 사육하기 시작한 것은 고려 말
원나라가 삼별초를 평정한 직후 탐라를 군마 공급지로 만들기 위해
제주도 동부지역에 몽고식 목장을 설치한 데서 비롯되었다. 조선 시
대에는 관설목장의 형태로 국가가 거의 모든 목장을 직접 마장으로
관리하였으나 사목장도 설치되면서 섬 전체가 마목장화되었다. 세
종 때인 1430년부터는 말들이 해안 농경지에 주는 피해를 막기 위
해 중산간 지대에 십소장과 자목장을 설치하여 운영했다. 하지만 18
세기 들어와 화포와 전략무기가 전래되고 목초지가 농경지로 개간
되는 과정에서 한반도 전체에서 목장이 폐지되거나 축소되기 시작
했다. 정조 때부터 토박이들에게 제주도의 목야지(초지)에 대한 소
유권이 주어지면서 마을공동목장이 생겨나게 되었다. 관설목장으로
있던 제주도의 목야지가 정조 때부터 마을 단위의 공동목장으로 분
할되어 주민 공동자원으로 활용되어온 것이다.[16] 이후 일제 강점기
에도 무차별적인 공출에 공동으로 대응하기 위해 마소를 가진 농가

---

16   양영웅·김종태·김병택·이기욱, 「한국문화 속의 제주도 지역문화의 특수
성과 발전방향」, 『사회발전연구』 6호, 1990, 9-54쪽.

들이 계를 조직하여 공동으로 목야지에 돌담을 두르고 마소를 함께 길렀는데 이 또한 마을 공동목장이라 할 수 있다.

공동목장을 관리하기 위한 규정들은 마을별로 다소 차이가 있긴 하지만 대체로 방목을 원하는 마을주민들이 마을목장조합을 구성하고 마을목장이 지속적으로 유지될 수 있고 조합원들이 고루 이익을 나눠 가질 수 있도록 관리하기 위해 조합원의 권리와 책무, 자격, 탈퇴, 비조합원 입식문제, 임원 선출 방식과 임원의 역할, 조합의 사업과 공동목장 운영 방식, 조합 총회의 의결 사항 등에 대한 규정을 마련했다. 공동목장조직은 조합원이 사육하는 우마의 개량과 번식을 통한 우량우마 생산, 급수설비나 해충 구제소, 공동 목사 등 우마 사육에 필요한 기반시설 공동 설치, 목초 파종이나 목장림 식재, 목장 경계 및 구획의 축조와 개수, 진드기 구제, 잡목 제거, 목초 파종, 비료 주기, 건초 생산 같은 목축환경 공동 조성 등 마을 공동자원의 공동체적 이용과 한 가구가 하기 어려운 일을 함께 해결하는 공동노동조직이란 역할을 수행한다. 조합원은 대개 마을 거주자로서 가입을 희망하는 사람이라면 누구나 될 수 있으며 대부분 목장의 공동운영 경비 마련을 위해 입회금을 내지만 마을을 떠날 경우에는 지분의 회수 없이 이용권을 박탈하는 무본전출송無本錢出送으로 했다. 공동목장 용지는 매입이나 기부, 국유지와 공동자원 또는 사유지 임대로 마련했다.

섬이란 지리적 여건 때문에 제주도에서는 가용자원에 한계가 있고 외부자원의 이용에도 제약이 따랐다. 이러한 자연조건으로 인해 섬 거주자들은 자연환경이 보유한 부양능력의 한계를 보다 현실적으로 인지했다. 마을공동목장은 제주도라는 섬이 가진 고립성과 협소성, 자연 부양능력의 한계란 제한 속에서 구성원들이 자원 이용

기회를 균등히 나누어 가질 수 있도록 자연의 한계에 대한 인식과 이해를 바탕으로 공존과 공생을 위한 자발적 장치로 기능했다. 조합원간 형평성을 기하기 위해 마소 수에 따라 두당 입식료를 내도록 하기도 했는데 마을공동목장에서 사육 두수 과다로 목장이 황폐화되었다거나 사육두수를 둘러싸고 조합원 간 불화가 있었다는 기록을 찾아볼 수 없었는데 이는 자료의 부족에도 기인하겠지만 그런 문제가 야기되지 않도록 잘 관리했다는 것으로 해석할 수도 있다.

3. 한국 전통사회의 공동자원 이용방식에 내재한 자연관

송계산이나 마을공동어장, 마을공동목장 등의 전통적인 공동자원 관리 사례들에서는 지역주민들이 자신들의 삶을 유지하기 위해 공동자원이 지속적으로 유지되어야 한다는 사실과 공동자원의 부양능력이 한정되어 있다는 사실을 인식하고 잠재적 이용자들의 접근을 막으면서 한정된 공동자원의 지속가능한 이용을 위해 자치적인 규범과 규칙을 만들고 이를 준수하였음을 확인할 수 있었다. 바로 이러한 접근을 통해 공동자원은 비극적 상황에 이르지 않고 지속될 수 있었다. 이 사례들을 보면 엄격성의 정도에 차이는 있지만 대체로 입호제를 통해 지역공동체의 구성원이 아닌 외부인의 접근과 이용을 배제하면서 생태적으로 적절한 규약을 가지고 있었는데 이는 공동자원의 부양능력의 한계를 인식하고 남용을 막기 위한 것이었다. 부양능력 이내로 이용자 수를 제한하고, 생태계의 재생률이나 복원율을 넘어서지 않는 한도에서만 공동자원을 이용하도록 한 것이다. 아울러 사례들에서는 모두 공동체 구성원의 형평성 있는 공동자원 이용과 수확의 평등한 분배를 중요시하고 지역주민의 합의에 의한 자발적 규제에 기초하고 있다는 공통점을 가지고 있었다. 공동체 구성원의 공동자원 이용과 편익의 분배에 형평을 기함으로써 구성원 모두가 일정 수준 이상으로 살아갈 수 있도록 배려하고 타인들보다 더 많은 이용을 위해 서로 경쟁하면서 감쇄 가능성이 있는 공동자원의 지속가능성이 훼손되지 않도록 했다. 즉, 공동자원을 공동으로 이용하는 지역주민들이 누구나 생존을 위해 자연 자원에 접근할 수 있는 기회를 보장하고 이를 형평성과 지속가능성의 관점으로 관리했다.

하딘의 주장과는 달리 공동지는 누구의 소유도 아니기에 누구라도 접근·출입하여 자신의 이익을 극대화하기 위해 마음껏 이용할 수 있는 무주공산이 아니라 특정 지역민 모두의 물질적 토대로 작용했다. 그 지역민이라면 누구든 생존을 위해 공동자원을 이용할 수 있는 권리를 누리지만 자연의 한계를 인식하여 그 한계를 넘어서지 않도록 내부 성원의 행위를 통제하기 위한 장치를 자율적으로 마련함으로써 공동자원의 지속가능한 유지가 가능할 수 있었다. 한정된 공동자원의 이용은 일정 한도에서 편익의 감소를 가져오기에 공동체 구성원들은 공동자원의 부양능력 이내로 이용을 제한하면서 공동자원의 부양능력을 회복할 수 있도록 유지·관리할 책임을 지도록 되어 있었다. 공동체 구성원들은 자신의 삶과 공동자원의 건전한 유지가 상호 연결되어 있다는 점을 인식하여 공동자원이 지속될 수 있도록 해야 한다는 사실을 받아들였고 개개인의 이익을 분리해서 추구하기보다 구성원 전체의 이익이 커질 수 있도록 하면서 이를 고루 나눠 갖기 위해 다양한 규범과 규칙을 고안했다. 전통적인 공동자원 이용 방식은 모두 주민들의 생존기반인 한정된 공동자원을 보다 많

은 사람들이 합리적이고도 생태적으로 이용하기 위한 적응전략으로
구성원 모두의 최저생계를 보장하면서 공동자원의 부양능력을 유지
하는 방향으로 이루어졌다.

이러한 전통적인 공동자원 이용방식의 기저에 깔린 가치는 인간
중심주의나 생태중심주의로 간단하게 나누기는 어렵다. 하지만 심
층생태론에서 주장하는 생물중심적 평등biocentric equality이나 자아
실현의 규범self-realization이 중요하게 작동한다고 보기는 어렵다.[17]
어쩌면 심층생태론에서 비판하는 피상적 생태론shallow ecology의 요
소들을 포함하고 있는 것으로 이해할 수도 있다. 공동자원 내 자연
은 내재적 가치보다는 인간 삶을 가능하게 하는 자원으로서 의미를
부여받기 때문이며 공동자원 부양능력에 대한 관심도 생태계 자체
의 건강한 유지를 위해서라기보다 공동체 구성원의 삶을 지속가능
하게 하기 위한 도구적 관심에서 비롯된 것이기 때문이다. 하지만
인간의 이익을 위해 자연의 착취와 지배를 당연시하면서 부양능력
의 한계를 무시하는 경향을 띠지는 않는다.

한 가지 생각해볼 수 있는 점은 전통사회가 계급사회로서 인간
사회 안에서도 지배-피지배, 착취-피착취 관계가 존재했으며 현대
자본주의사회 안에서도 이런 지배 착취 구조가 온존하기 때문에 이
런 구조를 당연시 하면서 다른 생물종의 가치를 인간의 가치와 동등
하다고 보는 관점은 어쩌면 모순적일지도 모른다. 지속가능한 공동
자원 이용과 관리에서도 가장 중심에 놓인 것은 공동자원를 공유하

---

17 Naess, A., *The shallow and deep, long-range movement: A Summary.*
Drengson, A. The deep ecology movement: An Introductory Anthology. CA:
North Atlantic Books, 1995.

는 구성원들의 삶의 지속가능성이었으며 이러한 삶의 지속가능성을 실현하기 위해 공동자원의 부양능력이 지속가능해야 한다는 인식이 기저에 작용했던 것이다. 하지만 이 때 중요하게 고려되었던 것은 공동체 구성원이라면 누구나 자연자원에 대한 접근의 기회를 동등하게 누릴 수 있도록 배려되어야 하고 자연 부양능력의 한계를 인식하는 가운데 공동자원을 부양 능력 이상으로 수탈하지 않으면서 자연과 인간이 공존 공영할 수 있도록 해야 한다는 점이다.

4. 마무리:
이분법적 자연-사회관계 이해와 공동자원의 비극, 넘어서기

한국 사회 전통적인 공동자원 관리 방식은 자연과 사회의 관계, 또는 그 관계를 보는 시각에 대해 무엇을 시사하는가? 자연의 부양능력이란 테두리 안에서 자연의 재생산 능력을 훼손하지 않으면서 자연과 사회가, 나아가 사회구성원들 모두가 공생공존할 수 있는 방향을 지향하지 않는다면 자연의 지속가능성도, 사회의 지속가능성도 실현되기 어렵다는 점이다. 우리의 삶을 의존하고 있는 생태계의 특성과 한정된 부양능력에 대한 인식을 기초로, 집단 내 구성원들 간 형평성을 고려하면서 자발적인 참여와 자치적인 공동규제를 마련하고 이를 실천해갈 때만 지속가능한 공동자원 이용과 관리가 가능하다. 하딘이나 이후 환경경제학자들이 주장하는 재산권의 배분을 통한 공동자원의 사유화나 국가의 개입과 강제적 규제가 공동자원의 비극으로 비유되는 환경문제의 해법이 되기는 어렵다. 오히려 이러한 접근은 공동자원을 지속적으로 파괴해나가는 사유화의 과정이었던 엔클로져enclosure 운동의 재연이거나 지역주민의 자치적 해결 능력을 억압하고 해체하는 것으로 결국 의도했던 환경문제의 해결도 이루어지기 어렵기 때문이다. 공동자원의 비극은 사유화를 통해서 해결할 수 없다. 이는 오히려 계층간의 격차를 한없이 늘리면서 자연을 착취하는 모습으로 귀결되기 십상이다. 결국 공동자원에 자신의 생존을 걸고 있다는 엄연한 사실을 깨달으면서 공동자원의 생태적 본성에 대해 민감하고도 해박한 지식을 가지고 있으면서 공동자원 부양 능력의 한계 안에서 살아야 한다는 자각을 가진 지역주민의 세력화와 자치에 달려 있는 것이다. 이는 자연과 사회의 관계를 인간중심주의적으로 보느냐, 생태중심주의로 보느냐와는 구분된다. 자연-사회를 분리하는 이분법적 이해를 넘어 어떻게 자연과 상생하며 공존하는 관계를 맺을 것인지, 나아가 사회 내 사람과 사람의 관계를 어떤 식으로 구성하는가의 문제다.

한국에는 성공적인 공동자원 관리 사례만 있는 게 아니라 오히려 갈수록 다양한 기존 공동자원이 손상되거나 훼손되어 가고 있는 경향을 보이고 있다. 본문에서 살펴본 송계의 경우 이제 상당수가 사라진 상태이며 제주도 마을목장계 또한 점점 줄어들고 있다. 어촌계는 여전히 유지되고 있지만 지역에 따라 지속가능한 관리가 이루어지고 있는지에 대해서는 보다 다양한 경험 연구가 필요한 상태다. 본문에서 사례로 다루지는 않았지만 한국에서 발견할 수 있는 또 하나의 마을 단위 공동자원으로는 마을숲이 있는데 마을숲 또한 점차로 줄어들고 있다.[18] 이러한 공동자원의 소실과 공동자원 관리제도

---

18   윤순진·차준희, 「공동자원 비극론의 재이해를 토대로 한 마을숲의 지속가

의 붕괴는 다양한 원인들에 기인하지만 공동자원이 더 이상 지역주민들의 생존에 중요한 요소로 작용하지 않게 되었기 때문인 경우들이 많다. 어촌계의 경우 여전히 지역 어민들의 생계와 생존에 필요한 주요한 수입원이 되기에 마을 어장의 공동관리를 위해 여전히 존속되고 있는 경우들이 많지만, 송계의 경우 화석연료와 화학비료의 보급으로 더 이상 산에서 나는 땔감이나 시초가 일상적인 삶에서 중요한 요소가 아니게 되었다. 마을숲이나 마을목장 등 일부 공동자원은 자본주의 확대에 따른 상품화의 확산과 사유화, 지역공동체의 붕괴가 주요한 구조적 요인으로 작용하여 손실과 축소, 파괴의 과정을 겪고 있다. 마을숲의 경우, 예전 마을숲을 조성했을 때 기대했던 풍수적 목적이나 자연재해 방지, 임산물 획득, 문화·종교적 행사 수행과 같은 기능이 현대사회에서 더 이상 중요하게 요구되지 않기 때문이기도 하다. 마을숲은 사회적 맥락이 바뀌어 지역주민들이 공동자원으로서 유지해야 할 가치를 더 이상 갖지 못하는 데도 불구하고 지역 외부에서 공동자원으로 유지해야 한다는 주장이 제기되기도 한다. 이 경우 오히려 지역주민에게는 유지 관리에 대한 책임이 강요되기도 한다. 이러한 상태는 과연 적절한지, 즉 누구를 위한 공동자원이며 누가 유지·관리의 책임을 져야 하는지에 대한 논의가 필요하다.

그런데 하딘이 예를 든 공동자원나 오스트롬의 공동자원, 또 이 글에서 살펴본 한국의 공동자원 모두 한정된 지역의 공동자원이었

<hr>

능한 관리: 강릉 송림리 마을숲 사례에 대한 검토를 중심으로」, 『농촌사회』 19집 2호, 2009, 125-166쪽.

다. 따라서 지역사회 구성원들은 공동자원 부양능력의 한계를 인식할 수 있었고 공동자원 부양능력의 훼손이 자신의 삶의 지속가능성에 직접적인 위협이 된다는 사실을 어렵지 않게 인식할 수 있었다. 하지만 공동자원의 비극으로 비유되는 최근의 환경문제는 영향의 지리적 범위나 경계가 한 지역을 넘어서는 경우가 많으며 심지어는 지구 전체에 이르기도 한다. 또 환경문제를 야기한 당사자나 지역이 그로 인한 피해를 입는 자들이나 지역과 다른 경우들이 대부분이다. 자기 행위의 결과가 자기 삶에 직접적으로 영향을 미치지 않거나 그 연결성을 파악하는 게 쉽지 않은 경우들이 있는 것이다. 아울러 현대경제의 개방성으로 인해 더 이상 과거와 달리 지역주민들이 자기 지역 공동자원의 부양능력에만 기대지 않기에 자신의 삶과 지역의 부양능력이 밀접하게 연결되어 있지 않다. 자연의 부양능력의 한계 안에서 살아간다는 것이 어떤 상태를 의미하는지도 명확하지 않게 된 것이다. 따라서 이런 상황에서 자연의 부양능력의 한계를 인식하여 부양능력의 한계 이내로 삶의 규모를 유지하고 자연과 사회의 지속가능성을 넘어서지 않도록 삶의 방식을 취하는 것이 쉽지 않게 되었다. 이러한 상태는 무엇을 시사할까? 기존 공동자원의 지속가능한 관리에서 도출한 자연관 내지 사회-자연의 관계와 연결성에 대한 시각이 여전히 유효하다고 할 수 있을까? 이제 우리가 이 문제에 대한 답을 구해야 할 때다.

08

공동자원론과 동아시아적 개념의 지층

김치완

1. 들어가며

베버는 모든 제도가 인간의 '의미 있는' 행위에 기초해서 성립한다고 주장한 바 있는데, 여기서 말하는 인간 행위의 원천은 윤리이고 이념이다. 이 논리에 따르면 공공성公共性이라는 개념도 윤리와 인간 행위의 동기로서 이념을 이해하는 과정을 통해서 접근할 수 있다. 물론, 베버의 저작 가운데서 공공성 개념이 명확하게 규정된 바는 없다. 다만 "서구의 정치, 법, 경제, 사회, 예술 등 인간 삶의 모든 영역 속에 스며들어가 있는 합리주의 문화의 의미에 관해 무수히 많은 언급을 하고"[1] 있을 뿐이다. 그런데 베버는 그동안 세계를 발전적으

---

1   최치원, 「종교문화적으로 이해된 막스 베버의 유교윤리에 대한 정치이론적

로 변혁시켜왔던 기독교 종교 윤리에 기원을 둔 합리주의와 종교적 외투를 더 이상 필요로 하지 않음으로써 역설적이지만 자신이 지니고 있던 고유한 속성을 상실해버렸고, 결과적으로 세계를 화석화시키는 방향으로 이끌어가는 근대적 합리주의를 구분했다. 이 구분은 오늘날 통용되는 공공성 개념 이해에 대한 단초를 제공한다. 왜냐하면 비록 내적으로는 모순된 것으로 보일 수 있는 근대적 합리주의가 객관적, 외적으로는 공공성이 요구하는 최소한 기준을 충족시키고 있음을 보여주기 때문이다.[2]

베버의 합리주의, 또는 서양의 합리주의적 전통과 기준에서 동아시아 전통 사유 체계를 이해하고 서술하는 데는 의제와 관점에 따른 수많은 난관이 있는 것이 사실이다. 예컨대 동아시아 전통에서는 근대적 의미의 인간에 대한 접근이 중요하게 다루어지지 않았다. 근대적 의미에서 인간은 독립적인 개인적 실체이다. 오늘날 우리는 이것이야말로 우리가 포기할 수 없는 구체적인 현실이라고 생각한다. 하지만 독립적인 개인적 실체로서 인간은 사실상 너무도 이상적인 개념이다. 현실에서 그런 지위와 정체성을 지닌 인간은 없다. 이 점에서 동아시아 전통사상에서 주목한 인간은 오히려 구체적이다. 인간은 누구나 군신君臣, 부자父子, 부부夫婦, 장유長幼, 붕우朋友의 관계 속에 있고, 이 관계는 시시각각으로 변화하고 있다. 그러므로 이런 관계를 완전히 배제하고서도 일관되게 독립적인 존재로서 존재할 수는 없다. 이런 난관에도 불구하고 베버는 동아시아 전통 사유 체

해석-동(북)아시아의 공공성 문제 고찰」, 『정치사상연구』 18집 1호, 한국정치사상학회, 2012, 217쪽.

2 최치원, 위의 글, 216-220쪽.

계를 정치적으로는 지배 권력을, 사회경제적으로는 가족을 정당화
시켜주었다는 관점에서 접근하려고 했다.[3]

실제로 동아시아 전통 사유 체계 가운데 하나인 유학儒學에서
는 인간이 공적公的, 共的인 존재가 될 수 있다는 전제(性善說) 아
래 사적私的; 個別的인 감정의 저변에 인간이라면 누구나 공유共有하
고 있는 보편적인 공공성의 영역이 있음에 주목했다. 이것은 『공유
지의 비극』에서 출발한 '공동자원론Commons'과 관련한 개념의 지층
을 동아시아 전통에서 찾는 데 있어서 중요한 키워드가 된다. 왜냐
하면 유학의 이런 공공성은 유학만의 것이 아니라 대동大同의 이상
을 포함한 중국의 고대적 사유에서 비롯되었기 때문이다. 물론, 대
체로 유학의 공공성은 공共보다는 공公을 중시한 것으로 알려져 있
지만, 맹자는 여민해락與民偕樂을 통해 정치인의 개인적 욕구조차도
그것이 공유共有될 때는 공적公的인 것으로서 인정될 수 있다고 주장
한 바 있다. 하지만 공적인 영역과 사적인 영역을 구분하는 방식을
사용하여 공공성의 개념을 끌어내는 서양과는 달리 동양에서는 사
회적 행위 주체의 최소단위인 개인의 행위에서부터 공과 사를 구분
한다. 이러한 점을 전제로 하여, 이 글에서는 인정仁政의 발현으로서
이루어지는 왕도정치王道政治와 그것을 가능하게 하는 전제田制가 어
떻게 모색되어 왔는지를 구체적으로 살펴보고, 이러한 구체적 제도

---

3 이것은 그리스적 사유세계의 전통을 분석함으로써 얻은 공공성의 개념을 활
용하여 유교적 전통 사유 체계가 가진 문제점을 분석하고 드러내려는 것이었다.
하지만 이 과정을 거꾸로 활용하면 오늘날 우리가 가지고 있는 의문, 곧 "동아시
아 전통 사유 체계에서 이른바 커먼즈의 개념적 지층을 확인할 수 있는가, 그렇
다면 그것은 어떠한 것인가?"를 해결할 수 있을 것으로 보인다.

를 가능하게 하는 이념적 지형으로서 '공사公私를 주제로 한 논쟁', 곧 인성론이 어떻게 진행되었는지를 살펴보고자 한다. 이 과정에서 아직 '공동자원'으로 번역되고 있는 커먼즈의 개념적 지층을 확인해 볼 수 있을 것으로 기대한다.

2. 정치적 이상과 조건: 선양(禪讓)과 여민해락(與民偕樂)

동아시아 전통사회의 이상향은 삼대三代이다. 삼대는 중국 최초의 왕조인 하夏나라와 상商나라, 주周나라를 가리킨다. 『사기史記』「하본기夏本紀」에 따르면, 우왕禹王은 기원전 2070년 하나라를 개국했다. 하나라는 우왕으로부터 17대代인 걸왕桀王까지 472년 동안 유지되었다고 한다. 이 고대왕조는 1970년대 이전만 하더라도 기록상으로만 존재한다고 여겨졌다. 그런데 1958년부터 하북성 서쪽에 그 유적이 있을 것이라고 추정하여 이 지역을 탐사하기 시작했다. 그 결과 언사현偃師縣의 이리두二里頭 주변과 정주鄭州의 낙달묘洛達廟 주변에서 하왕조의 것으로 추정되는 문화유적이 발굴되었다. 하지만 오늘날 이 문화유적은 상왕조를 건국한 집단과 문화적으로 연계된 것으로 여겨지고 있다. 한편, 걸왕은 상나라의 마지막 왕인 주왕紂王과 함께 폭군으로 유명하지만, 14대 공갑왕 때부터 이미 제후들이 등을 돌리고 조공을 바치지 않았다고 한다. 그러므로 그가 폭군이라는 평가와 관련해서는 그러한 사실이 있었는가 하는 여부보다는 그러한 평가를 가능하게 하는 근거에 초점을 맞추어야 한다.[4]

4　이 둘에게서는 모두 주지육림(酒池肉林) 등, 고대국가의 권력자로서 권력을

하왕조 이전의 중국 고대는 흔히 삼황오제三皇五帝라는 신화전설 상의 인물로 시작한다. 삼황은 복희씨伏羲氏, 여와씨 女媧氏(기록에 따라서는 祝融氏, 燧人氏 등으로 대체), 신농씨 神農氏 등을 가리킨다. 복희씨는 팔괘八卦를 만들고 수렵 채집하는 법을 가르쳤고, 여와씨는 인간을 창조하였으며, 신농씨는 농사짓는 법을 가르쳤다고 알려져 있다. 이들 삼황은 역사적으로 위대한 특정 인물이라기보다는 부족으로 추정된다. 오제는 황제黃帝, 전욱顓頊, 제곡帝嚳, 제요帝堯, 제순帝舜 등이다. 황제는 판천阪泉에서 염제炎帝(또는 赤帝)와 싸워 이긴 후 탁록涿鹿(오늘날의 河北省 張家口)에서 치우蚩尤를 물리치고 황하 유역의 맹주가 되었고, 전욱은 중重과 려黎에게 땅과 하늘의 사사로운 교통을 끊어버리게 하였으며(絶地天通), 황제의 증손이자 전욱의 조카인 제곡은 절기節氣를 만들었다고 알려졌다. 농업 기반 사회에서 절기를 만들었다는 것은 기후 변화에 따른 만물의 변화 규칙을 농업에 적용시켰음을 뜻한다. 따라서 제곡의 시기에 농업생산력의 혁신이 이루어졌을 것으로 미루어 짐작된다.

제요와 제순의 시대, 곧 요순시대堯舜時代(唐虞時代)는 정치적 이상향인 태평성대太平聖代를 가리키는 대명사로 쓰이기도 한다.[5] 그 이유는 강구요康衢謠와 격양가擊壤歌에서 확인된다. 강구요는 '번화한 네거리에서 부른 노래', 격양가는 '땅을 치며 부르는 노래'라는 뜻으로, 요임금 시대의 태평세월을 상징한다. 기록에 따르면, 요임금

사유화하는 극단적인 사례들이 공통적으로 발견되는데, 이는 추후에 진술될 맹자의 여민해락과 대척점에 서 있는 사례이다.

5 각자의 나라를 요임금은 당(唐), 순임금은 우(虞)라고 하였기 때문에 정치적으로 부족국가 시대에 해당하는 이 시기를 당우시대라고도 한다.

이 천하를 다스린 지 50년이 지나자 천하가 잘 다스려지는지를 확인하려고 평민 차림으로 나섰다고 한다. 넓고 번화한 네거리에 이르렀을 때 아이들이 노래를 부르고 춤추는 것을 목격했다. 아이들이 부른 노래는 임금님이 인간의 본성에 따라 백성을 도리에 맞게 인도하기 때문에 백성들은 법이나 정치를 염두에 두거나 배워 알 필요 없이 임금님의 가르침에 따르기만 하면 된다는 강구요였다.[6] 다시 발길을 옮기던 요임금은 한 노인이 길가에 두 다리를 쭉 뻗고 앉아 한 손으로 배를 두드리면서 다른 손으로 땅바닥을 치며 장단에 맞추어 노래를 부르는 광경을 목격했다. 노인이 부른 노래는 군주의 고마움을 알게 하는 정치보다는 군주가 있다는 사실조차 느끼지 못하게 하는 정치가 좋다는 내용을 담은 격양가였다.[7]

강구요와 격양가를 들은 요임금은 크게 만족하며 "지금이야말로 태평시대"라고 말한 것으로 전해진다. 고대국가 성립 이전인 이 시대를 상징하는 이들 노래와 함께 우리의 눈길을 끄는 것은 선양禪讓이다. 동아시아 정치사상에서 당우시대가 중국 최초의 왕조인 하왕조 이전의 이상적인 시대로 분리되는 이유이기 때문이다. 선양은 요가 순에게, 순이 우에게 왕위를 전한 이른바 "평화적 양위"를 가리킨다. 요와 순, 그리고 우는 혈통관계가 없이 각자가 지닌 덕으로 왕위

6 　『列子』「仲尼」: "堯治天下五十年 不知天下治歟 不治歟. 不知億兆之願戴己歟 不願戴己歟. 顧問左右 左右不知. 問外朝 外朝不知. 問在野 在野不知. 堯乃微服游於康衢 聞兒童謠曰 立我蒸民 莫匪爾極 不識不知 順帝之則. 堯喜問曰 誰教爾為此 言. 童兒曰 我聞之大夫. 問大夫 大夫曰 古詩也. 堯還宮 召舜 因禪以天下. 舜不辭而受之."

7 　『文心雕龍』時序第四十五 梅注: "帝王世紀 帝堯之世 天下太和 百姓無事 有老人擊壤而歌曰 日出而作 日入而息 鑿井而飲 耕田而食 帝力何有於我哉."

를 물려받았다. 이렇게 혈통관계 없이 덕성을 가진 이에게 평화적으로 양위하는 것은 중국 상고사에서만 확인되는 '선양'이라는 정치적 행위다. 물론 순이 요가 죽은 뒤 요의 아들인 단주丹朱와 권력 다툼이 있었다거나, 순과 우의 선양설이 훗날 추가된 것에 지나지 않았다고 비판하기도 한다.[8] 하지만 아버지 우禹가 선양한 익益을 죽이고 왕위를 찬탈한 계啓 때문에 세습왕조인 하夏가 만들어져 요순의 당우시대와는 단절되었다는 사실史實은 선양의 사실 여부를 다투는 것이 논점에서 벗어나고 있음을 잘 드러낸다.

선양은 서구식 민주주의가 동아시아 정치 현장에 도입된 근현대 이전에 한국을 비롯한 동아시아 전통사회에서 통용된 정치적 이상이다. 개인의 몸에서부터 천하에 이르기까지 모든 권력의 대상은 사적 소유물이 아니라 '더불어 함께하는 존재存在 또는 장場'이라는 생각을 담고 있기 때문이다. 이러한 생각은 춘추전국시대의 제자백가에게 계승되었다. 특히 공자와 맹자로 대표되는 유가儒家에게서는 '왕도정치王道政治'라는 구체적인 형태로 주장되었다. 왕도정치는 인문주의를 내세운 주왕조의 실질적인 통제가 약화된 춘추전국시대가 추구했던 힘의 논리를 벗어나려는 유가의 이상이었다. 권력자의 현실적 권력보다는 도덕적 의무를 강조한 이 이상은 맹자의 '여민해락與民偕樂'으로 봉건주의 지배질서를 관통한다. 맹자는 군주 개인의 욕망과 권력이 공적 사회질서 속에서 용인될 수 있다고 보았고, 그 기준으로 "백성과 함께 함", 곧 "여민與民"을 내세웠다. 여민은 모두와

8　정재서, 「禪讓인가? 簒奪인가?-고대 중국의 왕권신화에 대한 해체론적 접근」, 『中國語文學』 54집, 영남중국어문학회, 2009, 5-20쪽.

더불어 함께할 수 있을 때 공公이라는 이름으로 불릴 수 있다는 합리적 권력의 실질적인 요건으로서, 오늘날의 공共, commons에 해당한다. 이렇게 개인의 욕망을 인정하는 대신 이 영역을 모든 이들과 함께할(與) 때 공적公的 영역이 된다는 점[9]은 오늘날 우리에게 시사하는 바가 크다.

3. 제도적 이상과 조건: 예제(禮制)와 정전제(井田制)

주周나라는 후직后稷으로부터 13대째인 고공단보古公亶父 때 기산岐山(오늘날의 陝西省 中部)에 터전을 잡았다. 『사기史記』 「주본기周本紀」에 따르면, 농경신인 후직은 유태씨有邰氏의 딸로서 제곡帝嚳의 아내가 된 강원姜原이 거인의 발자국을 밟고 잉태하여 낳은 아들이다. 주나라가 건국했을 당시 황하 하류지역에는 제정일치祭政一致였던 상商왕조가 번영하고 있었다. 고공단보의 손자인 문왕文王 때에 주나라는 중국 서쪽지방의 유력한 제후국이 되었다. 문왕의 아들인 무왕武王이 기원전 1046년에 상왕조의 30대왕인 주紂를 정벌征伐하여 호경鎬京(오늘날의 陝西省 西安)으로 도읍을 옮기고 봉건제도를 실시하면서 주왕조가 시작되었다. 제후인 무왕이 천자인 주왕을 방

---

9 『孟子』 「梁惠王 上」: "孟子見梁惠王 王 立於沼上 顧鴻雁麋鹿曰 賢者 亦樂此乎. 孟子對曰 賢者而後 樂此 不賢者 雖有此 不樂也. 詩云 經始靈臺 經之營之 庶民攻之. 不日成之 經始勿亟 庶民子來. 王在靈囿 麀鹿攸伏. 麀鹿濯濯 白鳥鶴鶴. 王在靈沼 於牣魚躍. 文王以民力 爲臺爲沼 而民歡樂之 謂其臺曰靈臺 謂其沼曰靈沼. 樂其有麋鹿魚鱉 古之人 與民偕樂 故能樂也. 湯誓曰時日 害喪 予及女 偕亡民欲與之偕亡 雖有臺池鳥獸나 豈能獨樂哉"

벌하러 나설 때 고죽국孤竹國(오늘날의 河北省 昌黎縣 부근)의 왕자였던 백이伯夷와 숙제叔齊가 막아섰고, 이들이 끝내 주나라의 곡식을 먹지 않고 수양산에 들어가 죽었다는 고사는 유명하다.

백이와 숙제는 무왕의 방벌이 부자父子와 군신君臣의 인의仁義에 위배된다는 점을 내세웠다. 이들이 이 일로 훗날 유가의 청절지사淸節之士로 표장되었다는 것은 역설적이다. 왜냐하면 공자로부터 시작한다고 하는 유가는 주공周公을 요순에 이은 성인으로 여기기 때문이다. 주공은 무왕이 주왕조를 세운 지 삼년을 채 못 넘기고 죽자 성왕의 섭정이 되었다. 당시 상족을 이끌고 있던 주왕紂王의 아들 무경武庚 등이 반란을 일으키자 이를 진압하는 동시에, 상구商丘에 주왕의 형인 미자계微子啓를 봉封하여 송宋나라로 불렀다. 그리고 아들 백금伯禽을 노魯나라에 봉하는 등 주왕실의 일족과 공신들을 요지에 배치하여 다스리게 하는 봉건제封建制를 실시했다. 뿐만 아니라 예악禮樂과 법도法度를 제정하여 주왕실 특유의 제도문물制度文物인 예제禮制를 창시했다. 이것이 송나라 후손으로서 노나라에서 태어난 공자가 감탄해마지 않았던 주周나라의 인문질서인 주례周禮이다.

동천東遷(기원전 770) 이후 잠시 부흥되었던 주왕조의 실질적인 지배력이 약화된 춘추시대의 문제를 해결할 수 있는 방안으로 공자가 선택한 것은 주왕조를 유지하기 위해 주공이 확립한 예제였다. 왜냐하면 상왕조의 종교의례로서의 예, 즉 신과 인간을 소통시키는 의식에 국한된 예를 인간사회를 규범화하는 하나의 거대한 문화형태로 확대, 전환시킨 것으로 이해했기 때문이다. 물론 이러한 주례의 정신적 내용으로 제시된 것이 주공의 덕 관념 및 덕을 통해 천명에 순응하고자 하는 '이덕배천以德配天'의 사상이기 때문이다. 이를 바탕으로 공자는 예와 인仁의 독특한 관계를 규정하고 확장시켰다.[10] 공자는 인간다움(仁)이란 올바름(義)이라는 보편적 타당성을 바탕으로 하고 있는데, 이것이 실행되려면 보편적 규범(禮)가 필요하다고 생각했다.[11] 주왕조를 지탱하던 정치적 규범인 주례가 모든 인간에게 적용되는 보편적 규범이 되면서 예는 인간형성, 자기수양의 문제와 불가분의 관계가 되었다.[12]

봉건제와 함께 주왕조의 예제 가운데 하나로 손꼽히는 것이 『맹자』「등문공滕文公 상上」에 언급된 정전제井田制이다. 맹자는 공자의 왕도정치가 항산恒産을 기반으로 한 항심恒心을 전제로 할 때 실현될 수 있다고 주장했다. 항산이란 부모와 처자를 부양하되 풍년에는 배부르고 흉년에도 굶어 죽지 않을 수 있는 생업을 말한다. 농경사회였던 당시로서는 백성들에게 주어지는 일정한 규모의 경작지가 곧 항산이자, 그 조건이었다. 이런 항산이 있어야 백성들은 한결 같은 마음인 항심을 가지게 되어 방벽放辟과 사치邪侈에 빠지지 않게 되는 것이다.[13] 맹자는 제선왕齊宣王과 양혜왕梁惠王에게 백성들에게 생업을 마련해주는 법(制民之産之法)으로 선왕들이 시행하였던 토지제도와 세제를 제안했다. "경작자가 9분의 1을 경작하는 정전제(耕者

---

10   장정호, 「孔子 禮 개념의 형성과 그 교육적 함의」, 『교육사학연구』20집 1호, 교육사학회, 2010, 58-59쪽.

11   『論語』「衛靈公」: "子曰 君子義以爲質 禮以行之 孫以出之 信以成之 君子哉."

12   장정호, 앞의 논문, 59쪽.

13   『孟子』「滕文公 上」: "民之爲道也 有恒産者 有恒心 無恒産者 無恒心 苟無恒心 放辟邪侈 無不爲已 及陷乎罪然後 從而刑之 是罔民也 焉有仁人在位 罔民而可爲也."

九一 井田制)"와 "벼슬하는 이가 세록을 보장받는 세록제(仕者世祿世祿制)"가 인정이 실현되는 사회의 기본이라고 생각했기 때문이다. 그리고 주왕조에서 이러한 왕도정치가 실현되었다고 생각했다.[14]

정전제는 630무畝 또는 900무의 1정井에 8가家를 분속시키는 것을 한 단위로 한다. 정전제 하에서 8가는 각각 70무나 100무씩의 1전田을 사전私田으로 나누어 경작하되, 그 수입이 보장된다. 대신 나머지 1전을 '공전公田'으로 하여 8가가 공동경작하게 하여 그 수확을 세금으로 수조收租했다. 이때 1가의 납세율은 1/10 수준이 된다. 그리고 제후왕인 군君 이하의 관료에게는 차등으로 일정 규모의 공전을 지급하고 그 수조액을 녹봉으로 대신하게 했다. 이것이 세록제로, 국가의 수조권을 봉건지배층에게 양여하고 대대로 세습하도록 한 것이다. 이 정전제와 세록제는 왕토사상王土思想에 근거하여 농민들에게 자급자족할 수 있는 규모의 경작지를 확보해주어 자영농을 육성 유지시키는 한편, 모든 경작지로 일정 비율의 생산물을 수조하는 제도였다. 춘추전국시대에 들어 봉건지배층이 자신의 수조지와 농민들의 보유지를 사유화하고 겸병하자 정전제가 붕괴되어 백성들이 생산노예로 전락하기도 했다.[15] 하지만 동아시아 전통사회의 개혁세력들은 언제나 변법 개혁을 통해 '수조권적 토지지배'를 복구하고 유지시키려고 노력하였다는 점은 오늘날 우리에게 시사하는 바가 크다.

14　이세영, 「朱子의 『孟子集註』에 보이는 '井田制'의 성격」, 『역사문화연구』 32집, 한국외국어대학교 역사문화연구소, 2009, 106쪽.

15　이세영, 위의 논문, 109-111쪽.

4. 윤리적 이상과 조건: 무위자연(無爲自然)과 인성론(人性論)

춘추시대(B.C.770-B.C.403)에는 주왕실과 봉건제도가 유지되었지만 강력한 군사력을 가진 대표 제후들인 패자霸者들이 실질적인 권력을 좌우했다. 패자란 제국 또는 제후 사이에서 맺어지는 회합이나 맹약인 회맹會盟의 맹주가 된 이를 가리키는 말이었다. 춘추시대에는 5명의 대표적인 패자가 손꼽혔는데 이들을 가리켜 "춘추오패春秋五霸"라고 한다. 『순자荀子』에서는 제齊나라의 환공桓公, 진晉나라의 문공文公, 초楚나라의 장왕莊王, 오吳나라의 합려闔閭, 월越나라의 구천勾踐 등을 춘추오패로 손꼽는다. 그밖에 진秦나라 목공穆公, 송宋나라 양공襄公, 오나라 부차夫差 등이 손꼽히기도 한다. 한편, 봉건제도가 무너진 전국시대(B.C.403-B.C.221)에 접어들면서 농업생산력의 향상과 상업경제의 발달에 따라 강대한 국가가 형성되었다.[16] 그 대표적인 7개 강국이 "전국칠웅戰國七雄"으로, 동쪽의 제齊나라, 남쪽의 초楚나라, 서쪽의 진秦나라, 북쪽의 연燕나라, 중앙에 위치한 위魏·한韓·조趙 등이 손꼽힌다.

춘추전국시대의 급격한 정치적 변동이 농업생산력의 향상에서 비롯되었다는 점은 잘 알려진 사실이다. 춘추시대 말에는 철제농기구가 사용되기 시작했고, 전국시대에는 우경牛耕이 시작되었다. 또한 치수관개治水灌漑 공사가 각국에서 시행됨으로써 경지면적이 증

---

16   진(晉)나라의 대부(大夫)인 한(韓), 위(魏), 조(趙)씨가 각각 제후로 독립한 기원전 403년을 춘추시대의 종언을 고한 시기로 본다. 그런데 이들 세 제후가 각각 3국으로 분열했던 때는 기원전 453년이다. 기원전 403년은 주왕실에서 이를 공인한 때이다. 봉건제도와 함께 주왕실의 권위가 유지되던 춘추시대와는 달리, 전국시대에는 진나라의 분열을 계기로 봉건제도와 주왕실의 권위가 종언을 고했다.

대되었다. 제후들은 이렇게 간척된 농지와 산림, 해변의 산물에 대한 과세를 통해 권력을 강화했다. 또한 소금이나 철을 생산 판매하는 업자들이 큰 이익을 남겼는데, 교환경제의 발달과 더불어 화폐가 유통되었다. 이러한 경제 발전은 씨족이 결합된 기존 대가족제도가 무너지고, 단위가족이 독립할 수 있게끔 하는 원인이 되었다. 이들 중 일부는 몰락하여 노예가 되기도 했지만, 또 다른 일부는 광대한 토지를 취득하여 유력한 호족豪族이 되기도 했다. 이렇게 급격한 사회변화 속에서 가문의 배경이 없이도 본인 자신의 재능과 자각으로 활약하는 지식인 계층이 등장했다. 이들은 군주나 유력 인사에게 접근하여 법률, 군사, 외교 등 각 분야에서 두각을 나타내었는데, 이들을 제자백가諸子百家라고 부른다.

제자백가는 당시의 정치적·사회적 변동을 배경으로 주요 의제를 선정하였는데, 그 대응 및 해별 방안까지도 말 그대로 백가쟁명百家爭鳴이었다. 특히 전국시대 말기에는 백가라는 용어가 등장하면서 각자 다른 학파와 대립 차별되는 점을 강조하는 현상이 두드러졌다.『맹자』「등문공滕文公 하下」,『순자』「비십이자非十二子」,『장자莊子』「천하天下」,『한비자韓非子』「현학顯學」 등에서도 확인되듯이 일찍부터 양주楊朱와 묵적墨翟을 비롯한 몇 개의 학파가 구분되었다. 하지만 구체적인 인식은 부족했는데, 한나라 때의 사마담司馬談에 이르러서 차이점을 기초로 한 학파의 구분이 구체화되었다. 사마담은 제자백가를 음양가陰陽家, 유가儒家, 묵가墨家, 법가法家, 명가名家, 도덕가道德家 등 여섯 개의 학파로 구분했다.[17] 그런데 이들의 백가쟁명을

17　이 여섯에 유흠의『칠략』과 반고의「예문지」에서 비롯된 종횡가, 잡가, 농가, 소설가 등 4가 합쳐지면서 제자백가의 대표적인 10개 학파가 완성되었다.

살펴보면 사회·정치·지리·농업·문학 등의 전 분야에서 다양성이 두드러지지만 그 속에서 오히려 공통점이 발견된다. 그것은 "사회 질서를 유지하는 것이 '어떻게' 가능한가?"를 묻고 답한 것이라는 점이다.

오늘날 우리는 도가와 유가가 공존해왔음에도 불구하고 실질적으로는 이 둘이 모든 점에서 경쟁해왔다고 생각한다. 그래서 도가의 자연自然과 유가의 인성人性도 반대되는 개념으로 이해하고 해석한다. 인성론을 논하는 데서도 맹자의 성선性善과 순자의 성악性惡을 반대되는 것으로 이해해서, 이 둘이 모두 유가로 분류되는 것을 의아하게 여기기도 한다. 하지만 이 지점, 곧 자연과 선한 본성, 그리고 악한 본성이라는 지점에서 이들은 모두 같은 것을 생각한 것으로 보아야 하고, 사실상 그렇다. 노자가 무위자연無爲自然이라고 한 것은 자연생태계를 포함하지만, 좁은 의미에서 그 대척점에 서 있는 것으로 오해되는 인간사회까지를 포함할 때 비로소 그 의미가 명확하게 드러난다. 이것은 맹자가 선하다고 말한 것, 곧 인간의 본래적인 성질, 곧 자연적인 본성을 가리킨다. 마찬가지로 순자가 악하다고 말한 것은 제도의 반대편에 있어서 통제해야하지만 다른 한편으로는 그 덕분에 제도가 구축될 수 있는 인간의 본래적인 성질, 곧 자연적인 본성을 가리킨다. 이 점에서 이들 모두는 "'어떻게'를 질문하는 자의 본래적인 성질이 그 해답이다"라는 공통된 답안을 낸 것이다.

이 답안은 이후 동아시아 전통사회의 사상적 기반이 되었다. 잘 알려진 대로 진의 통일제국 성립과 몰락에는 제도의 필요성과 가능성을 역설한 순자의 성론性論에 기초한 법가의 이념과 현실적 한계가 작동했다.[18] 통일제국 진의 성립과 몰락을 경험한 뒤 등장한 한漢

18　개인이 가진 욕구가 보편타당한 법적 통제(法)와 그 과정에서 요구되는 조

왕조는 초기에 개인의 욕구를 인정하는 태도를 취했다. 이것을 황제와 노자의 다스림(黃老之治)이라고 한다. 하지만 한유韓愈나 이고李翶, 양웅揚雄 등의 한대유학자가 제시한 성삼품설性三品說, 성선악혼설性善惡混說을 들여다보면 이것은 단순히 정치적 이념으로 보기 어렵다. 이들은 통일제국 진의 성립과 몰락 과정에서 목격한 개인적 영역, 곧 인간의 성질을 어떻게 취급할 것인가를 고민했고, 개인이 본질적으로 가진 욕구와 절제의 층위가 있음을 인정했기 때문이다. 따라서 도가의 무위자연을 포함한 동아시아 전통 사유 체계의 인성론은 개인의 욕구가 인간 존재의 보편성과 어떻게 관계 맺고 있는지를 해명하려고 한 것으로 볼 수 있다. 이렇게 동아시아 전통에서 자연과 사회, 인간성과 동물성, 본체와 작용, 성리와 심리, 본연과 기질 등이 심성론이나 도덕론 등의 이름으로 전개된 까닭은 오늘날 우리에게 시사하는 바가 크다.

5. 나오며

울리히 벡Ulrich Beck이 1986년 『위험사회』를 출간한 이래로, 성공적 근대가 초래한 딜레마이자 성공적 선진국에서 일상적으로 나타나는 '위험'에 대비하려는 노력이 '서구 근대화'를 성공적으로 추진

직과 인력 관리 전략(術)과 정치력(勢)에 의해서 통제되어야 한다는 것은 법가의 당연한 이상이었다. 왜냐하면 춘추전국시대에 유가와 도가가 주장했던 왕도와 자연법적 통제는 맹자처럼 인간이라면 누구나가 보편성을 가지고 있다고 역설하더라도 실제적으로는 도덕적 규범의 인식 수준과 실행 정도에 따라 상대적일 수밖에 없다는 한계를 지니기 때문이다. 따라서 통일제국 진의 성립과 몰락에는 개인적 영역을 취급하는 태도가 공통적으로 작용된 것으로 볼 수 있다.

해온 사회들에서 다양하게 시도되고 있다. 그 결과 역설적이지만 한 세기 전만 하더라도 서구 근대화를 앞세운 제국주의의 침탈을 온 몸으로 겪어야 했던 동아시아에서도 이런 시도가 다양하게 이루어지고 있다. 동아시아의 시도는 특히 전통 사유를 서구식으로 재해석한 이른바 '유교적 ○○○' 또는 '근대 지향적 ○○○'이라는 점이 눈에 띈다. 물론 이런 식의 접근이 언제나 긍정적으로 평가되는 것만은 아니다. 동아시아 전통 사유에 대한 "과대평가와 과소평가를 동시에 발견할 수"[19] 있기 때문이다. 이렇게 동아시아 전통 사유를 서구 근대화와 대척점에 두고 있는 것은 서세동점西勢東漸 시기 이후로 계속되고 있는 편견이다. 그런데 이러한 편견은 동아시아 전통 사유를 대안代案이라는 점에서 제한적으로 인용할 때 더욱 심화된다.[20]

이러한 문제의식은 동아시아 전통 사유 체계에서 '커먼즈Commons'에 비견되는 개념적 지층을 소략하게 살펴 본 이 글의 출발점이자, 전체 개념틀을 유지하는 근간이 된다. '커먼즈'와 관련된 기존 연구에서는 주로 선공후사先公後私와 같은 개념에 주목했다. 그래서 '공적

---

19 박영도, 「위험사회와 유교적 공공성의 문법: 생태 민주적 공공성에 대한 유교의 기여」, 『다산과 현대』 6권, 연세대학교 강진다산실학연구원, 2013, 233쪽. '유교적 공공성'의 과대평가와 과소평가를 지적한 이 글에서는 유교의 유기체론적 자연관이 생태 문제의 근본적 해결에 기여하리라는 소망적 사유가 과대평가라고 보면서 이 잠재력이 실제로 생태위기를 극복하는 과제에 기여할 수 있는지는 모호하다고 지적한다. 이에 비해 유교사상이 가진 공공성 문제를 빠뜨리고 있다는 점이 과소평가된 것이라고 주장하면서, 유교사상은 생태윤리 수준에 그치지 않고 생태 민주적 공공성으로 확장될 수 있다는 점을 강조했다.

20 김치완, 「동양적 생태담론 가능성에 대한 사상사적 고찰-대안적 패러다임론과 오리엔탈리즘적 접근에 대한 비판적 관점을 중심으로」, 『역사와 실학』, 44집, 역사실학회, 2011, 249-276쪽.

인 영역과 사적인 영역을 구분하는 서양과는 달리 사회적 행위 주체의 최소 단위인 개인이 올바른 행위를 따르는지 아닌지로 공사를 구분한다'[21]는 점에서 동아시아 전통 사유 체계의 특징을 도출해내었다. 같은 맥락에서 공공公共의 개념보다는 공公의 개념에 치중한 공공성의 개념이 나타나고 있다는 결론에 이르기도 한다. 그런데 유교로 제한되기는 하지만, 이런 논리는 "민본의 이념 → 왕도정치 → 항산의 제정 → 정전제"라는 과정을 거쳐 정치이념이 정치형태를 만들고, 그러한 정치 형태에 입각한 제도의 마련이 이루어졌다거나, 현실에서 제대로 시행되지는 못했지만 정전제가 민본의 이념을 증명해주는 제도라는 식의 설명을 가능하게 한다.[22] 이러한 난점을 피하려고 이 글에서는 베버가 동양사회를 분석한 것을 되짚어가면서 정치, 제도, 윤리 면에서 커먼즈와 관련한 이상과 그 조건과 관련한 개념의 지층을 거칠게 살펴보았다.

동아시아 고대 사회의 정치적 이상은 당우지제唐虞之際의 선양과 춘추전국시대를 관통하는 맹자의 여민해락에서 확인된다. 선양과 여민해락은 당시 공적公的 존재인 군주의 권력이 이념적이기는 하지만 여민與民할 때 정당성을 확보할 수 있다는 것을 뜻한다. 이 점은 '커먼즈'를 '공유-자원' 또는 '공동-자원'으로 번역하는 것이 동아시아 전통 사유 체계와는 다소 거리감이 있음을 보여준다. 천하는 자원이 아닐뿐더러, 그것을 '공동-소유所有' 또는 '공동-이용利用'한다

---

21   배수호, 김도영, 「유학(儒學)에서의 공공성 논의: 행정학 맥락에서 이해하기」, 『한국행정학보』 48권 3호, 한국행정학회, 2014, 75-98쪽.

22   이영호, 「儒教의 民本思想과 朝鮮의 井田制 受容」, 『退溪學論叢』 15집, (社)退溪學釜山研究院, 2009, 245-268쪽.

기 보다는 '화이부동和而不同의 여與'가 더 적합하기 때문이다. 이러한 이념은 제도적인 면에서도 확인된다. 춘추전국시대 공자는 이미 실효적 지배권을 상실하고 있는 주례周禮에 매달린다. 왜냐하면 정치적 규범인 주례야말로 모든 인간에게 적용될 수 있는 보편적 규범이라고 여겼기 때문이다. 이 보편적 규범이 당시 농업경제와 봉건체제 속에서 구현된 것이 정전제와 세록제다. 이런 질문과 해결 방법을 모색하여야 하고, 실제로 할 수 있는 까닭을 제자백가는 개인의 이기심을 넘어서는 보편적(共有) 인간성에서 찾았다. 따라서 동아시아 전통 사유 체계에서 '커먼즈'와 관련된 개념 지층은 우리 모두가 가지고 있는 보편성(人性)에서 출발하여, 그것이 보편타당한 규범(禮)과 제도 속에서 구현되는 방법(與)까지를 포괄하는 체계 속에서 파악될 수 있다.

09

동아시아 고대사의 전개와 커먼즈

정창원

1. 중국고대 공공(公共)관념의 해석

동아시아의 전통사상에서 公개념은 그 역사적 배경에 따라 개념적인 측면에서 서로 다른 독자성을 갖는다. 중국과 한국의 경우 公이 가지는 개념은 '지배권력公=공평·공정公=다수共'라는 복합적 의미로서 도의성과 보편적인 원리성 등 다양한 측면을 보여준다. 보편적 원리성의 개념을 내포하고 있는 중국 및 한국과는 대조적으로 일본에서 보이는 公의 개념은 국가를 최고로 하는 영역적 의미를 갖는다. 다만, 동아시아를 구성하는 주요 국가인 중국과 한국 그리고 일본에서 통용되었던 전통적 公개념은 이후 근대국가 형성과정에서 모두 강력한 국가주의로 변용되었다.

중국에서는 천하를 의미하는 公과 共同을 뜻하는 公개념이 현대 중국 사회주의 이념의 모태가 되었다. 일본에서는 정치영역상의 구분만을 의미하는 公개념이 공정公正 같은 윤리적 의미가 내포되지 않은 상태에서 일본 특유의 국가주의 전개과정에서 바탕이 되었다.

동아시아에서 보이는 公개념의 출발은 民을 포함한 국가의 모든 소유가 天命을 받은 통치자에게 귀속되어 있다는 王土思想에서 비롯된다. 이와 같은 국가주의적 公개념은 공동체 수장의 독점적 권한만 보장되고 일반 구성원의 권리가 확립되지 않은 구조를 초래하는 것과 같은 부정적 유산을 남겼다. 반면 사상적으로는 만인을 위한 公이라는 大同思想과 公論을 중시하는 정치이념과 같은 긍정적인 영향도 남겼다.

오랜 시간 동아시아의 지배이념으로 자리하였던 儒學적 사유의 기원은 周문화로 거슬러 올라간다. 周문화는 정치적으로 '혈연宗法'과 '신분封建'이라는 두 개의 축을 중심으로 한다. 그 중 종법이 이후 동아시아의 지배이념으로 발전하게 되는 유가적 사유에서 핵심적 역할을 담당하게 된다. 이것이 바로 중국 전통 公개념이 家라는 가족질서에서 비롯되는 이유이다.

周문화는 봉건질서로 구성되는 공적영역의 원리가 종법이라는 사적영역의 규범원리로부터 도출되는 특징이 있다. 그런데 『書經』「周官」에 "公으로 私를 멸하니 백성들이 마음으로 동의한다"는 것에 대하여, 「孔傳」에서는 "정치에 임하면서 公平으로 私情을 멸하면 백성들이 믿음을 가지고 귀의해온다"라고 주석한다. 公이라는 것을 사사로운 정을 없앤 공평하고 공정한 정치행위로 규정한 것이다.

중국은 오랜 역사 동안 안정된 정부체계를 유지하며 방대한 국가를 효과적으로 통치하는 과정에서 公的public인 법과 정치제도를 발전시켜 왔다. 역대 왕조에서는 禮를 통해 공동체의 公共性common을 확보해 왔다. 이러한 점은 秦漢제국이래 지속된 중화제국의 기본적 통치시스템이라고 할 수 있다. 그런데 통일제국시기 이전인 西周에서 춘추시대까지는 德이 禮治정치의 기본 이념이었고, 예치의 사회적 기초로써 종법제가 기능하고 있었다. 원시 유가사상에서 예는 사회기능을 조절하는 작용을 하며, 국가기구나 체제의 바탕이 되는 형식적 근거로써 일정 부분 작용하기도 한다.

禮는 인간의 모든 삶과 삼라만상을 포괄하는 公共性common의 영역이다. 춘추시대까지 이어온 예치의 전통은 共을 지향한 정치였다고 할 수 있다. 그렇다면 이러한 公共의 전통은 어떻게 붕괴되었을까?

현대사회에서 공동자원을 관리하는 공동체가 붕괴되는 가장 큰 이유 중의 하나로 이익을 둘러싼 상호신뢰관계의 붕괴를 지적할 수 있다. 이러한 점은 고대 중국에서 公共性common의 전통이 붕괴되는 원인과도 유사성을 지닌다. 약속은 만물 중에 인간만이 할 수 있는 특성이다. 이 개념은 信義로 지칭된다. 그렇다면 중국고대사회에서 공공성의 전통을 지탱해온 信이라는 관념이 영향력을 잃어버린 이유를 추적해보자.

2. 신(信)관념의 변화

長久한 중국역사에서 「信」이라는 행위가 개인의 도덕적 행위로 자리하게 된 시기를 特定할 수는 없다. 다만 先秦시기 비교적 완벽한 사상체계가 儒家에 의해 건립된 점에 비추어 보면, 적어도 春秋시대부터 信이 윤리도덕의 주요 관념으로 그 위치를 확보하게 되었다고 말할 수 있다.

춘추시대부터 진정한 윤리도덕의 관념으로 자리 잡게 된 信관념은 先秦시기 儒家가 계승하면서 비교적 완벽한 사상체계를 건립했다. 비록 先秦시기 信에 대한 諸子의 견해에는 각기 다른 점이 존재하였으나, 기본적으로 信이 중요한 도덕윤리라는 점에 대해서는 모두 긍정했다.

춘추시대는 예와 악이 붕괴되고 周 天子의 종법적 지위가 상당 부분 상실되었다. 하지만 천하의 질서는 패주와 서약, 결맹 등에 의존하여 유지되었다. 그 원인은 어디에 있을까? 바로 信의 관념이 서로를 구속할 수 있는 기반이 되어 춘추의 정치로 하여금 상당한 도덕성을 갖추게 하였던 것이다. 춘추시대 사람들의 信에 대한 重視는 당시 회맹정치의 발흥과 발전으로부터 엿볼 수 있다.

『國語』「周語」에서는 "말로써 그 믿음을 감싸다 口以庇信"라 하여 信을 곧 언행일치의 개인도덕행위로 보았다. 춘추시대의 문헌 중에는 「信」이라는 글자가 종종 출현[1]하는데, 이는 이 시기 이미 信이 중요한 개념으로 자리하고 있음을 보여준다. 춘추시대 信은 윤리도덕관으로서 시대를 초월하는 不朽의 의미를 지니고 있었다. 때문에 시대의 변화로 인해 그 가치를 상실하는 것은 아니었다. 先秦儒家로부

---

1 예를 들자면, 『國語·周語上』에 周 內史過가 "制義庶孚, 信也"라고 말한 바 있고, 『左傳·僖公七年』에서 管仲은 "守命共時之謂信"이라고 했다. 또한 『國語·晉語』에서는 宮之奇가 "定身以行事謂之信"이라 하였고, 『左傳·昭公六年』에 보면 晏子가 "作大事不以信, 未嘗可也"라 말하고 있다.

터 계승된 의미가 많았던 이유로 信은 유가학설의 중요한 사상체계로 자리하게 되었다. 공자의 수많은 論說이 춘추시대의 논설과 相通하게 된 것이다.

유가의 입장에서 보자면 선진유가에 의해 명확한 윤리사상체계로 수립되었던 信은 도덕윤리와 사회정치 사이에 구별이 없었다. 개인은 윤리도덕의 수양을 통하여 몸소 孝·悌·忠·信·禮·義 등과 같은 윤리도덕규범을 실천하였고, 이는 바로 정치활동에 참여하는 것을 의미했다. 이 과정에서는 관료로 종사하며 정치에 종사하는 길을 굳이 거칠 필요가 없었다. 聖人이 능히 천하에 王노릇 할 수 있다고 주장했던 것은 바로 그들이 숭고한 도덕을 가지고 있었기 때문이었다.

儒家 이외에도 제자백가 또한 信에 대해 토론했다. 道家에서 말하는 도덕은 자연적 천성에 부합되는 것을 의미하며, 통치자와 일반 백성 사이도 이와 같다고 하는 것이다. 法家가 강조한 것은 「以法行言」과 「信賞必罰」로 국가의 부국강병을 위해서는 반드시 백성들로부터 믿음을 얻어야 한다는 것이다. 공자 또한 일찍이 "사람은 모두 죽게 되어 있으되, 신의가 없으면(백성이 정부를 신뢰하지 않으면) 설 수가 없다"[2]고 말한바 있다. 다만 법가에서는 信의 관념을 통치의 도구로 간주한 것이고, 더욱이 통치자가 이러한 부분을 장악하려면 자신의 위세를 세움으로써 臣民을 통솔하여야 한다는 것이다.

앞서 언급한 바와 같이 선진시기 諸子의 信에 대한 견해에는 相異한 부분이 존재했다. 그러나 기본적으로 중요한 도덕윤리적 관념 중 하나로 信이 인식되고 있었다는 점에 대해서는 대부분 긍정했다.

---

2   『論語·顔淵』, 190쪽 : 自古皆有死, 民無信不立.

앞서 언급한 바와 같이 춘추시대 천하의 질서는 이전 周왕실의 전성기 때와는 달리 패주와 서약, 결맹 등과 같은 각 국가 간의 정치·외교적 관계에 의존하여 유지되었다. 춘추시대 각 국가 간의 외교적 질서를 유지할 수 있게끔 한 원인은 다양하게 존재하겠지만, 적어도 춘추시대의 정치로 하여금 상당한 도덕성을 갖출 수 있도록 서로를 구속할 수 있었던 기반은 바로 信이라고 하는 관념이었다. 적어도 춘추시대에서는 시대적 환경이 변화하는 과정 속에서 그 관념 속에 내재된 근원적 윤리도덕의 의미 자체가 외부의 열악한 시공과 환경으로 인해 완전히 부정되지는 않았다. 그러나 이어 펼쳐진 戰國時代는 그 시대적 성격이 전과는 매우 相異했다. 시대에 흐름에 따라 信의 관념 또한 변화를 가져올 수밖에 없었을 것이다. 비록 信이라고 하는 윤리도덕에 내재하고 있는 의미는 여전히 사람이 처세하고 사회적 합의를 이루는데 있어 중시되는 기본덕목이었다고 생각되지만, 전국시대 各國이 마주한 냉혹한 현실정치의 利害와 충돌하였을 때에는 信의 관념이 희생되는 면도 발생했다.

대체적으로 말한다면 전국시대에 이르러서는 시대기풍이 더욱 교활하고 괴이해져 권모와 무력을 이용하여 승리를 쟁취하는 것이 직접적으로 효과가 있는 방법인 듯 인식되었다. 자신에게 유리한 형세를 만들기 위해서 각국 간에는 서로 속이고 믿음을 깨뜨리는 일을 반복하였는데, 이러한 상황에서는 더 이상 信을 논할 수 없었다. 서약 또한 거의 와해되었다고 볼 수 있는데 합종연횡을 이룬 각국은 「利」에 근거하여 결국 서로를 믿지 못한 결과 결국 秦의 천하통일이 완성될 수 있었다.

춘추전국시대의 정치발전은 '信'에 대한 관념이 변하고 있음을 뚜렷이 보여주고 있다. 이러한 현상의 형성은 두 가지 신흥세력인 종횡가와 병가와 밀접한 관계가 있다고 할 수 있다. 종횡가와 병가의 공통 목표는 모두 국가로 하여금 강성하게 하는 것이었다. 그리고 그들에게 있어 중요한 것은 바로 어떻게 하면 패하지 않는 위치에 서는 것일까라는 점이었다. 현실정치의 환경하에서 그들은 '信'의 도덕적 관념을 지킬 수 없었고, 그들의 행위는 '信'을 중시하지 않는 전국시대적 기풍을 형성하게 했다.

秦의 통일에 따라 '信'의 관념은 도구적인 용도로 변하여 統治之道가 되었고, 선진시기와는 다르게 도덕적 범주를 벗어났다. 진은 법에 의거하여 국가를 세웠기 때문에 자연히 법가적 통치방법을 계승했다. 법가는 '信'을 국가 통치의 도구로 삼았고, 군주가 '信'이 있어 여러 도덕적인 역량에 호소하지 않는 것이 신민을 다스리는데 이로웠다. 이는 당연히 통일제국의 출현과 관련이 있다.

춘추시대부터 전국시대까지 '信'의 관념은 확실히 변화를 보였다. 그러나 변화의 과정 중에 '信'이 갖고 있는 윤리도덕의 관념은 시공을 초월하는 영원성, 즉 만고불변의 부분을 가지고 있었다. 知伯의 신하 豫讓이 그 한 예이다. 지백을 대신하여 복수를 하려고 수차례 趙襄子를 죽일 방도를 강구하였고 심지어 몸을 상하게 하는 것도 마다하지 않았는데도 불구하고, 조양자는 그는 의인이니 사면해주어야 한다고 생각했다. 비록 예양은 최후에 복수를 하지 못하고 죽었지만, 오히려 전국시대에도 여전히 사람을 감동하게 하는 忠信義行이 존재했음을 증명한다.

춘추시대 인식된 信의 관념은 그 시대에 흐름에 따라 변화를 가져왔다. 외부의 열악한 시공과 환경으로 좌절당하지 않았던 信의 윤리도덕에 내재된 의미는 현실정치의 이해와 충돌하였을 때 그 관념이 희생되는 면도 있었다. 그러나 信이라고 하는 윤리도덕에 내재하고 있는 의미는 여전히 사회적 합의를 이루는데 있어서 중요하고 영원불변한 기본덕목이라는 점을 부정할 수 없다.

이와 같은 信관념에 대한 이해는 향후 공유재의 지속가능한 이용과 관리에 대한 근원적 요소를 탐색하는데 일조할 수 있을 것이다. 제주대학교 SSK연구단이 지향하는 공유재의 지속적 관리에 대한 연구에 있어 공유재의 사용과 관리라는 부분은 역사적으로 볼 때 "사회적인 약속-信"이라는 관념적 기초에서 파생된다고 말할 수 있다. 다자간의 의식 속에 함유된 信의 관념이 유지될 때 공유재의 사용에 대한 사회적 약속 또한 합리적인 구속력을 유지할 수 있다는 것이다.

3. 공동자원 관리의 개념으로 본 중국 고대의 水利사업(혹은 治水)

중국의 고대제국은 국가의 통치와 관리를 위한 일환으로 다양한 토목사업을 시행했다. 그 중 治水와 관련된 水利토목사업들은 고대국가에 있어서 일종의 대규모 공공사업public works과 관련된 투자였고, 이 같은 수리토목사업의 시행은 國家의 운영과 통치 및 民의 안정적 생존을 위한 公共的 특성을 담보하고 있었다. 고대중국의 기본적 국가체제는 왕토국가였고, 당시의 공공성은 당연히 국유공공성으로 귀결된다고 말할 수 있다.

중국은 세계에서 가장 오래된 문명을 보유한 국가 중 하나다. 문명은 물과 함께 시작되었고, 이 과정에서 물을 이용하고 극복하려는 노력 또한 지속되었다. 물은 또한 인류에게 있어 가장 중요한 공동 자원이기도 하다. 이러한 사실은 大禹의 전설로부터 시작하여 중국의 史籍속에 고스란히 남겨져 있다. 이는 중국의 고대사회에는 자연과의 투쟁이 상존하였다는 점을 나타낸다. 이 과정에서 治水는 국가를 통치하고 유지하는 주요한 공공사업으로 일익을 담당했다.

水利사업의 발전사는 그만의 고유한 특징을 내포하고 있을 뿐만 아니라, 다른 분야와의 상관성을 지닌 종합적 성질을 가진다. 수리사업은 역사·지리, 그리고 자연과학 중 수학·역학·농학·지질·기상 등 제 분야 과학의 발전, 여기에 더하여 현대사회에서 가장 중시되고 있는 생태환경과도 밀접한 상관관계를 맺고 있기 때문이다. 중국에 있어 수리사업의 시행은 자연지리와 농업경제체계와 밀접한 관련을 맺어왔다. 중국은 그 영역이 광활하고 기후의 변화도 다양하며 지형 또한 복잡하다. 그러나 중국의 동부는 광대한 평원과 구릉지대로 구성되어 있고, 몇 줄기 큰 강이 동쪽으로 흘러 바다로 들어간다. 이러한 조건 하에서 황하유역은 중국의 정치와 경제중심지로 자리매김하였고, 수리사업은 황하유역을 그 출발점으로 발전하여 중원과 변방의 각 지역으로 전파되었다.

농업이 국가경제의 주축을 이루던 고대사회에서 수리사업이 사회의 정치·경제·문화에 끼친 영향은 실로 크다고 할 수 있다. 왜냐하면, 수리사업은 바로 사회생산력을 결정짓는 중요한 요소였으며, 특히 중국 고대사회에 있어서는 농업과 사회문명 진보의 중요한 지표가 되었기 때문이다. 수리사업은 재난으로부터 지역과 백성을 보호하는 사업, 농업경제를 활성화시키는 관개수로사업, 인공운하와 자연하천을 이용한 교통로 확보 등의 사업을 총칭한다. 중국의 역대

왕조는 수리사업에 많은 관심을 기울였으며, 그에 대한 투자를 아끼지 않았다. 때문에 수리사업은 중국의 역사발전 가운데 빼놓을 수 없는 중요한 문화이자 역대 왕조가 가장 중시한 공동자원 관리 중 하나였다.

중국 수리사업의 발전은 중국의 자연지리, 地區경제 그리고 사회발전과 밀접한 관련이 있다. 중국 고대사회에서의 水利는 사회생산력의 조성과정에 있어 중요한 부분이었으며 사회발전을 촉진시키는 요소이기도 했다. 물은 인류생존의 필수조건이었다. 때문에 고대사회의 성원들은 생존을 위해 河流와 湖泊 주변에서 생활할 수밖에 없었으며, 그 결과 필연적으로 하천범람의 재해로부터 자유로울 수도 없었다. 중국을 대표하는 하천인 黃河유역을 비롯한 여러 지역에서 홍수나 한재를 대비하기 위한 수리사업, 관개를 위한 수리사업, 군사적 목적을 지닌 수리사업, 전조를 위한 수리사업 등이 각 왕조를 거치며 시대의 요구에 따라 시행되어졌다.

이들 수리사업들은 제방을 쌓아 하천의 범람으로 인한 재난을 수습·예방하고, 인공적인 渠의 開鑿을 통한 물자의 운송과 주변 농지에 대한 관개, 변경지역의 공략을 돕기 위한 군량의 수송과 방어를 담당하기 위한 주민 이주책으로서의 수리사업, 각 지역을 연결하는 교통로로서의 운하 등 다양한 형태로 나뉘어져서 오늘날에 이르기까지 국가를 유지하는 기간사업이자 공동자원으로서의 역할을 담당해 왔다고 할 수 있을 것이다. 우리가 익히 알고 있는 로마수도는 로마가도와 더불어 고대 로마제국 공공토목사업의 걸작으로 손꼽힌다. 중국고대국가에서 이루어진 각종 수리사업 역시 중국사의 전개과정에서 로마의 그것과 다름없는 평가를 받고 있다.

    공동자원론, 오늘의 한국사회를 묻다

역사는 최소한 통치자, 즉 최고 권력을 담당하는 사람에 대해서는 영향을 미쳐왔다. 시대의 상황에 따라 통치자에게 요구되는 공공사업public works의 투자 또한 변화가 생겼다. 그래서 당시의 공공사업을 시행한 상황을 분석하면 당시의 사회가 필요로 하는 문화 환경과 그에 관련된 제반환경에 대해 역사적 의미를 끄집어 낼 수 있는 것이다. 때문에 중국 고대에 있어서 전국시대 경제의 주축인 농업에 대한 연구 검토는 당시의 군웅할거 상황을 정리할 수 있는 중요한 대상임과 동시에 국가경제를 빠르게 성장시키는 가장 좋은 방법이기도 했다. 즉, 수리사업으로 농지의 관개를 확보하고 이의 원활한 수행을 위해 공동자원에 대한 투자가 이루어질 때 수리사업으로 인한 국가 경영의 이익을 확보하게 되는 것이었다.

戰國時代에는 7대 강국이 영토의 확장과 부국강병을 위해 서로 경쟁했다. 그 중 분열시대를 마감하고 통일의 시대를 연 秦은 關中지역에 자리하고 있었다. 이 지역은 鄭國渠라는 중요한 공동자원의 완성과 함께 부국강병과 통일을 위한 최상의 환경으로 바뀌게 된다.

秦과 인접해 있던 경쟁국 韓은 秦의 국력을 소모시키려는 목적으로 水工 鄭國을 파견한다. 전국시대 말기 秦의 침략을 저지하기 위해 韓의 수공이었던 鄭國을 間者로 파견하여 대규모 수리사업을 일으켜 진의 국력을 소모시키고자 하는 상황 하에서, 鄭國은 關中지역 개발을 위한 渠의 開鑿을 건의하면서, 涇水를 이용하여 주변농지에 관개를 가능하게 하는 수리사업을 통해 얻게 되는 경제적 이익에 대해 강하게 주장을 펴고 있다. 間者로서의 신분이 발각된 직후에도, 鄭國은 鄭國渠를 통해 얻게 되는 경제적 이익보다 더 중요한 점은 바로 이 공동자원으로 인해 통일의 기초를 다지게 된다는 점을 강조하고 있다.

비록 鄭國은 韓의 안위를 위해 秦에 간자로 파견된 것이지만, 그 목적으로 진행된 鄭國渠의 修築은 결과적으로 秦이 중국을 통일하는 밑거름이 되었다. 鄭國渠의 수축기사에서 보이는 "臣은 韓을 위해서는 몇 해의 수명만을 연장시켜 주었을 뿐이나 秦을 위해서는 萬世의 功을 세운 것입니다", "渠가 완성되자 진흙이 섞여 있는 물을 흐르게 하여 염분이 섞인 땅 4만여 頃을 관개하고 모든 畝에서 1種의 수확을 거두었다."는 내용은 鄭國渠가 가져다 준 농지의 관개와 토지개량으로 인한 수확량의 증가 등의 경제적 이로움은 진이 전국을 통일할 수 있는 가능성을 열어준 것이라는 점을 증명해 준다. 이러한 사실은 또한 "秦이 부강해짐으로써 마침내 제후들을 병탄하였다"는 기사내용에서 공동자원이 완성된 후 다른 부분에서 받게 되는 영향 또한 심원하다는 점을 보여준다.

정국의 건의내용에서도 알 수 있듯이 전국시대에도 이미 경제적 목적을 위한 수리사업의 중요성을 잘 인식하고 있었다. 더하여 당시 추진되었던 수리사업의 특색은 현대의 공공사업 개념과 서로 같다. 이 사업이 제공하는 공공시설은 각종 경제활동을 촉진하고 완성시키거나 혹은 이 활동의 완성을 위한 기초가 된다. 이러한 특색은 정국거가 진의 전국통일이전 경제의 기초를 다진 상황과 부합한다. 고대국가에서 실시된 대규모 토목공정들은 오직 국가의 역량에 의지하여 진행되어 왔고, 정국거 또한 예외는 아니었다. 공공사업 개념의 공공시설은 투자되는 비용이 거대할 뿐 아니라, 여러 분야에 끼치는 영향 또한 광범위하다고 말할 수 있다. 정국거의 개착에서 우리는 이러한 특징들을 발견할 수 있으며 이러한 특징은 진이 분열시대를 통일할 수 있었던 충분조건의 하나가 되었다.

분열의 시기를 마감하며 최초의 통일국가를 완성한 秦에서는 통일을 지향하던 전국시대 각국에서 실시되어졌던 토목사업들과는 다르게 통일국가의 기반을 이룰 수 있는 성격을 지닌 대규모 사업을 실시했다. 예컨대 북쪽의 유목지대에서 끊임없이 남쪽의 농경지대로 진입하려는 흉노를 방어하기 위한 長城을 쌓고, 통치권이 각 지역으로 원활히 미칠 수 있는 기반을 공고히 다지기 위한 馳道, 直道를 건설하는 등의 토목사업이 시행되었다. 그리고 이 사업의 결과물들은 자연스럽게 공동자원으로서의 성격을 지니게 되었다.

秦은 통일제국 수립 후 얼마 되지 않아 멸망의 운명과 마주하게 되었다. 이어 성립된 통일제국은 400여 년을 유지한 漢이었다. 漢제국 역시 국가의 발전과 유지를 위해 각 방면에서 노력을 경주하였고, 이 과정에서 적지 않은 공공사업 방면의 투자가 이루어졌다. 秦·漢代에 이루어진 대표적인 토목공정들로는 북방의 만리장성이나 수도인 長安城의 축조, 각 지역을 연결하며 통치의 중요한 수단이 되었던 直道의 건설이나 이 시기 수리사업의 중요한 부분을 차지하였던 황하 및 황하의 지류에서 시행되었던 治水와 관개사업들이 있다. 군사적인 측면에서 이루어진 靈渠의 개착은 정치적으로나 군사적으로도 당시 통일제국의 지배권에 속해 있지 않았던 越지역, 정확히는 嶺南지역인 兩廣지역을 정벌하고 桂林·象郡·南海의 3군을 설치함으로써, 兩廣지역의 남쪽 경계에 이르는 지역(지금의 베트남 북부지역)에 대한 지배권을 확보하게 되었다. 이것은 또한 秦이라는 통일국가의 영역에 통치권이 미칠 수 있는 기반을 제공하였던 馳道의 연장선과 연결되고 있어, 이후 남방지역으로의 중원문화 전파와 이 지

역을 기반으로 해양로가 개척되어지는 시금석이 되었다는 점도 주
목하여야 할 문제이다.

주지하는 바와 같이 수리사업은 시행된 성격에 따라 다음과 같
이 크게 세 가지의 측면에서 검토할 수 있다. 우선, 경제적인 측면에
서는 국가재정의 유지를 위해 필요한 租稅의 운반이라는 운송의 측
면과 홍수나 가뭄과 같은 災難에 대한 수습과 예방 및 관개를 통한
광활한 농지의 확보는 괄목할 정도의 생산량 증가를 얻을 수 있다는
점이다. 예컨대 黃河의 홍수를 예방하고 지역을 보호하는 수리사업
이나, 인공수로를 만들어 조세의 운반을 수월하게 함으로써 얻을 수
있는 인적·물적 경비 확보의 수리사업, 渠를 만들어 주변의 농지에
관개를 목적으로 하는 수리사업 등은 모두 이러한 경제적 이점을 염
두에 둔 것이었다. 그러한 이유로 중국 고대의 수리사업 실시 지역
또한 당시 경제의 주축인 농업이 가장 발달할 수 있는 지리적인 이
점을 가지고 있었던 黃河水系, 그 중에서도 長安을 중심으로 한 關
中地域에서 집중적으로 이루어지고 있음을 볼 수 있다. 이들 수리사
업은 국가를 유지하는 기초사업이었으며 중요한 공동자원으로서의
역할을 수행했다. 일련의 대형 관개사업들은 이 시기에 나타나는 현
저한 특징이며, 당시 경제상황과 수리사업의 밀접한 연관성을 잘 보
여준다. 진한시대 농업용 수리사업은 관중지구를 중심으로 발전하
는 형태를 보인다. 이후 국가영역권의 확대에 따라 서북과 서남 등
의 주변지역으로 퍼져나간다.[3]

---

3   中國水利史稿編寫組 ,『中國水利史稿』(北京: 水利電力出版社 , 1985)上冊 ,
p.117.

關中지역을 시작으로 중원의 각 지역과 변경지역이 끊임없이 개발되어 나가지만, 漢제국에 있어 황하 중하류 지구의 경제적 지위는 여전히 중시되었다. 때문에 황하의 치수에 대한 요구 또한 더욱 절실했다. 사서에 기재된 바에 의하면 한시기 황하수재의 기록은 뚜렷이 증가하고 있고, 漢 또한 황하의 치수에 대해 꾸준히 관심을 기울이지 않을 수 없었다. 황하를 整治하고자 하는 시도는 꾸준히 계속되었으며, 그 중 동한 초년에 이루어진 왕경의 治河가 대표적인 예라고 하겠다.

군사적인 측면에서는 중국이 외부적으로 팽창하려고 하는 공세적 측면에서 건설된 것이 있고, 수세적 측면에서 변경의 수비를 위한 徙民策의 한 부분으로 시행된 사업으로 나누어 볼 수 있다. 아울러 통일국가를 건설하고 유지하였던 秦·漢대에 실시된 대부분의 변경지역 수리사업은 수세적인 측면에서 북방지역인 朔方과 酒泉, 그리고 河西 일대의 흉노에 대한 수비책의 한 방편으로 진행되었다. 즉 이들 지역에 대해 渠를 수축하고 주변 농지에 대한 관개를 통해 경제적인 기반을 완성하고, 이를 기반으로 주민을 이주시켜 북방에 대한 수비를 담당하게 하는 수세적인 측면의 성격이 강했다.

중국 고대제국에서 공동자원개발의 또 하나의 중요한 성취는 바로 인공운하의 개착이다. 인공운하는 교통운수의 간선역할을 담당하였고, 고대국가의 백성들로부터 징수한 조세는 대부분 인공운하와 천연 水道를 통해 전국 각지로부터 정치중심이었던 수도부근으로 운송되어 국가통치의 기반이 되었다. 아울러 중앙의 선진문화가 변방으로 퍼져나가고, 각 지역의 문물과 인적 교유 등은 운하의 개착과 준설작업에 착안점을 제공함으로써 통치집단의 관심과 함께 중요한 국책사업으로 결정되었다.

진과 더불어 한대의 운하와 조운을 유지하는 사업은 매우 중시되어 史書에서도 漕渠, 褒斜道, 鴻溝, 汴渠, 陽渠, 邗溝와 靈渠 등의 운하 개착과 보수의 사실을 찾아볼 수 있고, 특히 漢 成帝 시기에는 砥柱를 뚫으려는 수리공정을 시도하기도 했다. 이처럼 秦漢시대에는 각종 수리사업을 통해 국가경영을 위한 공공사업의 투자에 대한 노력을 아끼지 않았으며, 이를 기반으로 하는 경제·교통·재난방지 등의 성과는 통일제국의 통치기반을 공고하게 만들기에 충분했다.

통일제국 秦과 西漢시기, 關中지구에는 대량의 관개용 渠道가 건설되었고, 이들 관개용 渠道는 조운용 渠道와 함께 비교적 완전한 수리망을 형성하였다 할 수 있다. 이러한 수리사업들의 성공적 진행은 이 지역 대량의 농지에 관개를 가능하게 하여 농업생산조건의 근본적 개선이 이루어졌다. 이로 인해 식량의 생산량이 대폭 증가하였으며 이로 인해 관중지역은 전국에서 가장 중요한 농업구역으로 자리하게 되었다. 바꾸어 말하자면 漢제국이 관중지역에서 추진하였던 공공사업의 성과는 성공적인 수준에 도달한 것으로 보인다.

발달된 중원의 수리문화는 제국이 서북지역의 개척과 경영에 있어서도 그대로 적용되었다. 유목민족의 거주지였던 하서지역에는 군사적 목적의 둔전으로 시작된 개발은 이후 이주민들을 통한 개간으로 발전하였고, 이 과정에서 중원의 수리문화가 서북변경지역으로 전파되어 이 지역은 새로운 농경문화를 이식받게 되었다.

東漢시기에는 남쪽지역에서 새로이 수리사업을 추진하였을 뿐 아니라, 이전 시기에 건설되었던 이 지역의 대표적인 공동자원인 渠를 유지 보수하는 데에도 많은 관심을 기울였다.

4. 정리하며

비록 고대국가에는 공공사업(혹은 사회간접자본)이나 공동자원과 같은 현대적 개념이 정립되지 않았지만, 당시 제기되었던 각종 수리사업과 관련된 인식과 의견들에는 현대사회 속에서 통용되는 이러한 개념들이 충분히 내포되어 있었다라고 말할 수 있다.

전체역사의 연구는 고정된 구조모델이 따라갈 수 있는 것은 없다. 전적으로 연구자에 의지하는 것은 곧 일어난 적이 있는 역사사건에 대한 관찰과 이해로 그 사건이 발전한 시간과 공간적인 맥락과 전체 구조를 장악하여 분석과 설명을 진행하는 것이다. 그러므로 전체역사관은 하나의 고정된 연구모델을 제공하는데 있는 것이 아니라 일종의 역사연구태도와 역사를 관찰하는 각도를 제공하는 것이다. 본문의 서술은 거시적이고 전체적인 관점의 역사해석을 위주로 하였는데, 그 이유는 본문의 주요목적이 고대국가의 경영과 통치상에 실시된 공공사업 성격의 수리사업을 통하여 구축된 공동자원의 특징과 국가 통치간의 상관성, 그리고 중원 수리문화의 전파와 확장을 해석하려는 것이기 때문이다. 그러나 역사의 이러한 현상이나 模式에 있어 이러한 이론이 결합되었는지에 대한 정확한 설명이 아직은 없다. 왜냐하면 각종 연구법은 모두 그들 각자의 장점과 단점을 가지고 있고, 현재까지 완전하고 결점이 없는 역사 연구방법을 찾아내지 못했기 때문이다. 각 역사 이론은 모두 서로 간에 관련성과 차이점을 동시에 가지고 있다. 때문에 역사연구의 과정 중에 반드시 그 연구영역에 적합한 연구법의 탐색이 수반되어야 한다.

동아시아 및 한국역사 속에서 공동자원의 유지와 활용에 관한 사례연구는 현재 초보적으로 시도되고 있다. 다만 현대와 같은 마을 혹은 소규모지역 단위의 공동자원 연구에 대한 다양한 사례연구의 경우에는 사료적 한계와 전통시대의 국가체제 즉 왕토국가라는 역사성을 고려할 경우 상당한 어려움이 예상되기도 한다. 현대적 의미의 공동자원 연구를 역사속에서 탐색할 경우, 중국은 客家, 明代의 하천유역개발과 생태환경문제, 한국의 경우 조선 중후기에 보이는 松契 등의 연구테마에서 적용해 볼만한 사례를 찾아볼 수 있으며, 향후 역사연구 영역에서 공동자원 이론을 접목한 다양한 소재의 탐색이 이루어질 수 있을 것이라 기대한다.

do

제4부
공동자원, 무엇을 해야 하는가?

홍성태

10

생태복지국가를 향하여

"문제는 민중적 삶이 인간적인 존엄성, 자연과의 상생적 존속성 그리고 차이를 넘어선 연대성을 확보할 수 있는 사상과 이를 추진할 세력의 형성에 있을 것이다." – 김진균, '새 천년을 위하여', 2000 (『21세기 진보운동의 기획』, 문화과학사, 2003, 223쪽)

1. 생태위기의 시대

우리는 위험천만한 생태위기의 시대를 살고 있다. 생태위기는 인류가 대처해야 하는 가장 보편적인 문제이다. 여전히 사람들은 생태위기보다 경제위기에 더 많은 관심을 보인다. 그러나 경제는 생태계의 안정 위에서만 온전히 이루어질 수 있다. 생태위기는 반드시 경제위기를 수반하며, 생태위기가 생태공황으로 폭발하면 경제 자체가 더 이상 유지될 수 없게 된다. 생태위기에 올바로 대처하지 않는 경제활동으로 말미암아 지역적 차원을 넘어서 지구적 차원에서 생태위기는 계속 악화되고 있다. 지구 온난화, 환경 호르몬, 오존층 파괴, 생물종 감소 등은 그 대표적인 예이다. 우리는 어떻게 생태위기를 극복할 수 있는가?

생태위기는 '생태계의 파멸 위기'이다. 이것은 지구에서 생물이 살 수 없게 될 수 있는 것을 뜻한다. 지구는 하나의 거대한 생태계를 이루고 있다. 현재의 지구 생태계는 지구의 탄생 이후 무려 40억 년에 걸쳐 진행된 공진화의 산물이다. 그러나 길에 보아 고작 4만년밖에 안 된 현생 인류의 활동으로 말미암아 지금 지구 생태계는 갑작스런 파멸 위기를 맞고 있다. 이것은 지구 생태계의 한 요소인 인류의 파멸 위기이기도 하다. 따라서 우리는 이 위기를 막기 위해 최선을 다해야 한다. 여기서 무엇보다 중요한 것은 생태위기의 원인이 자연적인 것이 아니라 사회적인 것이라는 사실이다. 생태위기는 인류에 의해 만들어진 인위적인 위기이며, 따라서 인류에 의해 완화되거나 극복될 수 있는 것이다.

앨빈 토플러와 같은 미국의 '미래학자'는 우주 식민지의 개발이 인류의 역사적 과제라고 주장했다. 그러나 머나먼 우주 어느 곳에 지구와 같은 별이 있을 수도 있지만 그것을 확인하는 것은 영원히 불가능할 수 있다. 더욱이 그곳을 찾아가서 개발하고 이용하는 것은 더욱 더 그럴 것이다. 우리는 지구에서 태어나서 살아가는 존재이다. 우리는 지구 생태계에서 작동하는 영원회귀의 순환운동을 이루는 한 요소이다. 우주 식민지를 찾는 것이 아니라 지구 생태계를 지키는 것이 우리가 해야 할 올바른 일이다. 우리는 지구의 한 요소로서 지구를 지키고 살아야 한다.

오늘날 인류 앞에는 두 과제가 놓여 있다. 모든 인류가 자유롭고 풍요롭게 사는 것이 첫번째 과제이고, 인류와 자연이 조화를 이루고 사는 것이 두번째 과제이다. 그런데 사실 인류는 자연 속의 존재라는 점에서 두번째 과제가 더욱 근원적이며, 생태위기의 악화에 따라 두번째 과제의 중요성은 날이 갈수록 커지고 있다. 이런 관점에서 우리는 기존의 복지를 새롭게 조망할 필요가 있다. 기존의 복지는 '물질적 복지'에 초점을 맞추면서 심각한 생태위기를 초래했다. 이제 '생태적 복지'를 중심으로 기존의 복지를 검토하고 복지의 지평을 새롭게 생성하지 않으면 안 된다. 생태복지국가는 바로 지금 여기에서 우리가 이루어야 하는 현실적인 이상이다.

생태적 전환은 생태위기의 현실에서 비롯된 절박한 요청이다. 문제의 근원은 공업문명이다. 그러나 즉각 공업문명을 버리는 것은 불가능하고 비현실적이다. '생태 상업주의'나 '생태 샤머니즘'은 해답이 아니다. 반동적 생태주의나 몽상적 생태주의가 아니라 현실적 생태주의를 추구해야 한다. 우리는 공업문명의 성과를 최대한 활용해서 그 문제를 완화하며 생태적 이행을 추구해야 한다. 생태적 전환은 갑자기 이루어지는 것이 아니라 생태적 이행을 통해 이르게 되는 것이다. 우리는 생태복지국가를 이룩해서 공업문명 이후를 준비하는 생태적 전환을 추구해야 한다.

2. 생태복지의 의미

생태복지eco-welfare는 '생태계와 조화를 이루는 복지'라고 할 수 있다. 따라서 생태복지를 이해하기 위해서는 우선 생태계에 대해 이해할 필요가 있다. 생태계는 생물과 비생물이 어우러져 이루는 체계를 뜻한다. 우리가 살아가는 이 세상은 하나의 생태계이다. 지구 전체가 하나의 생태계를 이루고 있다. 인간은 이 생태계와 무관하거나 그 바깥에 존재하는 것이 아니라 이 생태계를 이루는 하나의 요소일 뿐이다. 따라서 생태계의 파괴는 결국 인간의 파괴로 귀결된다. 생태계를 지키는 것은 바로 우리 자신을 지키는 것이다. 생태계가 제대로 유지되지 않는다면 복지는 아예 생각할 수도 없게 된다. 생태복지는 여기서 비롯된다.

생태복지를 올바로 이해하기 위해서는 무엇보다 먼저 생태계에 대한 인식에 기초해서 기존의 사회관 자체를 재구성할 필요가 있다. 정치, 경제, 문화의 세 영역론으로 대표되는 기존의 사회관은 사실상 자연을 존재하지 않는 것으로 여긴다. 그러나 이것은 명백히 잘못이다. 사회는 자연 속에서 성립하는 것이기 때문이다. 자연은 사회가 없어도 존재할 수 있지만 사회는 자연이 없이는 존재할 수 없다. 사회는 언제나 자연을 전제로 해서 존재하는 것이다. 기존의 잘못된 사회관은 올바른 생태적 사회관으로 전환되어야 한다. 이제 이런 생태적 사회관에 입각해서 생태복지의 의미에 대해 살펴보도록 하자.

첫째, 생태복지는 '가장 근원적인 복지'이다. 생태복지는 생태파국을 향해 질주하고 있는 생태위기에 대한 적극적인 대응의 의미를

갖는다. 생태위기는 미래의 일이 아니라 현재의 일이다. 인류가 생
태위기를 계속 방치한다면, 머지않아 인류는 결국 생태파국을 맞을
것이다. 최악의 경우에 생태파국은 인류를 비롯한 모든 생물의 멸
종으로 귀결될 수 있다. 1972년 6월 스톡홀름에서 열린 세계환경회
의 이후 생태위기에 대한 대응은 세계적으로 크게 두 방식으로 이루
어졌다. 하나는 맬더스적 방식이고, 다른 하나는 생태복지의 방식이
다. 전자는 불평등을 악화하는 방식으로 생태위기에 대응하는 것이
고, 후자는 불평등을 완화하는 방식으로 생태위기에 대응하는 것이
다. 인권의 원리에 근거했을 때 우리는 생태복지의 길을 택해야 한
다. 생태복지는 생태위기의 완화나 해소가 단순히 자연의 보호에 그
치는 것이 아니라 복지의 증진으로 이어질 수 있다는 것을 보여준다.
복지는 생활의 안정으로 시작된다. 생태위기의 시대에 가장 근원적
인 생활의 안정은 생태위기의 완화나 해소를 통해 이루어질 수 있다.
이런 점에서 생태복지는 '가장 근원적인 복지'의 의미를 가진다.

둘째, 생태복지는 '가장 선진적인 복지'이다. 생태복지는 단순한
복지의 확장이 아니라 복지의 전면적인 재구성을 의미한다. 18세기
중반에 영국에서 시작된 공업혁명으로 비로소 모든 인류가 풍요를
누릴 수 있는 길이 열리게 되었다. 그러나 풍요는 고르게 분배되지
않았다. 부유층과 빈곤층의 격렬한 분배투쟁을 겪고 비로소 정의로
운 풍요의 분배를 향한 길이 열리게 되었다. 복지국가가 형성되었던
것이다. 복지국가는 자유주의(자본주의)와 통제주의(사회주의)의
융합을 통해 나타난 인류의 역사적 발전이다. 그러나 기존의 복지국
가는 핵발전에서 잘 볼 수 있듯이 물질적 풍요를 위해 엄청난 생태
적 문제를 초래했다. 또한 서구 복지국가의 풍요는 지구 전역을 대

상으로 한 생태적 착취의 결과이기도 했다. 1970년대를 지나면서 이런 상황은 더 이상 지속될 수 없게 되었다. 1970년대 이후 생태위기는 명백히 지구적 차원의 현실이 되었고, 서구는 타국에 대한 생태적 착취가 결국 생태적 부메랑으로 돌아온다는 사실을 깨닫게 되었다. 이에 따라 1980년대를 지나면서 복지국가의 생태적 전환이 새로운 발전의 과제로 제기되었다. 사실 1970년대에 들어와서 확산된 서구 중산층의 탈물질주의 가치도 이런 변화와 깊이 연관된 것이었다. 이런 점에서 생태복지는 '가장 선진적인 복지'의 의미를 갖는다.

셋째, 생태복지는 '가장 보편적인 복지'이다. 생태복지는 복지의 궁극적인 실현태이다. 복지는 모든 사회 구성원에게 인간다운 삶을 보장하는 것으로 이루어진다. 이런 점에서 복지는 단순히 물질의 풍요를 의미해서는 안 된다. 궁극적으로 복지는 적량의 물질을 전제로 건강한 자연 속에서 풍요로운 관계를 맺고 살아가는 것으로 이루어질 수 있다. 여기서 우리는 자연의 중요성에 대해 재인식해야 한다. 자연은 모든 사람들이 누려야 하는 가장 보편적인 공공재이자 가장 근원적인 공공재이다. 다시 말해서 자연은 모든 사람의 건강과 생명에 영향을 미친다는 점에서 가장 보편적이고 근원적인 공공재이다. 이런 점에서 자연을 무시하고 복지를 추구하는 것은 애초부터 불가능한 것이다. 그러므로 복지를 위해 자연을 희생해야 한다는 주장은 완전히 잘못된 것이다. 공기가 심하게 오염되고, 물이 심하게 오염되고, 땅이 심하게 오염되고, 방사능이 퍼져 있는 곳에서, 복지는 그 의미를 잃기 십상이다. 갈수록 악화되는 생태위기의 현실 속에서 자연의 보존을 전제로 물질적 복지를 추구해야 한다. 자연을 무시한 물질적 복지는 잘못이다. 생태적 복지는 물질적 복지의 기반이자 조건이다. 그러나 기존의 복지는 핵발전에서 잘 드러났듯이 자연을 무시하고 물질의 만족을 추구했다. 이제 이런 상태를 전면적으로 반성하고 개혁해야 한다. 자연을 존중하는 복지를 이루는 것이야말로 복지의 궁극적인 실현이라는 관점 위에서 복지의 생태적 전환을 적극 추구해야 한다. 이런 점에서 생태복지는 '가장 보편적인 복지'라는 의미를 갖는다.

3. 생태복지의 과제

생태복지는 인류가 추구해야 하는 보편적인 목표이지만 그 경로는 나라마다 다를 수밖에 없다. 목표가 같다고 해서 그것에 이르는 경로도 모두 같은 것은 아니다. 제도주의가 잘 보여주듯이, 나라마다 역사적으로 형성된 사회적 차이가 있고, 이것이 목표에 이르는 경로의 차이를 낳는다. 기존의 경로가 이후의 경로에 큰 영향을 미치는 '경로 의존path dependency'의 문제는 대단히 중요한 실천의 문제이다. 기존의 경로를 무시하는 것은 너무 큰 비용을 지불하게 되거나, 그렇게 하고도 목표를 이룰 수 없게 되기 쉽다. 따라서 기존의 경로를 올바로 이해하는 것이 대단히 중요하다. 사실 이것은 생태복지라는 새로운 역사적 발전의 과제에만 해당되는 것이 아니라 개혁을 추구하는 모든 사회운동에 해당되는 것이다. 새로운 길을 만들기 위해서는 우선 기존의 길을 잘 알아야 한다.

여기서 기존의 경로는 나라마다 특수한 사회적 상태를 뜻한다. 모든 나라는 저마다 역사적으로 형성된 특수한 사회적 상태를 갖고 있다. 그 사회적 상태 속에서 주체의 생활이 이루어지는 것이다. 외국의 연구를 수입하는 것으로는, 더욱이 극도로 추상적인 철학의 개념으로는, 결코 이 사회적 상태를 올바로 이해할 수 없다. 따라서 그런 식으로는 그 사회에서 살아가는 주체의 생활도 올바로 이해할 수 없다. 우리가 살아가고 있는 나라의 특수한 사회적 상태에 대해 잘 알아야 한다. 외국의 연구는 참조대상일 수는 있어도 결코 직접적인 해답이 될 수는 없다. 우리의 문제를 해결하기 위해서는 우리의 문제에 대해 잘 알아야 한다. 그것은 외국의 연구를 열심히 공부하는 것으로는 결코 이루어지지 않는다. 우리가 살아가고 있는 사회에 대해 열심히 공부하는 것이 중요하다.

생태복지는 그저 그 의미를 강조하는 것으로 이루어지지 않는다. 모든 개혁의 과제와 마찬가지로 그것은 구체적인 개혁을 통해 이루어진다. 생태복지는 저기 어딘가에 있는 것이 아니라 지금 여기에서 개혁을 통해 형성되는 것이다. 생태복지는 지금 여기에서 잘못된 것을 바로잡으면서 만들어지는 올바른 미래인 것이다. 그것을 거부하고 계속 지금의 잘못된 것을 고집한다면 우리는 머지않아 생태파국의 나락으로 빠지고 말 것이다. 생태복지는 생태파국으로 빠지는 것을 막고 지금보다 나은 미래를 만들기 위한 실천의 과제이다. 생태복지를 이루기 위해서 우리는 무엇보다 먼저 두 가지의 국가 개혁을 추구해야 한다. 재정구조와 정부조직의 개혁이 바로 그것이다. 그리고 여기서 나아가 산업구조와 고용구조의 개혁, 생태복지를 이루고자 하는 시민 주체의 형성이 추구되어야 한다.

첫째, 재정구조의 개혁. 복지는 국가가 국민의 생활을 보장하는 제도인 만큼 많은 재정을 필요로 한다. 요컨대 세금의 많은 부분을 복지에 쓸수록 강한 복지국가가 되는 것이다. 따라서 복지의 정도는 재정구조에 의해 결정된다. 복지 재정의 확보는 증세(세입의 증대)에 앞서서 잘못된 세출을 줄이고 복지 재정을 늘리는 전세(세출 항목의 전환)로 이루어져야 한다. 예컨대 불필요한 토건사업(4대강 사업, 새만금 사업, 한탄강댐, 강정 해군기지 등)이나 핵발전과 송전탑에 사용하는 재정을 복지로 돌린다면, 복지가 개선될 뿐만 아니라 그 자체로 생태위기의 완화를 통한 생태복지의 강화로 이어지게 된다. 또한 생태복지를 이루기 위해서는 불필요한 세출을 줄이고 복지 재정을 늘려야 할 뿐만 아니라 생태 분야의 재정도 크게 늘려야 한다. 생태위기를 방치하고 복지의 수준을 높일 수 없다는 것이 생태복지의 출발점이다. 건강한 자연은 그 자체로 가장 중요한 복지의 원천이다. 자연이 전면적으로 파괴되는 생태위기는 이런 사실을 생생히 보여준다.

둘째, 정부조직의 개혁. 정부는 공익을 위해 존재한다. 그러나 실제는 그렇지 않을 수 있다. 예컨대 시대적 소명을 다한 정부조직은 해체되는 것이 당연하다. 그러나 그렇게 되지 않고 오히려 확대될 수 있다. 이명박 정권의 '4대강 죽이기'를 주도한 '수자원공사'는 그 대표적인 예이다. 해체되어야 할 정부조직이 권력자들의 이익이나 그 구성원들의 이익을 위해 오히려 확대되는 것이다. 이것은 공익을 내걸고 사익을 추구하는 것이며, '국가의 사유화'라는 극히 심각한 문제에 해당되는 것이다. 그러나 박정희 개발독재의 유산인 '토건국가' 한국에서는 이렇게 극히 심각한 문제가 구조화되어 있다. 가장 큰 문제는 이런 정부조직들이 '국가의 사유화'를 자행할 뿐만 아니라 개혁의 요구를 억압하거나 왜곡해서 사회의 발전을 크게 제약한다는 사실이다. 생태복지가 제대로 이루어지도록 하기 위해서는 생태계의 한계를 무시하고 개발을 능사로 여기는 정부조직들을 대대적으로 폐지·축소·통합하고 그 경영을 올바로 민주화해야 한다. 그렇지 않다면 이 정부조직들은 계속 생태복지의 요구를 억압하고 왜곡해서 자기들의 이익을 추구할 것이다. 또한 이와 함께 기존의 복지와 관련된 업무를 다루는 정부조직도 생태적으로 크게 개혁되어야 한다.

셋째, 산업구조와 고용구조의 개혁. 생태복지를 이루기 위해서는 생태복지를 저해하는 기존의 재정구조와 정부조직을 개혁해서 생태복지를 추구하는 새로운 재정구조와 정부조직을 구성해야 한다. 생태복지는 기존의 복지에 생태적 고려를 추가하는 방식으로 시작될 수 있다. 그러나 실질적인 생태복지는 이런 수준을 훨씬 넘어서야 한다. 그것은 반생태적인 사회를 생태적인 사회로 전환하는 수준으로 나아가야 한다. 이런 점에서 산업구조와 고용구조의 개혁은 관건적인 과제이다. 자연을 망치는 산업과 고용을 줄이고 자연을 지키는 산업과 고용을 늘려야 한다. 재정구조와 정부조직의 생태적 개혁은 산업구조와 고용구조의 생태적 개혁을 이끄는 동력으로 작용하게 된다. 이렇게 해서 공적 부문과 사적 부문을 막론하고 사회 전반에서 생태적 고려가 보편적으로 확립될 때, 비로소 생태복지는 성숙과 발전의 단계에 접어들게 될 것이다.

넷째, 시민 주체의 형성. 현대의 복지는 서구에서 처음으로 나타났다. 잘 알다시피 그것은 자본가와 노동자의 대립을 기반으로 했다. 이 때문에 노동운동의 강화를 통한 복지의 확립을 복지국가의 유일한 길인 듯이 생각하는 착시 현상이 생겨났다. 그렇다면 노동운동이 약한 곳에서는 복지국가는 불가능한 것인가? 결코 그렇지 않다. 다

수의 시민이 원한다면 복지국가는 어디서나 가능하다. 경제적으로
풍요롭지 않은 상황에서도 다수의 시민이 원한다면 복지국가는 가
능하다. 생태복지의 경우도 마찬가지이다. 생태복지는 물질적 만족
을 중심으로 하는 기존의 복지를 개혁해야 이루어질 수 있다. 중요
한 것은 다수의 시민이 생태위기의 현실 속에서 생태복지의 의미에
대해 각성하고 그것을 이루기 위해 적극적으로 실천하는 것이다. 생
태복지를 향한 길에서는 공적 부문과 사적 부문이 모두, 자본가와
노동자가 모두, 진지한 성찰과 개혁의 대상이 되어야 한다.

4. 토건국가의 개혁

생태복지를 이루기 위한 한국의 과제는 무엇인가? 가장 긴요한 과
제는 박근혜-새누리 게이트로 나타난 비리 문제를 척결하는 것이다.
경제적으로 그것은 재벌경제와 토건국가의 문제로 집중되어 있는데,
우리는 특히 토건국가construction state의 개혁에 주의할 필요가 있
다. 토건국가는 막대한 혈세를 소모해서 국토를 파괴하고 부패를 조
장하고 투기를 만연케 하는 기형적인 개발국가를 뜻한다. 토건국가
는 거대 개발 공기업들을 주체로 해서 불필요한 개발사업들을 끝없
이 벌여서 재벌들에게 막대한 혈세를 제공하고 국민들을 매수해서
작동한다. 이렇게 해서 토건국가는 소중한 자연도 역사도 모두 돈을
위한 개발의 대상으로 만들어서 국민들이 돈을 최고의 가치로 추구
하는 '돈 사회'를 만든다. 오늘날 한국은 돈이 최고의 가치를 차지하
고 있는 대표적인 '돈 사회'이며, 불평등의 가장 큰 원천은 바로 부
동산인데, 이 참담한 현실은 무엇보다 개발과 투기를 당연한 것으로

만든 토건국가의 산물이다.

토건국가는 토건사업을 매개로 한 매표 정치로 작동한다. 이런 점에서 토건국가는 '정경유착'만이 아니라 '정민유착'이 만연한 국가이다. 일반 시민들이 직접적인 이익을 얻는 댓가로 잘못된 개발계획을 강행하는 정치세력을 지지하는 것이다. 히틀러가 잘 보여주듯이 민주주의는 시민의 자발적인 선택에 의해 망가질 수 있다. 이것은 민주주의의 구조적 한계이다. 민주주의에서는 언제나 '정민유착'의 문제에 크게 주의해야 한다. 토건국가에서는 잘못된 개발사업들을 통해 강력히 구조화된 '정민유착'으로 민주주의가 왜곡되기 십상이다. 한국에서 토건국가는 1960년대 초부터 형성되기 시작했다. 바로 박정희의 군사개발독재를 통해 토건국가 한국이 형성되었던 것이다. 박정희 정권은 국가가 주도하는 대규모 개발을 급속히 강행하는 방식으로 급속히 고성장을 이루고자 했다. 그 결과 박정희 개발독재에 의해 각종 비리가 만연하는 방식으로 토건업의 급속한 성장이 이루어졌으며, 이와 함께 그야말로 전국에서 자연과 역사가 대대적으로 파괴되는 전국의 공사장화가 강행되어 버렸다. 그것은 공동재를 약탈해서 공동체의 물적 기반을 없애는 것이기도 했다.

토건국가는 복지국가가 될 수 있는 능력을 갖춘 나라가 복지국가가 되지 못하도록 막는 가장 강력한 장애물이다. 토건국가는 막대한 혈세를 불필요한 토건사업에 탕진해서 재벌을 비롯한 개발업자에게 막대한 이익을 제공하고 모든 국민을 위한 복지 재정의 확대를 가로막는다. 가장 큰 문제는 토건국가가 제공하는 비리의 이익에 길들여진 국민들이 개발을 중시하며 복지를 무시하는 것이다. 세계적으로 일본과 한국이 토건국가의 대표적인 예이며, 일본은 1990년대 이후 어느 정도 개혁이 이루어졌지만, 한국은 오히려 그때부터 더욱 강력히 악화되었다. 그리고 2008~2017년의 이명박-박근혜 비리 정권 9년은 토건국가 문제를 말 그대로 극단화시키고 미세먼지 문제도 극단화시킨 파괴, 약탈, 상실의 기간이었다. 이런 점에서 1990년대 중반에 일본에서 제시되었던 '토건국가를 복지국가로!'라는 구호는 지금 우리에게 더욱 더 생생한 의미를 갖고 다가온다. 그러나 심각한 생태위기의 현실에 비추어서 이 구호는 이제 '파괴적인 토건국가를 생태적인 복지국가로!'라는 것으로 바뀔 필요가 있다. 사실 생태복지의 관점에서 보았을 때, 토건국가의 문제는 더욱 더 명확하게 확인된다. 그것은 크게 다음의 두 가지로 제시할 수 있다.

첫째, 토건국가는 복지에 써야 할 막대한 재정을 토건사업에 소모해서 복지의 축소나 왜곡을 초래한다. 막대한 혈세를 투여해서 전국 곳곳에서 불필요한 토건사업들이 대대적으로 강행된다. 새만금 개발, 시화호 개발, 평화의 댐 건설, 한탄강댐 건설, 경인운하 건설, '4대강 살리기' 등 그 목록은 한없이 길게 이어진다. '4대강 살리기'는 강의 평탄화, 직강화, 호수화, 콘크리트화를 핵심으로 한다. 이미 명백히 밝혀졌듯이, 그 실체는 '4대강 죽이기'이다. 이렇듯 불필요한 토건사업들에 막대한 혈세를 탕진하고 있기 때문에 복지 예산을 늘리기는커녕 오히려 줄이게 된다. 이런 상황에서 이른바 '보편적 복지'에 대한 사회적 관심이 확산된 것은 대단히 다행스러운 일이 아닐 수 없다. 그러나 그것을 구현하고자 하는 방식에는 문제가 있다. 무엇보다 토건국가의 문제를 올바로 인식하지 못하고 '보편적 복지'를 추진하고 있는 것으로 보이기 때문이다. '보편적 복지'를 주창하는 쪽에서는 사회의 발전을 이루기 위해 '보편적 복지'를 구현해야

하고, 이렇게 하기 위해서 '증세'가 필수적이라는 주장을 펴고 있다. 그러나 이 주장은 전제는 옳지만 결론은 꼭 옳다고 하기 어렵다. '증세'는 현실적으로 대단히 어려우며 꼭 옳은 것이라고 할 수 없다. 현실적으로 훨씬 쉬우며 분명히 옳은 방식은 '증세'가 아니라 '전세'이다. 우선 불필요한 토건사업에 탕진되는 막대한 혈세를 꼭 필요한 복지사업으로 전환해서 사용토록 해야 한다. 복지국가의 길을 가로막고 있는 거대한 장애물인 토건국가에 대해 무심하거나 무지하면서 '보편적 복지'는 물론이고 복지의 확충을 주장하는 것은 그저 공론에 그칠 우려가 크다.

둘째, 토건국가는 막대한 재정을 탕진해서 소중한 국토를 파괴하는 기형적인 개발국가이다. 토건국가는 대대적인 자연의 파괴를 매개로 막대한 혈세를 분배해서 거대한 정치적 이권관계를 형성하는 방식으로 작동한다. 따라서 토건국가는 생태위기를 크게 악화시킬 수밖에 없다. 토건국가는 전국의 모든 곳에서 국토를 파괴하고 있다. 아파트, 공장, 자동차 도로, 토건국가는 자전거 도로, 철도, 운하, 공항, 댐, 보, 하구언, 제방, 간척, 스키장, 골프장, 콘도, 핵발전소 등 온갖 사업을 강행해서 자연을 대대적으로 파괴한다. '4대강 살리기'는 우리의 생명줄인 강조차 대대적으로 파괴한 최악의 토건국가 사업이다. 토건국가의 개혁은 토건국가가 자행하는 대대적인 파괴를 줄이는 것이기 때문에 그 자체로 중대한 생태적 개혁에 해당된다. 토건국가의 개혁은 지금 이 순간에도 전국 곳곳에서 끝없이 자행되고 있는 각종 파괴를 대대적으로 중단하거나 축소하는 것이다. 생태운동 쪽에서도 이 사실을 올바로 인식해야 한다. 파괴의 현장이나 관련된 제도의 개선에 초점을 맞추는 것이 아니라 문제의 원천을 개혁하는 것에 초점을 맞추는 것이 생태운동의 올바른 방식이다. 그러므로 토건국가라는 구조와 그것을 가동하는 주체를 개혁하는 것이 생태운동의 핵심적인 과제가 되어야 한다. 토건국가형 재정구조와 정부조직의 개혁을 전면적으로 추구하지 않는 생태운동은 결국 실패할 수밖에 없다. 이런 점에서 생태운동의 개혁도 대단히 시급한 과제이다. 나아가 생태운동은 자연의 보호를 위해서는 자연을 파괴하는 사회를 개혁해야 하며, 그것은 복지의 증진을 위해 가장 보편적이고 근원적인 과제이기도 하다는 사실을 올바로 인식하고 널리 알려야 할 임무를 지니고 있다.

이명박-박근혜 비리 정권은 '녹색'을 내걸고 토건국가의 극단화를 강행했다. 이로써 '녹색'이라는 말의 실체를 엄밀히 검토하고 판단하는 각성된 시민의 자세가 더욱 더 중요해졌다. 공기업은 공익을 위해 존재하는 것이니 생태위기의 완화와 해소를 위한 산업과 경제의 개혁은 공기업의 개혁을 통해 실질적으로 시작될 수 있다. 공기업의 개혁을 통해 사기업의 개혁을 추진하는 방식의 접근이 현실적으로 올바른 것이다. 공기업을 그 자체로 좋은 것이라거나 필요한 것으로 여기는 것은 잘못이다. 언제나 그 실체를 엄정히 평가하고 판단하는 각성된 시민의 태도가 중요하다. 막대한 보상비를 매개로 정경민 유착이 맹렬히 작동해서 핵발전소의 증설, 4대강 사업 같은 불필요한 파괴적인 토건사업이 계속 강행된다. 토건국가는 세월호 대참사를 빚은 비리국가와 동전의 양면이다. 이런 참담한 현실에 대한 시민의 각성과 실천이 생태위기를 넘어서 생태복지국가로 나아가기 위한 기반이다.

5. 생태복지국가를 향하여

현대 문명은 역사상 초유의 풍요를 낳았지만 그 댓가로 지구는 심각한 생태위기에 처하게 되었다. 생태위기는 단순히 자연의 파멸 위기가 아니라 인류의 파멸 위기이다. 지구는 인류를 비롯한 수많은 생물들의 집이다. 그런데 인류의 잘못된 행태로 말미암아 이 집이 송두리째 파괴되어 모든 생물들이 영원히 사라질 위험에 처했다. 생태와 경제의 영어 어간은 eco이다. eco는 집을 뜻하는 그리스어 oikos에서 온 말이다. 여기서 집은 가정을 넘어선 지구를 뜻하기도 한다. 생태학ecology은 모든 생물들의 집인 지구를 연구하는 학문이며, 경제학economics는 모든 생물들의 집인 지구를 이용하는 학문이다. 오늘날의 풍요를 낳은 근대화는 경제학의 지배로 이루어졌다. 그런데 지구에 대해 잘 알지 못한 상태로 최대한 이용한 결과 오늘날과 같은 심각한 생태위기를 맞게 되었다. 이제 생태학에 근거해서 경제학을 재정립해야 한다. 사회의 기반을 경제학에서 생태학으로 바꾸어야 한다.

생태위기에 대응하기 위해 즉각 공업문명을 버릴 수는 없다. 그것은 불가능하고 비현실적이다. 우리는 자연을 돌보며 복지를 이루는 생태복지국가를 이룩해서 생태적 전환을 추구해야 한다. 지역에서 생태공동체들이 활성화되기 위해서도 생태복지국가를 향한 국가개혁이 결정적으로 중요하다. 생태복지국가를 이룩하기 위해서는 시민들이 '생태복지국가 연대'를 구성해서 정부와 기업의 변화를 추동해야 한다. 생태복지국가는 단기적으로 절대적인 파멸의 위험을 안고 있는 핵발전의 중단, 즉 '탈핵전'을 이루어야 하며, 장기적으로 생태위기의 원천인 공업문명의 개혁, 즉 '탈공업'을 이루어야 한다. 이와 함께 한국에서는 개발의 이름으로 끝없이 파괴와 비리의 문제를 일으키고 있는 토건국가의 개혁, 즉 '탈토건'을 이루어야 한다. 한국에서는 사실 핵발전소의 증설도 토건국가의 일환으로 강행되고 있다. 한국에서는 막대한 건설비와 보상비를 노리고 핵발전소의 증설이 끝없이 강행되는 것이다. 한국에서 '탈핵전'과 '탈토건'은 동전의 양면을 이룬다는 사실에 유의해야 한다.

한국은 이미 오래 전에 충실한 복지국가가 될 수 있었다. 한국이 충실한 복지국가가 되지 못한 것은 돈이 없어서가 아니라 돈을 잘못 쓰고 있기 때문이다. 이런 점에서 한국에서 토건국가는 복지국가를 가로막는 중대한 걸림돌이다. 토건국가는 국민들에게 비리의 이익을 제공해서 복지국가를 저지한다. 이명박 정권의 '4대강 살리기'를 통해 한국은 토건국가의 극단화 상태에 이르게 되었다. 이 사업은 가장 불필요한 사업이고, 가장 파괴적인 사업이며, 가장 비리가 많은 사업이다. 2010년 12월 8일에 '날치기'로 처리된 예산안에서 잘 드러났듯이, 이명박 정권은 부족한 복지비조차 무차별적으로 먹이로 삼아서 '4대강 살리기'를 강행했다. 당시 한나라당은 '4대강 살리기'를 위해 영유아 필수 접종지원예산, 결식아동 방학 중 급식지원비 등 도저히 없앨 수 없는 예산조차 없앴다. 토건국가를 전면적으로 개혁하는 것은 생태복지국가의 형성이라는 '진정한 선진화'를 향해 성큼 나아가는 것이다.

오늘날과 같은 심각한 생태위기의 시대에 생태복지국가를 이룩해서 생태적 전환을 추구하는 것은 모든 인류의 보편적인 과제이다. 이런 점에서 모든 시민운동이 전문 분야를 떠나서 생태복지국가의 형성을 기본과제로 추구해야 할 것이다. 생태운동은 이것을 핵심과제로 추구해야 할 것이며, 복지운동은 복지의 개념을 재정립해서 여기에 결합해야 할 것이다. 생태운동과 복지운동이 가장 앞에서 현대 사회의 근원적인 개혁을 이끌어야 한다. 지구는 위대하고 아름다운 생명의 별이다. 우리가 자연을 지키고 서로를 위하면 우리는 이 귀하디 귀한 별에서 언제까지나 평화롭고 풍요롭게 살아갈 수 있다. 윌리엄 블레이크(1757~1827)의 '순수의 전조'가 우리에게 알려주듯이.

한 알의 모래에서 세계를 보고
한 송이 들꽃에서 천국을 보라.
그대의 손바닥 안에 무한을 쥐고
한 순간 속에서 영원을 쥐라.

11

공공성, 자치 사회화, 커먼즈: 공공협치의 투트랙 전략을 향해[1]

이병천

1. 공공성 안으로 한 걸음 더: 국가공공성과 자치공공성

한국이 근대화 이중혁명이라 불리는 산업화와 민주화를 모두 이룬 것은 한국현대사 나아가 한반도 현대사전체를 통틀어 가장 큰 성취에 해당한다. 그러나 이제는 산업화, 민주화의 이 성공스토리에 대해 차분히 따져 보아야 한다. 오늘날 저성장과 불평등, 심화의 악순환은 한국 민주주의의 앞날에 중대한 도전이 되고 있다. 우리의 불안한 삶은 산업화 시대와 민주화 시대의 실패 유산을 함께 물려받고

---

1   이 글은 이병천, 「공공성담론과 한국진보의 기획」, 김균 편, 『반성된 미래』, 후마니타스, 2014를 요약하면서 수정 보완한 것이다.

있다. 거기에는 냉전반공주의 시대 압축 불균형 성장과 민주화 이후 압축시장화가 몰고 온 깊은 상처가 함께 새겨져 있다. 무엇보다 복지권 및 노동권으로 대표되는 사회권의 결핍 그리고 분권과 자치의 결핍이 두드러진다. 이는 국가 재벌 지배연합이 주도해온 한국 발전모델이 고도의 권력집중 담합모델로서 그에 대한 견제·감시력이 취약한 데 기인한다. 한국사회에서 공공성론은 이런 불평등과 불균형, 참여·견제 감시력의 결핍을 극복하기 위한 대항 담론으로 제기되었으며 운동적 실천과 흐름을 함께 해왔다. 공공성론이 본격적으로 대두된 것은 1997년 외환위기 이후 김대중 정부의 실정이 뚜렷해진 정권 말기부터였다. 이후 노무현정부 말기 한미 FTA의 추진, 이명박정부 초기 미국산 쇠고기 수입 강행을 계기로 한 촛불시위를 거치고 박근혜 정부의 국민배신과 국정농단을 겪으면서 더욱 발전되어 갔다.

흔히 한마디로 공공성 公共性, gonggong이라고 하지만 여러 사람이 여러 의미로 공공성이라는 말을 사용해 왔다. 이 용어의 의미를 정확히 할 필요가 있다. 우리는 공공성 안으로 한 걸음 더 들어가야 한다. 중국학자 얀[2]에 따르면 공公은 "공적 권위public authority"라는 의미, 공共은 "보편적 필요의 공유commonly sharing"라는 의미를 갖고 있다. 그렇지만 공공성에 대한 이 개념화에는 의사결정의 숙의적 과정deliberative process 이라는 의미가 빠져 있다. 우리는 공적 권위, 보편적 필요의 공유 그리고 숙의적 절차를 공공성의 세가지 의미로 파악한 위에서 다시 국가공공성과 자치공공성을 구분하고자 한다. 그리고 이 구분 위에서 국가공공성과 자치공공성을 구분하고자 한다. 전자는 중앙, 지방의 공적 당국public aothority이 보편적 필요를 제공

---

2   Yan Zhang, 2017, *Governing the Commons in China*, Routledge.

하는 경우를 의미하는 반면, 후자는 자발적 결사체가 보편적 필요를 제공하는 경우를 의미한다. 둘 다 자연자원, 사회자원, 문화자원, 역사자원 이용에 대한 시민의 기본권으로서 필요의 원칙, 즉 생활에 필수적인 재화 및 서비스에 대한 평등한 접근성을 담고 있다는 점에서는 다르지 않다. 그렇지만 국가공공성으로서 공公은 정부(중앙, 지방)가 국공유國公有자산public property을 보유해 직접 제공하거나 또는 정부 재원으로 간접적으로 민간부문이 국공유재public goods(흔히 '공공재'라고 한다)를 공급하는 방식으로 그 필요를 실현한다. 이에 반해 자치공공성으로서 공共이란 사회의 자치조직 수준에서, 분권적인 자치결사체의 조직화와 자치 사회화의 방식으로 공유共有자산 common property을 보유하고 공유재common goods를 제공, 공유함으로써 이를 실현하는 것이다. 커먼즈란 분권적 자치공공성을 실현하는 물질적 토대로서 공유자산, 제도 그리고 내외의 파괴 위협에 대한 보호 및 새로운 창조를 둘러싼 사회적 관계[3]를 총칭하는 말이다. 이처럼 우리가 공공성을 둘로 구분하는 생각의 밑바탕에는 사회권 체계를 국가 수준에서 제공하는 국가 중심적 사회권과 함께 사회수준의 사회권, 다시 말해 개인적 인권을 넘어 집단적인, 자치적 조직화 수준의 사회권으로 구분하고 다원화하려는 생각이 깔려 있다.

그간의 국가 재벌 동맹 주도의 발전은 국가공공성과 자치공공성 모두의 저발전을 가져왔다. 이제 종래와 같은 공公과 사私의 단순 이

3　종종 사람들은 커먼즈가 갈등을 내포한 사회적 관계라는 부분을 간과한다. 커먼즈론의 대표적 학자 오스트롬도 예외는 아니다. 이에 대해서는 하비, 데이비드(David Harvey), 2014, 『반란의 도시』, 한상연 옮김, 에이도스, 137-8, 146, 148쪽 참조.

분론의 틀에서 벗어나 국가 수준의 소유/관리제와 자치결사체 수준의 소유/관리제를 구분하고 양자의 상생적 협치 즉 다원적인, 민주적 '공공협치公共協治'로 짜여지는 참여와 연대의 시민공동체를 발전시킨다는 생각을 가질 필요가 있다. 이 글은 특히 97년 이후 시기를 중심으로 이 같은 생각과 실천에 이른 그간의 대안적 공공성 논의의 요점을 정리해 보고자 한다.

2. 국가를 경유하는 '사회 공공성' 론 – 규제완화 및 사유화 공세와 마주하여

정부가 국공유재를 제공함으로써 시민의 보편적 필요를 충족시키고 사회권을 확보, 발전시킨다는 움직임은 97년 외환위기 이후 거세진 무분별한 규제완화와 공기업 민영화 흐름에 저항하는 노동운동의 전개 과정에서 뚜렷한 모습을 드러냈다. 직접적 또는 우회적인 민영화 공세에 저항하고 대안적 국가공공성을 추구한 운동을 뒷받침하는 주요 담론은 '사회 공공성'론이라고 불렸다. 노동운동의 경우 국공유자산public property의 사유화(흔히 민영화라고 한다)에 대한 방어적, 수동적 저항을 넘어서는 일이 매우 절실했다. 공기업 노동자와 노조의 밥그릇 지키기라는 비판을 넘어 공기업이 시민의 보편적 필요를 제공한다는 의미에서 이른바 '사회적 공공성'을 지닌다는 점을 부각시킬 필요가 있었던 것이다.[4]

4　사회 공공성론에서 말하는 '사회'는 자치결사체의 의미가 아님을 유의해야 한다.

사회 공공성론에 따르면 공공부문public sector이 제공하는 공공 서비스 그리고 이 분야에 종사하는 노동자들은 심화되는 불평등과 양극화를 해소하고 구성원 모두에게 필요한 기초 생활을 사회적으로 보장한다는 평등과 연대의 가치를 담고 있다. 모든 사회 구성원은 차별받지 않고, 자신의 경제적 능력과 무관하게 공공 서비스를 누려야 하며, 이를 위해 자본주의 체제라 해도 시장과 이윤 논리를 벗어나 이런 서비스가 생산, 제공되어야 한다. 사회 공공성 운동은 복지, 보건의료, 교육, 연금, 기간산업 등의 분야가 시장 논리에 지배되어 이윤추구 대상으로 전락하는 것을 저지하고 보편적 필요를 제공하는 국가 책임을 확보하려는 것이다. 그리하여 사회 공공성은 소유의 사회화를 포함하는 탈시장화·탈이윤화라고 정의된다. 이런 의미에서 사회 공공성 운동에는 다음과 같은 두 가지 구성 요소가 존재한다.

첫째, 상품화와 이윤추구가 아니라 사회연대를 지향하는 부등가 교환에 경제 운영의 단초를 실험하고 이 성과를 사회적 담론으로 확산한다.

둘째, 자본논리 지배에 비판적인 주체들을 형성한다. 이 과정에서 특정 집단의 협소한 자기 이익을 넘어 다수 구성원의 보편적 이해를 지향하는 주체, 나아가 자본주의를 넘어 세상을 바꾸려는 주체들도 성장해 나간다.

이상과 같이, 사회 공공성론이 갖는 중요한 의미는 노동계의 공기업 민영화 반대운동이 가졌던 협소한 조합주의적 이해관계 또는 소극적 방어논리를 넘어, 우리 사회가 민주적 정치 공동체로서 지향할 공통가치에 해당하는 보편적 필요의 원칙을 분명하고 꾸준하게 제시했다는 데서 찾을 수 있다. 공공부문 서비스와 이 분야 노동의 가치도 그 관점에서 옹호된다. 사회공공성 운동이 노조의 정체성을 발전적으로 재구성하고 확장하기 위한 사회적 인정 투쟁이라는 생각도 포함되어 있었다. 무엇보다 강조해야 할 것은 필요의 원칙이란 국가가 모든 사회구성원에게 보편적인, 기본적 필요를 제공할 공적 책임(자선적 시혜가 아니라)을 지님을 의미한다는 것이다. 이는 대한민국의 헌법적 가치이기도 하다. 그러나 사회공공성론에 대해서는 다음과 같은 반성적 지적들도 제기된 바 있다.

- 개발독재 체제 이래 줄곧 관치경영과 부패 비리가 재생산되고 이것이 공공성 타락과 저발전의 질곡이 되었다. 관치 적폐에 대한 염증은 공공성의 발전적 재구성을 어렵게 하고 오히려 민영화 등 신자유주의 시장화를 용이하게 만들었다.
- 신자유주의가 일정하게 대중적 설득력을 가졌고 여기에는 공사혼동 등 한국 사회의 전근대성에 기인한 측면이 있다. 이 문제에 대해 민중운동과 시민운동 모두 잘 대처하지는 못했다. 민중운동은 이 지점을 놓쳤고, 시민운동은 이 상황을 자유주의적 개혁 중심으로 협소화시켰다.
- 중간계층이 한국경제의 신자유주의 재편에 동의하고 온건 시민운동 단체들이 신자유주의 개혁을 용인했음을 간과할 수 없다.
- 공기업의 사유화와 해외매각 처분은 시민사회 전반의 공통 관심사이자 공공성 일반의 문제임에도 불구하고 노동조합의

절규를 통해 이 문제가 부각되었는데 이는 한국 시민사회운동의 협소한 기반을 반영한다.

3. 국유 사회화론, 자치 사회화론 그리고 공공협치 전략

1) 사회 공공성과 국유 사회화

우리는 시민사회 운동의 전개에서 사회 공공성론에 대한 두 가지 입장의 이론적 비판을 볼 수 있다. 하나는 국유 사회화론이고 다른 하나는 자치 사회화론이다. 국유 사회화론은 뿌리가 매우 깊은 이론이다. 국가사회주의 흐름은 물론이고 영국, 프랑스 등에서 보듯이 혼합경제를 추구하는 사회민주주의 흐름 안에서도 상당히 큰 비중을 차지했다.

그런데 유독 한국의 국유사회화론은 매우 경직적이며 자본주의 발전에 대해 국가독점자본주의(국독자)론에 서 있다. 요지인즉 국독자 단계론과 반독점 사회화론은 소유의 사회화, 계획적 조절, 대중적 통제를 포괄하는 개념인 데 반해, 사회 공공성의 경우 사회화의 이 세 요소를 포함한다 해도 낮은 수준의 사회화를 추구할 뿐이다. 국유사회화론의 입장에서 볼 때 사회공공성은 그 하위범주에 불과하다. 뿐만 아니라 이 낮은 사회화조차 사적 독점의 지배와 시장경쟁을 인정하고 있어 제한적이다. 낮은 수준의 제한된 사회화이지만 국가독점자본주의 단계에서 사회 공공성 운동의 적극적 의미는 인정되고 있다. 그러나 그 실체란 체제 내 개량에 머무르는 사회 개혁이다. 따라서 사회 공공성론으로는 자본주의를 극복하는 체제이행을 논할 수 없으며 국유 사회화론 입장에서 공공부문을 사회화의 구성요소로 인식하고 더 높은 국유사회화운동으로 나아가는 문제를 고민해야 한다는 이야기다.

국유 사회화론에서 공공성론이 주로 규범론에 치우친 한계, 그 중에서도 민간 독점의 지배에 대항하는 '경제 공공성'론의 공백을 짚고 있는 것은 경청할 만하다. 그러나 공공성론을 사회화론의 하위 범주 또는 비과학적 담론이라 생각하는 것은 부적절하다. 국유사회 화론은 오랜 '자본주의 발전법칙'에 의존하는 나머지 공공성론의 핵심 요소에 해당하는 바, 어떻게 노동자를 포함한 '부분 주체'들이 집단행동의 딜레마를 극복하고 보편적인 공공적 이해와 욕구를 창조할지, 주체와 구조 양면에서 대중적인 대항적 공공성을 어떻게 생성할지에 대한 고민이 흐릿하다. 또 무정부적 시장자본주의와 국유계획 사회주의라는 빛바랜 이분법에 갇혀 있다. 스웨덴 모델에서 보듯이 자본의 기능과 투자의 사회화를 통해 민주적 개혁을 추구하는 경로가 열려 있다는 사실을 무시한다. 국유 사회화 및 계획화가 얼마나 심각한 권력집중과 '반사회적 사회화'를 초래할 위험을 갖고 있는지, 소유-관리 형태와 정치경제적 조정의 복잡한 문제를 단순화시키고 있는지 하는 점도 돌아보지 않는다. 마지막으로, 최근에는 사후적 재분배를 중심으로 하는 복지국가의 한계를 넘어 국유자산의 확충과 이를 기반으로 한 기본소득론이 새롭게 부상되고 있는데 이는 국유 사회화론은 물론 그간의 사회공공성론의 지평도 넘어서는 논의다.

2) 자치 사회화와 커먼즈

오히려 우리의 시선은 더 하방으로, 마을commune로 내려가야 한다.

자치 사회화론은 사회 공공성론이 사유화공세에 대항해 시민의 기본권으로서 보편적 필요를 제공하는 국공유 부문의 역할을 부각시켰다는 점, 구체적 현실에 기반하면서 공공성 개념을 역동적 비판적으로 재구성한 점을 적극적으로 평가한다. 그렇지만 사회 공공성론이, 국유 사회화론과는 다른 길을 가리키지만, 여전히 국가중심적 공공성론의 한계에 갇혀 있다고 본다. 그리고 체제적 이행 경로를 제시하지 못하는 공백지점을 갖고 있다고 비판한다.

자치적 사회화론에서는 사회의 삶의 전영역에서 자치적 조직화를 추구해야 한다고 생각한다. 가능한 지점에서 아래로부터 자율적 사회화를 실험하면서 대중의 자치능력을 키워 나가야 한다는 것이다. 구체적으로 자연자원, 먹거리, 에너지, 토지 주택, 교육, 보건 의료, 보육, 돌봄, 금융, 문화, 지식 정보(오픈 소스), 미디어 등 우리 삶의 제반 분면에서 주민들이 커먼즈 기반 자치공공의 대안commons-based alternative을 추구하고 나아가 상호간에 열린 협력 네트워크와 자치적 마을생태계를 발전, 확산시키는 희망을 가지고자 한다. 강조해야 할 것은 이 대안이 단지 자연자원에서 '커먼즈의 비극'을 넘어서고자 할 뿐더러 사회 및 문화, 역사자원에서 '안티커먼즈의 비극 Tragedy of the anti-commons'을 극복하고자 한다는 것이다.[5]

확실히 이념적 희망과 삶의 현실은 같지 않다. 그러나 현실의 새로운 움직임은 충분히 주목할만하다. 정부 지원 아래 또는 자율적

5　헬러 마이클, 『소유의 역습』, 그리드락, 윤미나 옮김, 웅진지식하우스, 2009(Heller, M. 2008. *The Gridlock Economy: How Too Much Ownership Wrecks Markets, Stops Innovation, and Costs Lives*. New York: Basic Books.)

으로 활성화되고 있는 마을만들기 사업, 그 물질적 토대로서 마을
자산[6] · (사회적)마을기업 · 지역화폐 및 지역교환시스템LETS 만들기
운동, 국가의 일방적인 토지강제수용 및 사유화 · 개발의 양면 공세
에 저항해 마을공동체와 마을 공유자산을 지키려는 운동(용산, 제
주, 밀양, 평택, 부안, 삼척, 성주 등), 젠트리피케이션에 대항해 공동
체토지신탁 등 시민자산화를 추진함으로써 대안적 도시재생 기획을
추구하는 움직임, 축소도시에서 유휴 · 방치된 자산(학교, 공간, 주택
등)을 재생 활성화시키려는 운동, 지역기반 커먼즈화의 길로 가지
않으면서 커먼즈와 그 상호협력 네트워크 또는 연합을 구축하려는
운동, 자연 · 문화자원의 내셔널 트러스트 운동 등이 눈에 들어온다.[7]
커먼즈의 유형과 성격, 특히 재산권 형태면에서 공동성(공유, 합유,
총유)과 통합성(사용권, 수익권, 처분권)의 정도, 정부와의 관계 방
식(협력이냐 갈등이냐), 자치능력의 수준이나 추구 방향, 해당 지역
자체를 커먼즈 관점에서 바라보는 관점(공법적 관점)에서 미시단위
의 자기조직화에 머무는 관점(민법적 관점)까지 실로 다양하다.

　아래로부터 자치적 조직화와 사회화를 실험하면서 성공, 실패의
공유 경험shared experience과 신뢰를 쌓음으로써 자치와 연대 진지를
구축하고 대중의 주체 역량을 키워간다는 생각과 실천에서 길러내

6　전대욱(2017)은 마을자산의 유형을 생활공유형(생활필수형, 생활편의형),
부가가치형(공동생산형, 공공위탁형), 공간특화형(역사문화형, 환경자원형), 기
타형(지식자산형, 동산형)으로 구분하고 있다.

7　서울시가 표방하는 공유도시(sharing city) 만들기 사업은 커먼즈 만들기로
보기 어렵다. 지역공동체의 자산화 문제와 관련해 전반적 상황과 대안 전략을 논
의하고 있는 것으로는 전대욱(2017)의 글(전대욱 2017, 「지역공동체 소유권과
자산화전략」, 『마을공동체 이슈프리즘』 12호, 3월 24일.)이 유익하다.

야 할 것은 많다. 자치 사회화론은 이념적으로 국가를 경유하는 대
안이 아니라 국가 밖의 대안, 즉 자치 민주주의를 추구하는 경향이
있다. 국가 밖에서 "자본주의를 침식"[8]하는 길을 찾는 이 대안은 국
가 중심적인 공공성의 길이 걸리게 되는 한계를 넘는 잠재력을 갖고
있다. 어디까지나 낙관적으로, 최대주의로 보자면 그럴 수 있다는
이야기이다.

3) 민주적 공공협치의 투트랙 전략

자치적 공공성과 사회화는 거시 정치공동체 수준의 포괄적인 민주
적 공공성과 가는 길이 다르다. 이 길은 잘될 경우 국가 중심적 공공
성의 한계를 극복하는 풀뿌리 역량강화의 길을 열 수도 있지만 잘못
될 위험도 있다. 먼저 내부적으로는 오스트롬이 잘 보여준 바 있지
만 여러 측면에서 자치규율 등 내부적 가버넌스 역량의 부족과 집
단행동의 딜레마로 인해 무너질 수 있다. 우리는 그런 실패의 사례
들을 허다하게 목격한다. 다른 한편, 외부적으로는 정부지원에 대한
부분적 의존을 넘어 시장주의 '작은 정부' 전략이 국가의 공적 책임
을 회피하고 사회에 책임을 전가하는 온정주의적인 보충물로 전락
할 수도 있다. 글로벌 시장화시대에는 특히 이 문제가 중대하다.

국지적인 전략은 소공동체의 자체 실패로 무너지거나 자조 노력
에 빠져 지배 체제의 귀퉁이나 틈새에서 자족할 위험을 안고 있다.
소규모단위의 자치와 다중심적 질서라는 발상만으로는 이른바 "티

8　"자본주의를 침식한다"(eroding capitalism)라는 말은 에릭 올린 라이트(E.
O. Wright)가 쓴 표현이다. 에릭 라이트, "(대담) 서울 성미산 마을은 '리얼 유토
피아'의 한 증거", 『한겨레』. 2014.07.21.

부Tiebout 가설"의 함정에 빠질 우려가 있다. 우리가 흔히 듣곤 하는 복지국가가 아니라 '복지사회'로 가야 한다는 주장도 이런 위험에서 자유롭지 못하다. 소공동체의 운명은 언제나 대규모 사회의 동태와 결정에 의해 '외부충격'에 의해 크게 흔들린다.

　민주적인 대안적 공공성론은 합성의 오류에서 벗어나야 한다. 잃어버린 마을을 회복하고 수난당하는 마을을 지키며 새롭게 마을을 재창조, 현대화하는 길로 힘차게 나아가되 마을에만, 커먼즈에만 갇히지는 말아야 한다. 우리는 억압받고 배제된 대중이 거시 정치공동체 수준의 구성원, 즉 이해당사자stakeholder로서 어떻게 정당한 자기 몫을 가져야 하는지, 그들의 집단적 참여와 창의를 가능케 할 거시 사회경제체제는 어떤 것일지 하는 문제에 대해 고민하고 함께 모색해야 한다. 커먼즈 기반 자치공공 대안을 추구하는 논의에서 이 대목은 필수불가결하다.[9] 국가가 주도하는 공공의 길과 국가 밖의 자치공공의 길은 분명히 서로 갈등 지점을 갖고 있다. 이 갈등은 결코 가볍지 않다. 이를 인식하면서도 우리는 공공의 국가를 되찾아 민주적 통제 및 약자의 대표성을 확보하는 길과 아래로부터 자치공공과 그 역량을 배양, 강화하는 길이 시너지를 내는, 험난한 한국형 착근 전략을 기획하지 않을 수 없다. 우리는 칼 폴라니, 우자와 히로후미 그리고 데이비드 하비[10]의 생각을 이어받아 이 같은 국가공공, 자치

9　또한 커먼즈로는 감당하기 어려운 대규모 자원들의 경우 국가가 '신탁관리자'로서 역할을 수행해야 한다. 볼리어 데이비드, 『공유인으로 사고하라』, 배수현 옮김, 갈무리, 2015, 207-214쪽.

10　"이중의 정치공세가 필요하다. 먼저 국가를 향해서는 공공 목적에 부합하게

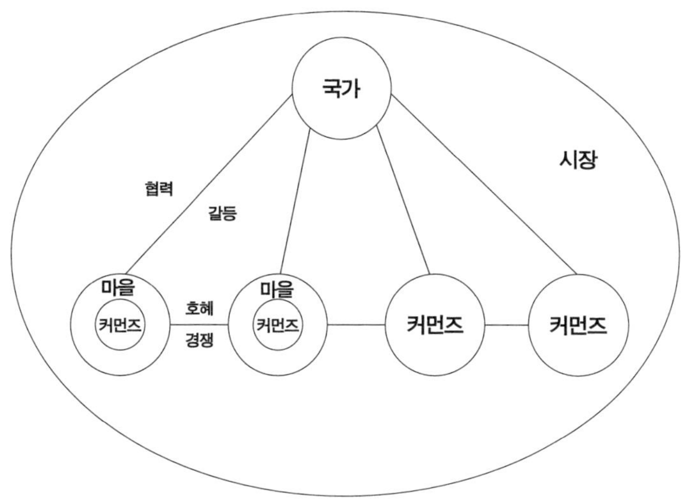

그림 1 **마을·커먼즈와 공공협치**

공공의 상생적 착근전략을 민주적 공공협치公共協治의 투트랙 전략
이라 부르고자 한다(그림 1 참조).

4. 결론

권위주의적 압축 불균형성장 시대에 이어 민주화와 세계화 시대에

공공재를 공급하라는 공세를 펼쳐야 한다. 더불어 주민이 스스로 조직화에 힘써
비상품적 재생산 공유재와 환경공유재의 질을 확대하고 높이는 방향으로 공공재
를 영유하고 이용하고 보완해야 한다. … 대도시에서 민주주의적 사회운동은 공
공재와 도시 공유재를 생산해 보호하고 이용하기 위해 싸워나가는 것을 중심과
제로 삼아야 한다. 이 때 오늘날 널리 유행하는 급진파 이론 속에 담긴 상상력과
지식을 뛰어넘는 게 절실하다." 하비, 위의 책, 2014. 159-160쪽.

들어와 한국사회는 복지국가와 민주적 재벌개혁을 건너뛴 채 압축시장화와 '줄푸세'의 세례를 받았다. 오래동안 국가·재벌 동맹 주도의 발전양식은 국가공공성과 자치공공성 모두에서 저발전 및 결핍, 그리고 정경유착과 부패비리로 대표되는 비정상적인 과거 적폐를 낳았다. 이에 따라 한국식 신자유주의가 복지국가 단계를 생략하고 압축시장화의 형태로 나아갔음에도 불구하고 공공성 대안의 저변과 사회적 지지가 넓지 않은 큰 역설이 나타났다.

민주적 공공성이라는 대안 경로에서 국가중심적 공공의 길 즉 사회민주적 '공생'대안과 국가 밖의 공공의 길, 즉 자치적 사회화라는 '침식' 대안 간에는 엄연히 큰 갈등이 존재한다. 그럼에도 불구하고 오늘날 우리의 과제는 민주적 공공성의 두 길이 서로 사이좋은 친구로 만나 상생의 시너지를 낼 수 있는 창조적 실험주의 전략, 즉 참여민주적이고 상생적인 공공협치의 투트랙 전략을 착근, 발전시키는 것이다. 가파른 고갯길이 아닐 수 없다. 커먼즈의 비극과 안티커먼즈의 비극 모두를 넘어, 사유화와 시장화의 공세로부터 커먼즈와 자치공동체를 탈환하기 위한 여러 난관들이 우리 앞에 기다리고 있다.

12

공동자원의 공공적 관리와
법학적 커먼즈론의 가능성

박태현

1. 들어가며

자연자원은 누구에게나 그 접근과 이익향유가 보장되어야 한다. 누구에게나 향유보장은 그러나 기회주의적 행동에 따른 자원 남용과 이로 인한 자원 훼손이라는 이른바 공유지의 비극에 이를 수 있다. 이 비극은 자원 이용의 규율체계가 부재한 상태에서 일반적 자유이용open-access regime이 허용된데 따른 결과이다. 이 자원 남용 사태를 해소할 수 있는 방법으로 생각할 수 있는 것은 논리적으로 두 가지다. 곧 적절한 수준으로 개별이용을 규율하는 이용질서체계를 확립하거나 자원에 사적소유권의 설정을 허용함으로써 일반적 자유이용을 해체하는 것이다.

그러나 공공재의 성격을 갖는 자연자원에 사적소유권의 설정을 허용하는 것은 원리적·윤리적으로 부당하거나 기술적으로 불가능하다. 그렇다면 남는 선택지는 국가등 공적 주체에 의한 이용질서 등 관리체계의 확립이다. 이것이 각국에서 환경(공)법이 발달하게 된 논리적·역사적 근거가 된다. 그런데 우리는 오스트롬의 연구를 통해 지역공동체 의하여 자연자원이 적절한 수준으로 이용, 보전되는 다수의 사례를 확인했다. 오스트롬의 연구는 자연자원이 자원을 직접 이용하는 주체에 의한 '장기지속적' 관리가 가능하다는 점을 경험적 사례를 통해 실증하고, 그 자율적 성공관리조건을 이른바 설계원리로 정식화하였다는 점에서 매우 큰 의의를 갖는다. 이러한 오스트롬의 연구를 통해 우리는 커먼즈를 자연자원 자체와 그것을 이용하는 사람들(공동체) 그리고 무임승차등 기회주의적 행동을 억지하기 위한 집단 내부의 자율적 이용규범이라는 세 가지 요소로 파악할 수 있게 되었다.

현대 자본주의 도시사회에서 커먼즈를 둘러싼 사회적·경제적 관계 맥락이 현저히 달라져 자연자원과 직접적으로 연결된 인간 삶(의 방식)이 점점 축소, 단절되고 있다. 또한 자연자원의 관리에 관한 국가법체계가 전면적으로 구축되어 자연자원의 이용관계는 국가법체계의 규율권역 내로 편입된 지 이미 오래다. 도대체 수산업법을 사상한 채 마을어장의 이용과 자율적 관리를, 지하수법과 민법을 배제한 채 지하수의 보전적 사용을 논할 수 있을까? 이제 커먼즈는 고도로 발전된 자본주의 도시사회라는 달라진 사회적·경제적 관계 맥락은 물론 특히 '법체계로서의 국가'라는 맥락 속에서 바라보아야 한

 공동자원론, 오늘의 한국사회를 묻다

다(혹은 바라볼 수 밖에 없다).

자연자원의 공공적 관리의 연구에서 오스트롬의 기념비적 연구로부터 비롯된 커먼즈론은 어떠한 지위를 가질까? 우리 연구의 궁극적 관심사는 지속가능한 인간 삶과 현세대와 미래세대의 자연적 생활기반으로서 자연환경의 보전이다. 한 연구자로서 내가 커먼즈론에 관심을 가진 까닭은 "자연자원의 보전은 해당 자연자원을 생활기반으로 하는 등 자연자원과 연결된 생활양식을 계속해 이어가려는 사람들의 집단적이고 내발적인 동기가 있을 때 그 장기지속성이 담보될 있다"는 직관에 기댄 믿음에 커먼즈론이 실증적 근거를 제공해 주었기 때문이다.

자연자원에 연결된 삶의 양식이 점점 축소되어 가는 오늘날의 현실에서 자연자원의 공공적 관리를 연구함에 있어 커먼즈론이 제공한 통찰과 지혜를 어떻게 (되)살릴 수 있을까. 이것이 커먼즈 연구자들에게 주어진 공통의 과제라고 나는 생각한다. 커먼즈론 연구의 목적은 한마디로 우리 삶의 자연적 기반으로서 자연자원의 장기지속적인 보전에 기여할 수 있는 이론적·실천적 조건을 확인하고, 나아가 이러한 조건을 유지, 형성하기 위한 (제도)방안을 탐구하는 것이다.

앞서 잠깐 언급하였지만 오늘날 커먼즈론은 특히 자연자원의 관리에 관한 국가법체계라는 맥락 속에서 탐구해야 하는데 나는 커먼즈의 유지와 보전 그리고 창출을 둘러싼 제도조건으로서 법을 연구하고자 한다. 이를 위하여 대강 다음과 같은 것이 연구되어야 한다고 본다.

첫째, 커먼즈에 특유한 법이론의 정립이다. 법과 판례를 통해 개별 커먼즈에 형성된 법리를 파악하고 커먼즈 전체를 관통하는 원리체계의 정립가능성을 탐구해야 한다.

둘째, 자연자원의 지속가능한 보전을 위해서는 해당 자원과 생활 관계로 연결된 공동체가 있어야 한다. 근대 이후 공동체는 해체일로를 걸어왔으며 그러한 경향은 가속화되고 있는 실정이다. 현대 사회의 맥락에 적합한 공동체 회복을 위한 프로젝트가 필요하고, 그 프로젝트의 일환으로 공동체의 회복, 강화를 위한 제도조건으로 법체계를 지렛대로 활용할 필요가 있다.

셋째, 현대사회는 도시생활이 거의 주를 이루고 있다. 그런데 도시 자체가 시민들에 의하여 집단적으로 향유되는 하나의 커먼즈로 볼 수 있다. 여기서 자연자원을 대상으로 입론된 커먼즈론을 도시공간에 적용할 수 있을지 그 가능성을, 커먼즈론의 새로운 발견이라는 의미맥락에서, 탐구해 볼 필요가 있다.

2. 자연자원의 공공적 관리의 의미내용과 커먼즈론의 기능

1) 자연자원의 공공적 관리의 의미

우리는 자연자원의 공공적 관리에 관하여 연구한다. 그런데 자연자원의 公共的 관리란 무엇을 말하는 것일까. 그것은 자연자원의 公的 관리와는 어떻게 다른 것일까. 국가는 자연환경보전법을 통해 자연자원을 모든 국민의 자산으로 선언하여 생태보전지역으로 지정하는 등으로 이를 관리하고 있다. 우리가 아는 공적 관리의 전형적인 모습이다. 그러면 자연자원의 공공적 관리는 어떠한 모습을 띠는 것일까.

여기서 먼저 공공성의 개념을 잠깐 살펴볼 필요가 있어 보인다. 김선필·정영신은 공공성publicness은 공적official주체, 공개성

openness, 공공복리public welfare 등의 특성을 갖고 있다고 한다.[1] 홍성태는 公共이란 私와 個에 대치公:私-共:個되는 개념으로 공공의 정확한 영어 표현은 public이 아니라 public-common일 것이라고 한다.[2] 한편, 김태창은 公共의 존재이유와 기능과 역할이 충분히 고찰되지 않았다며, "公국가·정부에도 私시장·기업에도 필요이상으로 의존하지 않고, 私와 公을 상호보완적으로 매개하면서 생활자의 자립될 활동공간을 열어가기 위해 필요하다"고 지적한다.[3]

일단 여기서는 私는 아니고 그렇다고 公으로도 온전히 포섭될 수 없는 그러한 것 내지 영역을 가리키는 것으로 공공 개념의 윤곽을 대강 포착할 수 있다. 公-共-私(個)의 역사적 추이를 본다면, 중세시대에서 근대시대로 이행되면서 公과 私(個)는 각각 강화되는 반면 共은 약화되었다. 公의 강화를 추동한 사태와 논리는 "근대국민국가"의 탄생과 "공익실현의 담지자로서 국가"라는 이념이었다. 그리고 私(個)를 강화한 사태와 논리는 "자율적 주체로서의 개인"의 탄생과 "자연권 사상"이었다. 국가의 公의 영역과 개인의 私(個)의 영역이 각각 자신의 영역을 극대화하기 위하여 서로 다투면서 共의 영역은 점점 축소되어갔다. 共의 실존기반인 공동체는 점점 사라지고, 共의 가치를 지탱하는 이념 내지 사상도 없었다.

여기서 다시 묻지 않을 수 없다. 공동체가 거의 축소되고 共의 이

1 　김선필·정영신, 『공동자원의 섬 제주 2: 지역 공공성의 새로운 지평』, 진인진, 2016, 122쪽.

2 　위의 책, 32쪽.

3 　김태창, 「교토포럼에서 논의된 공공성과 공공행복-특히 경제와 환경을 논의하는 맥락에서-」, 『한국윤리교육학회 2012년 학술대회 자료집』, 17쪽.

넘이 사라지는 한편 公의 관리가 전면적으로 구축된 오늘날 자연자원의 공공적 관리와 커먼즈론이 어떠한 의미를 가질 수 있느냐고, 共의 이념에 우리가 견지해야할 어떠한 미래가치가 있고 커먼즈론이 이를 위하여 무엇을 제시해줄 수 있느냐고 말이다.

우리는 자연자원이 지역공동체 의하여 지속가능하게 보전되는 모습을 통해 자연과 인간 삶이 유기적 관계 속에 조화롭게 각각 유지되는 것을 보았다. 이는 公에도 私(個)에도 포섭되지 않는, 아니 公과 私(個)의 모습이 두루 깃들어 있는 共享의 모습을 본 것이다.[4] 다베타多辺田는 私private 와 公public의 사이의 共commons의 영역에 주목, 共의 영역은 시장경제 부문인 私와 국가의 권력인 公의 개념에 대비하여 개인들의 상호부조적인 사회관계와 자연이 가진 자급력을 가진 영역 즉 건건한 에코시스템을 말한다"고 했다. 共의 영역을 다베타처럼 개인들의 상호부조적인 사회관계와 에코시스템으로 본다면, 우리는 公共性을 사회학적 관점에서 또한 생태학적 관점에서 보다 풍부하게 이해할 수 있는 길을 마련할 수 있을지 모른다.

Mono Lake 사건(National Audubon Societh v. Superio Court of Alpine County)에서 미국 대법원은 "습지의 가장 중요한 공공이용public uses 중 하나는 자연상태로 그 토지를 보존하는 것이다. 개방 공간으로, 또 새와 해양생물의 먹이와 서식지를 제공하는 환경으로, 그리고 그 지역의 경관과 기후에 긍정적 영향을 미칠 수 있는 생태 단위로 기능할 수 있도록 하는 것이다. 국가는 이러한 국민의 공동유산common heritage을 보호할 의무를 갖는다. 자연상태로 이를 보

---

4   공향에 관해서는 오채원, 「세종의 행복론 '공향(共享)'」, 『동아시아문화연구』 66집, 2016 참고.

유할 때 이러한 非 상품 가치가 최고로 된다는 점에서 이 자원의 공
공성을 인식하게 되고 그러한 사용은 공공의 재산으로 남는 것이
다.”고 했다.

　자연자원을 자연상태로‘보존’하는 것이 공공의 ‘이용’이 될 수 있
고, 이때 그 자원의 ‘비 시장가치’가 최고로 된다면 그 자연자원은 공
공성을 갖는 공공의 재산이 된다는 취지의 이 판결을 통해 우리는
‘생태학적’ 관점에서 자연자원의 공공성과 공공재산성을 파악한 수
있는 한 가능성(An ecological perspective of property)을 확인할
수 있다. .

　이러한 공공성 개념 논의를 통해 우리는 公益(국가)과 私益(개
인) 이외에 共益 곧 共同利益을 상정할 수 있게 되었다. 이것이 어떠
한 함의를 가질지를 탐구하는 것이 (법학적) 커먼즈론의 연구에서
중요한 지위를 차지할 것이라고 나는 생각한다. 이와 관련하여 김
선필의 글 「공수에서 공동자원으로: 제주 지하수의 먹는 샘물용 증
산 논란을 중심으로」가 일정한 시사점을 줄 수 있다고 생각한다.[5] 김
선필은 이 글에서 제주 지하수의 공공적 관리를 가능하게 했던 공
수 개념의 한계를 지적하고 이를 극복할 수 있는 대안으로 공동자원
의 개념을 끌어오고 있는데, 공수 개념은 공익 개념에, 공동자원 개
념은 공동이익 개념에 친연성을 가진다. 잘 알다시피 이른바 ‘개발
주의적 편향성’도 얼마든지 공익개념으로 포장될 수 있다. 사실 공
익은 미리 기술description될 수 없고, 다만 공적 주체에 의하여 선언

5　김선필, 「공수에서 공동자원으로: 제주 지하수의 먹는 샘물용 증산 논란을
중심으로」,『공동자원의 섬 제주 1: 땅, 물, 바람』, 진인진, 2016, 298쪽 이하.

declaration될 수 있을 뿐이다. 지금까지 국가가 일방적으로 정립하고 제시한 공익의 정당성을 둘러싼 다툼은 주로 법이 정한 절차를 거쳤는지를 따지는 방식으로 이루어져 왔다(4대강사업이 진정 공익에 부합하는 것인지라는 사업 자체의 정당성보다는 법이 정한 예비타당성조사나 환경영향평가를 제대로 거쳤는지 여부를 문제삼은 것이다).

국가가 일방적으로 결정해 선포하는 공익이 아니라(물론 공익의 정당성과 합리성을 높이기 위하여 관련 절차적·제도적 여건을 합리화하여야 하는 과제는 매우 중요하다) 공동이익이라는 제3의 이익으로 문제에 접근할 때 어떠한 바람직한 변화가 나타날 수 있을지를 자세히 연구하는 것도 커먼즈론의 한 과제라고 본다.

2) 법체계 아래에서의 커먼즈론의 의미와 기능

하천수는 누구에게나 접근이 보장된 자연자원이다. 그런데 하천법은 하천을 국유로 하면서 하천수를 일반적 사용 수준을 넘어 사용하려면 하천점용허가를 받도록 하였다(1971년 개정 하천법 제33조 제1항). 즉 국가는 허가시스템을 통해 하천수에의 접근, 이용을 통제한 것이다(다만, 1971년 하천법 개정 이전에 하천수를 사용하고 있던 자는 관행수리권이라는 권리형식으로 하천수 사용을 보장받고 있다). 국가는 하천의 공공성을 보장하기 위하여 점용허가를 하면서 여러 가지 준수조건을 붙일 수 있다. 이러한 점용허가에 의한 하천수 사용은 타인의 권리와 공공의 이익을 침해하지 아니하고 물 관리에 지장이 없는 범위 안에서 사용되어야 한다(하천법 제49조 제1항).

이처럼 하천자원은 하천법에 따라 국가에 의하여 소유·관리되며, 하천수의 이용은 하천법 내에서 규율된다. 여기서 커먼즈론이 어떠한 의미와 기능을 가질 수 있을지를 한번 생각해보자. "공동이익의 향유共享의 보장"이라는 커먼즈론에 따르면 국가의 하천소유는 현세대와 미래세대가 커먼즈를 향유할 있는 이익과 권리를 장기지속적으로 보장하기 위하여 국가에 신탁된 소유로 볼 수 있다. 국가는 자원을 둘러싸고 형성된 공동의 향유를 공공이익으로서 보장하고 증진하는 방향과 내용으로 권한을 행사해야 하는 책무를 진다. 그리고 그 권한행사가 이러한 방향성과 내용성에서 일탈한 경우에는 공공신탁에 따른 의무위반으로 평가할 수 있다. 이러한 내용의 공공신탁법리는 그 본질을 따지고 들면 커먼즈론에 입론하고 있다고 볼 수 있다.

한국법학계에 공공신탁법리가 부분적으로 소개되었다. 하지만 법원은 새만금소송에서 공공신탁법리에 기댄 청소년들의 원고적격 주장을 기각함으로써 공공신탁법리를 법규범으로 인정하지 아니했다. 그러나 미국 법원은 교통부문에서 발생하는 온실가스 감축에 미온적인 정부를 상대로 청소년들이 공공신탁법리를 원용해 제기한 소송에서 청소년들의 손을 들어주었다. 이 판례를 통해 기후시스템을 커먼즈도 파악해 공공신탁법리를 지렛대로 사용한다면 사법구제방식을 통해 국가의 기후변화 정책에 변화를 촉구할 수 있고, 그럼으로써 커먼즈의 지속가능한 보전에 기여할 수 있음을 확인할 수 있다.[6] 공공신탁법리는 커먼즈론과 결부하여 커먼즈의 보전과 이용을 둘러싼 공동의 이익 향유를 보호, 보장하는 법원리로 인정되어야 한다.

---

6   이 판결에 대한 자세한 소개는 박태현·이병천, 「커먼즈로서 기후시스템과 공공신탁법리-기후변화소송을 소재로-」, 『법학논총』 40권 2호, 2016 참고.

우리나라는 고려시대 이래 山林川澤은 '一國人民共利地', '與民共利地'라 해서 私占을 금지되는 등 국가의 특별한 보호를 받아왔다. 공공신탁법리는 단순히 외국 법제나 법리가 아니다. 공공신탁법리는 커먼즈론의 한 중추를 담당해야 한다고 본다. 그런 점에서 커먼즈론에 입각한 공공신탁법리 연구가 필요하다고 본다.

3. 커먼즈의 창출:
공동체의 회복을 위한 법체계로서 국가의 기능·역할

앞서 언급하였지만 현대 도시사회에서 커먼즈에 연결된 생활양식을 유지하는, 자원의 이용·관리주체로서의 공동체는 점점 사라지고 있다. 커먼즈를 기반으로 하여 생활양식을 구성하는 지역공동체의 회복이 커먼즈의 지속가능한 보전을 위한 우호조건의 창출이라는 점에서 긴요하다. 이미 현실에 존재하는 공동체에 의하여 관리되는 커먼즈를 주된 연구대상으로 한 오스트롬의 연구는 "지역공동체의 회복을 통한 커먼즈의 유지, 존속"이라는 과제에서 제한적 의미를 가질 수 밖에 없다(물론 그녀가 커먼즈의 지속가능한 유지·존속의 조건을 제시한 이른바 설계원리는 오늘날 커먼즈의 회복, 창출을 위한 제도조건을 설계함에 있어 참고할 가치가 있을 것이다).

커먼즈론의 관점에서 마을공동체의 회복과 창출의 문제를 정면으로 다룬 최현·김선필의 연구는 그런 점에서 주목할 필요가 있다.[7]

7　최현·김선필, 「공동자원의 지속가능성과 마을만들기 전략-제주 가시리의 사례」, 『공간과사회』 26권 4호, 2016.

이 연구는 "자본주의 발전 과정에서 단절된 공동자원과 공동체의 관계를 현대적 방식으로 복원함으로써 공동자원을 지속가능하게 관리할 수 있는 길을 찾기 위한 방편"으로 제주도 가시리의 마을만들기 사례를 분석하고 있다.

홍성태는 공공성의 보호에서 가장 중요한 것은 공공성을 보호해야 할 가장 큰 책임을 지고 있는 국가, 즉 공공부문의 역할이라고 하며 따라서 공공성을 보호하기 위해서는 무엇보다 국가에 관심을 기울여야 한다고 한다(『공동자원의 섬 제주 2: 지역 공공성의 새로운 지평』, 진인진, 2016, 43쪽). 이러한 맥락에서 나는 법체계로서의 국가를 통해 자연자원과 공동체의 생활양식 간의 연결관계가 마련되는 것도 필요하다고 본다. 수산업법은 마을어업의 면허를 일정한 지역에 거주하는 어업인의 '공동이익'을 증진하기 위하여 어촌계漁村契나 지구별수산업협동조합에만 면허한다(특히 해조류양식어업과 바닥을 이용하는 패류양식어업 및 어류등양식어업의 경우 수면에서 가까운 어촌계 등에 면허한다법 제9조). 여기에 자연자원, 공동체, 공동이익, 자연자원의 이용규범 등 커먼즈론의 핵심 주제어가 다 들어있다.

영국의 지역주권법Localism Act(2011)은 지역자산에 대한 지역공동체의 권리Community Rights to Bid, Build, Challenge를 보장하고 있는데 지역자산에의 권리 주체로 개인이 아니라 공동체로 상정하고 있다는 점에서 커먼즈론의 사고지점과 맞닿아 있다.

한편 운동으로서의 커먼즈 창출 사례도 연구되어야 한다. 풍력자원(바람)의 공유화운동은 커먼즈론 관점에서 면밀히 검토될 필요가 있다. 제주의 바람의 공유화운동은 "바람을 공공적으로 관리하고 개

발이익을 도민이 공동으로 향유하게 하려는 움직임으로 나타났"는
데, 구체적으로 풍력발전 수익을 도민에게 귀속시키고자 '제주에너
지공사'가 설립·운영되고, 관련 조례를 통해 풍력발전사업자들에게
지역기여 상생노력의무와 개발이익공유화 계획의 제출의무를 부과
되었다.[8]

그런데 제주도민은 단지 지방재정의 부의 증가를 통해 간접적으
로 커먼즈의 이익을 향유한다는 점에서 커먼즈의 직접적 향유라는
관점에서 본다면 커먼즈의 창출 사례로 보기에는 부족하다는 견해
도 성립가능하다고 본다. 커먼즈론의 관점에서 제주의 바람의 공유
화운동은 일단 두 가지 방향으로 접근될 수 있을 것 같다. 한편으로,
바람을 공동자원으로 보면서 공적 관리라는 미명 아래 이루어지는
개발주의적 행태를 제어하는 것이다. 다른 한편으로, 가령 발전터빈
이 소재한 주변지역 주민들에게 발전사업에 대한 지분권을 보장해
줌으로써 바람이라는 자연자원의 이익향유에 주민들을 직접적으로
연결시키는 것이다. 지역주민들이 자연자원에 보다 직접적으로 연
결될수록 풍력발전사업의 입지수용성이 제고됨은 물론 자원으로서
바람의 질에 부정적 영향을 미칠 수 있는 행위나 시설의 설치에 반
대할 수 있는 여론이 보다 쉽게 형성될 수 있을 것이다. 말하자면 바
람의 질을 장지지속적으로 유지하는데 필요한 내발적 동기가 형성
될 수 있다는 것이다.

영국 사회기반시설법Infrastructure Bill(2015)의 에너지에 관한 장

8　보다 자세한 사항은 『공동자원의 섬 제주 1: 땅, 물, 바람』, 진인진, 2016,
411쪽 이하 참고.

(제6장)에서는 재생에너지 확대를 위한 '자발적' 수단으로 재생에너지 발전시설의 소유권에 대한 지역주민의 참여권을 보장하는 규정을 두고 있다. 5MW 이상의 발전시설사업자는 최소 전체 사업비의 5%를 공정시장가격에 따라 지분으로 제공해야 하는데 이를'지역사회의 전력에 대한 권리Community Electricity Right'라는 개념으로 도입하고 있다.[9] 지역공동체의 일정한 권리를 법으로 보장하고 있다는 점에서 커먼즈론의 관점에서 살펴볼 필요가 있다고 본다.

최근 "자산기반 지역공동체 발전의 개념Asset-Based Community Development"과 이 개념에 입각한 마을공동체의 이익을 실현하는 성과사례(전대욱 외 2, "지역공동체 소유권과 자산화 전략", 2016 참고)를 커먼즈론의 관점에서 연구해볼 필요가 있다.

4. 도시문제와 커먼즈론적 사고

근린공원에서는 주민 누구라도 산책을 하거나 가벼운 운동을 하는 등으로 공원을 자유롭게 이용할 수 있다. 이러한 근린공원도 일종의 커먼즈로 볼 수 있다. 그런데 근린공원 내 사유지에 토지소유자가 골프연습장을 설치한다고 가정해보자. 이 때 주민들은 자신의 '공원이용이익(권리)'의 침해를 이유로 골프연습장의 설치를 막을 수 있을까. 대법원은 특정 공원이 근린공원으로 지정된 경우 일반 주민들은 다른 사람의 공동 사용을 방해하지 않는 한 자유로이 공원을 이

---

9   한상훈, 「풍력발전의 사회적 형평성 확보를 위한 법적 개선과제에 관한 연구」, 『토지공법연구』 73집 2호, 2016, 602쪽.

용할 수 있지만, 나아가 "누군가의 적법한 권리행사를 저지할 수 있는 이른바 공원이용권이라는 배타적인 권리를 취득하였다고는 할 수 없다"며 골프연습장 설치의 금지를 구하는 주민들의 청구를 기각하였다(대법원 1995. 5. 23. 자 94마2218 결정 참고).

법원은 근린공원의 일반 이용자는 특정한 개별 이용이 일반적 이용과 조화하지 않는다 하더라도 원칙적으로 그 이용을 배제할 권리는 없다고 보는 것인데, 근린공원을 커먼즈로 구성해서 커먼즈론적 사고를 적용한다면 다른 판단도 가능하지 않을까? 각자의 공원 이용은 서로에게 영향을 주는 공동이용의 특질을 갖고 있다. 이러한 공동이용에 따른 공동이익을 유지하기 위하여 각자는 공동이용에 적합하지 아니한 특정한 이용을 하지 아니할 의무를 서로에게 부담하고 있고, 각자는 서로에게 공동이용에 적합한 이용을 할 것을 요구할 권리가 있다고 할 수 없을까?(다른 한편, 근린공원으로서 질을 저하시키고 공동이용에 방해를 줄 수 있는 시설의 설치를 허가한 행정청의 행위는 공공성의 원리에 위배되는 행정행위라고 볼 수 있을 것이다).

일본의 국립시고층맨션 경관침해 사건에서 법원은 "경관이익"을 "스스로 유지하는 의무를 지는 동시에 그 유지를 서로 요구하는 이익"으로 보며 고층맨션의 건축금지를 구한 원고의 청구를 인용했다. 이러한 사고방식의 기초에는 경관이익이라는 환경권을 다른 다수의 사람들에 의한 동일한 이용과 공존할 수 있는 내용과 방법으로 각 개인이 특정한 환경을 이용할 수 있는 권리, 곧 환경의 '공동이용권'으로 정식화하려는 공존의 rule이 느껴진다. 도시경관의 경우 많은 토지소유자가 토지소유권에 귀속하는 공간의 일부를 무상으로 서로 양여하는 것에 의하여 아름다운 경관을 만들어 왔고 이에 의해 소유권의 사용가치가 늘어났다고 볼 수 있고 따라서 경관은 '사회공통의 재산'이고 그것이 분해되어 개개의 토지소유자에게 분속하는 것은 아니라고 할 것이다(법원환경법커뮤니티, 『일본환경법판례백선』 2009, 미공간, 410-411).

이러한 문제를 나는 "(커먼즈를 둘러싼) 공동이익을 유지하기 위한 개별이익의 상호조정"이라는 문제로 정식화할 수 있다고 본다. 최근에 문제되는 있는 이른바 "젠트리피케이션" 문제도 이러한 관점에서 접근할 수 있다고 본다. 나는 젠트리피케이션 현상을 "개별 임차인들의 다양한 경제 활동을 통해 낙후지역이 활성화되는 사회적 공동이익이 창출되었지만, 자기 이익을 극대화하려는 토지·건물 소유자들의 개별 행위를 억제하고 조정할 장치의 부재로 임차인들이 내쫓기면서 그러한 사회적 공동이익은 사라지는 현상"이라고 정의한다. 따라서 여기서는 경제적, 사회적으로 낙후된 지역의 재생이라는 사회적 공동이익을 형성, 유지하기 위하여 각 개별 행위자들의 이익을 상호조정할 수 있는 법제도장치가 필요한데 이것이 지역공동체의 회복을 통한 커먼즈의 창출이라는 커먼즈론의 현대적 과제 상황과 맞닿아 있는 지점이라고 본다. 여기서 커먼즈론이 젠트리피케이션 등 도시문제해결에 어느 정도 기여할 수 있는 이론적·실천적 잠재력이 있으리라 본다.

5. 나가며

인간과 자연은 공진화과정을 밟아왔다. 공진화는 서로가 실재적 의

존관계에 있을 때 작동하는 상호관계의 동역학에 의해 창출, 유지 발전되는 관계 전개의 과정이라 할 수 있다. 현대 자본주의의 경제구조와 개인 권리에 기반한 법시스템 아래에서 자연과 인간의 공진화가 계속 이루어질 수 있는 상호 의존관계를 어떻게 창출하고 유지하느냐가 지속가능한 삶의 영위의 전제조건이라 할 것이다.

이를 위해서는 한 때 모두의 삶의 조건이었고 지금도 다양한 지역적·사회적 공유자원의 가치를 발굴하고 그 가치를 이해하고, 되풀이 이야기하며 지켜내려는 의식적이고 집단적인 노력이 필요할 것이다. 최현이 말한 "공동목장의 재발견: 제주의 콩팥 곶자왈"이 그 좋은 예라 할 것이다.[10]

---

10   최현, 「공동자원의 개념과 제주의 공동목장」, 『경제와사회』 98호, 29쪽 이하 참조.

__저자 소개

최현

미국 캘리포니아대 사회학 박사

제주대학교 사회학과 교수, 제주대학교 SSK연구단 단장

시민권, 인권의 정치, 환경사회학

::대표 논저

『공동자원의 섬 제주1: 땅, 물, 바람』(진인진, 2016, 편저)

『공동자원의 섬 제주2: 지역공공성의 새로운 지평』(진인진, 2016, 편저)

『현대총유론』(진인진, 2016, 공역)

『공동자원론의 도전』(경인문화사, 2014, 공역)

정영신

서울대학교 사회학 박사

제주대학교 SSK연구단 전임연구원

평화운동과 환경운동 연구, 평화와 환경문제에 대한 역사사회학

::대표 논저

"커먼즈와 커뮤니티 관계의 역사적 변동"(2017)

"엘리너 오스트롬의 자원관리론을 넘어서: 커먼즈에 대한 정치생태학적 접근을
　위하여"(2016)

"제주 역사의 근대 정치동학: 4·3에서 강정까지"(2015)

『오키나와로 가는 길』(소화, 2014, 공저)

윤여일

서울대학교 사회학 박사

제주대학교 SSK연구단 전임연구원

동아시아 사상사, 지식사회학, 역사사회학

::대표 논저

『동아시아 담론』(돌베개, 2016)

『사상의 원점』(창비, 2014)

『사상의 번역』(현암사, 2014)

『상황적 사고』(산지니, 2013)

김자경

일본 큐슈대 농학박사(농업경제학전공)

한살림제주 이사, 제주대학교 SSK연구단 공동연구원

로컬푸드, 협동조합, 사회적경제, 농업경제 등 연구

::대표 논저

「로컬푸드, 제주를 상상하다」(2010)

「로컬푸드시스템구축을 위한 제주도민의 식생활과 먹을거리에 대한 의식조사」
 (2010)

"로컬푸드 조례와 공동자원 이론"(2013)

"환경갈등 조정에 관한 공동자원론적 접근-일본의 물 정책과 플래시방류 사회실
 험을 중심으로"(2014)

김선필

제주대학교 문학박사(사회학)

한국학중앙연구원 박사후연구원

제주대학교 SSK연구단 공동연구원

종교, 정치, 조직, 역사사회학 등 연구

::대표 논저

"한국천주교회 지배구조의 형성과 변형-교회 쇄신을 위한 사회학적 검토"(2016)

"서소문역사문화공원 조성사업의 쟁점과 함의"(2016)

백영경

미국 존스홉킨즈 대학교 인류학 박사

한국방송통신대학교 문화교양학과 교수

공동체, 가족, 복지, 건강, 여성, 돌봄, 탈근대/탈식민 등 연구

::대표 논저

"지식의 정치와 새로운 인문학: '공공' 연구의 확장을 위하여"(2013)

"사회적 몸으로서의 인구와 지식의 정치"(2013)

"사회과학적 개념과 실천으로서의 '위기'"(2014)

『한국사회문제』(방송대출판문화원, 2017, 공저)

『생명공학과 인간의 미래』(방송대출판문화원, 2013, 공저)

서영표

영국 에식스대학 사회학 박사

제주대학교 사회학과 부교수

도시사회학, 환경사회학, 사회학이론, 정치사회학을 가르치고 연구하고 있음.

::대표 논저

『런던코뮌』(이매진, 2009)

『사회주의, 녹색을 만나다』(한울, 2010)

"추상적 공간과 구체적 공간의 갈등"(2014)

"기후변화 인식을 둘러싼 담론적 투쟁"(2016)

"제주에서 사회학하기: 사회학의 존재 의미 되찾기"(2017)

윤순진

미국 델라웨어대학교 환경에너지정책 박사

서울대학교학교 환경대학원 교수

연구분야: 환경정책, 에너지정책, 기후변화정책, 에너지전환정책과 운동, 공동자
원관리

::대표 논저

Environmental movements in Korea: *A sourcebook* (2017, 공편저)

Green growth: *Ideology, political economy and alternatives* (Zed Books,
2016, 공저)

『환경사회학: 자연과 사회의 만남』(한울, 2016, 공저)

『환경정책의 역사적 변동과 전망』(문우사, 2014, 공저)

『환경사회학 이론과 환경문제』(한울, 2013, 공저)

김치완

부산대학교 철학박사

제주대학교 철학과 교수

유학, 인간심성, 매체 문화, 주체/타자, 담론공간 등 연구

::대표 논저

"제주의 로컬리티 담론 공간과 철학"(2015)

『순교의 철학적 고찰』(형제애, 2015, 공저)

『학문융복합의 선구자 석주명』(보고사, 2012, 공저)

정창원

국립대만사범대학(國立臺灣師範大學) 문학박사

국립제주대학교 사학과 부교수

동아시아고대사, 秦漢史, 중국고대토목사, 대만사 등 연구

::대표 논저

『중국 고대의 수리문화』(경인문화사, 2008)

『동서양 역사 속의 공공건설과 국가경영』(학고방, 2010)

『세계의 섬을 찾아가다』(서경문화사, 2013)

홍성태

서울대학교 사회학 박사

상지대학교 문화콘텐츠학과 교수

생태사회, 정보화, 현대 문화, 위험/사고, 사회운동 등 연구

::대표 논저

『서울 산책』(진인진, 2017)

『사고사회 한국』(진인진, 2017)

『토건국가를 개혁하라』(한울, 2011)

이병천

서울대학교학교 경제학 박사

강원대학교 경제학과 교수

연구분야: 제도경제학, 비교자본주의, 한국의 경제발전

::대표 논저

『한국의 민주주의와 자본주의』(돌베개, 2016, 공저)

『안보개발국가에서 평화복지국가로』(사회평론아카데미, 2016, 공저)

『한국자본주의 모델』(책세상, 2014)

『사회적 공통자본』(필맥, 2008, 역서)

박태현

성균관대학교 국제환경법 전공

강원대학교 법학전문대학원 교수, 대한변협 환경인권소위원회 위원

환경법, 국제환경법 전공. 커먼즈의 법리 연구

::대표 논저

『세월호가 남긴 절망과 희망 - 그날 그리고 그 이후』(한울, 2016, 공편저)

『한국의 공익인권 소송』(경인문화사, 2010, 공저)

"Analysis of relevant laws on reclamation of Korean tidal wetlands and court debates observed at the Saemangeum reclamation lawsuit"(2014)

"환경과 개발가치의 통합을 위한 협의적 의사결정에 관한 시론"(2013)

"하천법과 4대강사업: 하천관리계획체계의 관점에서 4대강사업에 대한 비판적 검토"(2012)